# DIREITO MINEIRO
# ANGOLANO

*Direito Mineiro Angolano*
(Antes editado, em edição de autor, com o título
*O Novo Direito Mineiro Angolano*)

© Agostinho Pereira de Miranda,
J. P. Remédio Marques
e Edições 70, 2003

Capa: Madalena Duarte
Na capa: *Pintura 400*, de Joaquim Chancho,
2002, óleo sobre tela, 150x150 cm.

Depósito legal n.º 200680/03

ISBN: 972-44-1162-1

Todos os direitos reservados

EDIÇÕES 70, Lda.
Rua Luciano Cordeiro, 123 - 2.º Esq.º – 1069-157 LISBOA / Portugal
Telef.: 213 190 240
Fax: 213 190 249
E-mail: edi.70@mail.telepac.pt

**www.edicoes70.pt**

Esta obra está protegida pela lei. Não pode ser reproduzida
no todo ou em parte, qualquer que seja o modo utilizado,
incluindo fotocópia e xerocópia, sem prévia autorização do Editor.
Qualquer transgressão à Lei dos Direitos do Autor será passível de
procedimento judicial.

AGOSTINHO
PEREIRA
de MIRANDA

J.P. REMÉDIO
MARQUES

# DIREITO MINEIRO
# ANGOLANO

# NOTA DE APRESENTAÇÃO

*A prospecção, pesquisa e exploração dos depósitos minerais no território da República de Angola tem raízes que precedem os primevos tempos da colonização portuguesa. Porém, com a expansão colonial, o regime jurídico de aproveitamento dos recursos geológicos vigente no Reino de Portugal foi aplicado ao território da actual República de Angola, não sem que se tenha sentido, desde logo, a necessidade de tomar em conta diversas especificidades atinentes, designadamente, ao facto de o aproveitamento económico das jazidas (*maxime, de cobre*) se efectuar, antes da chegada dos portugueses, em função e no respeito das tradições locais. A par de um regime de exploração directa da Coroa, foram concedidas a particulares inúmeras jazidas, com a contrapartida de um quinto do rendimento lhe dever ser afectado. Desses e doutros pormenores deram conta a Carta Régia de 24 de Novembro de 1616, os Decretos de 4 de Dezembro de 1869, de 6 de Dezembro de 1888 e de 20 de Setembro de 1906.*

*Vencidas as guerras da libertação e declarada a Independência Nacional, foi preocupação do novo Estado a elaboração e a publicação de uma «Lei de Minas» – qual intrumento básico da estrutura estatal, garantia da disciplina, racionalidade e controlo do aproveitamento dos recursos minerais –, precisamente a Lei nº 5/79, de 27 de Abril, a qual se baseava na participação do Estado em todas as fases da actividade mineira, desde a descoberta até à exploração.*

*Com a crescente normalização institucional, e uma vez publicada a «Lei dos Investimentos Estrangeiros» de 1988, entendeu-se que era mister adequar o ordenamento jurídico mineiro aos princípios básicos da economia de mercado. O que, conjugado com os hodiernos mecanismos internacionais de cooperação no tocante à exploração dos recursos geológicos, conduziu à promulgação da actual «Lei das Actividades Geológicas e Mineiras» (Lei nº 1/92, de 17 de Janeiro). Doutra banda, a delapidação desenfreada, traduzida no garimpo e no roubo de diamantes, levou o Estado angolano a disciplinar em particular a actividade mineira diamantífera, através da recente Lei nº 16/94, de 7 de Outubro.*

*Ambos os diplomas carecem, porém, de regulamentação comple-mentar.*

*A presente monografia insere-se num quadro (ainda embrionário) de desenvolvimento e reformulação de algumas das soluções vazadas nos citados diplomas, cujas primícias se situam num seminário inter-nacional, realizado sob os auspícios do Ministério da Geologia e Minas, que ocorreu no corrente ano.*

*O estudo é, destarte, mais uma apreciação crítica das soluções encontradas pelo legislador – exceptuado o regime jurídico da pes-quisa, revelação e exploração de hidrocarbonetos líquidos e gasosos – e da forma (histórico-diacrónica) como se inseriram nos quadros do direito constituído. Daí que os objectivos primeiros da análise efectuada não se circunscreveram à fácil descrição e dócil interpre-tação dos textos legais, outrossim pretendeu-se chamar a atenção para os sérios inconvenientes de algumas das soluções da lei e contribuir para a reflexão na tarefa de introdução dos necessários desenvolvimentos legiferantes.*

*Os compromissos profissionais e académicos dos autores são a causa directa de o trabalho não ser mais cuidado na forma, mais abundante nas informações, melhor sistematizado e portador de um maior rigor metodológico. Estamos certos, no entanto, que a bonomia dos leitores conseguirá entender os propósitos fundamen-tais que nos guiaram, apesar das insuficiências que ao presente opúsculo reconhecerão. Oxalá possa cumprir os objectivos que se lhe assinam.*

Os Autores

*Lisboa, Dezembro de 1997*

# I

## Exposição de motivos. Razões de Ordem.

O tema que se elege para objecto deste estudo – o direito mineiro angolano, no quadro do desenvolvimento e articulação entre a Lei nº 1/92 e a Lei nº 16/94 – é aliciante por duas ordens de razões. Trata-se, *prima facie*, de um tema cujo tratamento tem sido injustamente silenciado, quando, dado o seu manifesto interesse prático – mais não seja como auxiliar do legislador angolano na tarefa de compreensão das suas intertextualidades, descontinuidades, insuficiências ou contradições – para o efeito da futura regulamentação das citadas leis, outra atitude seria de esperar por banda do legislador. Depois, porque, como o mostraremos, as incongruências, obscuridades, excessos e insuficiências da *Lei dos Diamantes* estão longe de se quedarem naquele limiar máximo de tolerância, que é lícito esperar de um legislador avisado, prudente e razoável.

Estamos perante uma temática complexa, que se situa numa zona charneira, de confluência entre várias disciplinas jurídicas, oriundas do direito público e do direito privado – o direito das coisas, o direito das obrigações, o direito administrativo e o direito constitucional, cujo regime urge delimitar e conformar ([1]).

Guia-nos, pois, o propósito de contribuir para o esclarecimento do *nascimento*, da *vida* e da *morte* dos diversos direitos, pelos quais, de harmonia com o direito objectivo, o Estado angolano outorga, a entidades públicas ou privadas, posições jurídicas de vantagem sobre os recursos minerais – *maxime*, os diamantes – existentes no seu território.

Apresentado o tema, cumpre expor, em traço grosso, o percurso que traçámos para o seu tratamento.

---

([1]) Cfr., porém, **JOSÉ LUÍS BONIFÁCIO RAMOS**, *O Regime e Natureza Jurídica do Direito dos Recursos Geológicos dos Particulares*, Lex, Lisboa, 1994, pág. 151 e segs., espec. págs. 157-158, que, pressupondo a adopção do *critério da posição dos sujeitos* da relação jurídica – ao arrepio do *critério do interesse* –, inclui os direitos mineiros atribuídos aos particulares na categoria dos *direitos subjectivos privados*. Isto, sem embargo de, naturalmente, se observar que o regime de uso e aproveitamento das jazidas sofre a concorrência de múltiplos aspectos jurídico-publicísticos.

Primeiramente, começaremos por abordar histórico-diacronicamente os vários sistemas por cujo respeito, ao longo das épocas – desde o direito romano – têm os legisladores organizado a relação de soberania e o poder directo e imediato entre as pessoas e as jazidas minerais.

Depois, munidos dos instrumentos e do balanço histórico geral, analisar-se-á, em particular, os diversos tipos de ordenação desses sistemas de domínio que atravessaram e fizeram história no direito português – caracterizando especificamente a situação jurídica do domínio mineiro no Ultramar português – até à independência da República de Angola.

Abraçaremos, subsequentemente, a caracterização do actual sistema de domínio sobre as jazidas em Angola – sem esquecer de o enquadrar no todo mais vasto correspondente aos vários tipos de recursos geológicos. E, neste capítulo, analisaremos em particular e confrontaremos a Lei das Actividades Geológicas e Mineiras e a Lei dos Diamantes, relativamente à *forma de utilização*, *fruição* e *aproveitamento* desses recursos, o *modus* jurídico de acesso a eles, a *natureza* e o *conteúdo* dos direitos criados pelo ordenamento e a extinção deles. Sem esquecer de, caso a caso – e na decorrência da análise e confronto das soluções jurídicas – apontarmos as eventuais *obscuridades*, *contradições* e *falta de clareza* do regime encontrado e, bem assim, sugerirmos algumas das vias tendentes à complementação-execução do direito já existente.

# II

## Os Sistemas de Ordenação Dominial das Minas. Referência Histórico-Comparativa.

O estudo da natureza jurídico-dominial das minas é muito importante, porquanto, sem ele, não só do ponto de vista jurídico-político, dificilmente se poderá ficar esclarecido acerca do que seja o designado *domínio público* em geral e, em particular, o *domínio público mineiro*, como também o seu estudo habilita o entendimento das ideias que o ordenamento cristalizou, relativamente às relações que, num dado momento histórico, se entretecem entre o Estado – entendido como modelo político típico da modernidade – e a Sociedade.

Que o mesmo é dizer: a análise do estudo dominial mineiro permite perceber o modo como se foram alicerçando as diversas estruturas de domínio e de hegemonia, que estiveram – e ainda estão – na base das normas jurídicas vinculativas, criadas, densificadas e concretizadas, tendo em vista uma multiplicidade de factores sociais [2].

Sendo assim, quanto maior relevo assumir a função apenas acessória ou complementar do Estado na vida económica e social, assim a neutralidade económica implica o predomínio de um sistema dominial liberal, caracterizado, tanto pela extensão absoluta do direito de propriedade privada sobre os imóveis do céu ao inferno [3] – isto é, a ideia de a propriedade abranger o *solo* (e o respectivo espaço aéreo correspondente) e bem assim o *subsolo*, com tudo o que nele se contiver – aí onde a mina seria uma parte componente do prédio, pertencente ao titular dele, *ex proprietatis* –, como pela consideração das minas enquanto *res nullius*, sujeitas a ocupação e, por via disso, a serem exploradas por quem as descubra.

---

[2] Vai aqui pressuposta a intertextualidade hermenêutica proposta, em língua portuguesa, por **GOMES CANOTILHO**, *Direito Constitucional*, 5ª edição, Coimbra, 1991, págs. 251-252.

[3] Aproveita-se, como se vê, o brocardo dos glosadores medievais, relativamente à extensão da propriedade: *usque ad coelos et usque ad inferos* (CINO DI PISTOIA).

# DIREITO MINEIRO ANGOLANO

Mas, ao invés no outro pólo, quão mais importante for a opção abstracta-ideológica de uma via ou *decisão socialista*, cuja refracção económica consista na apropriação colectiva dos principais meios de produção, assim, por força de um globalizante intervencionismo estatal, será absoluto o predomínio de um sistema que não só radica a propriedade das jazidas minerais no Estado, como, também, lhe reserva, em exclusivo, o direito de pesquisar, reconhecer e explorar directamente todos os recursos geológicos.

Eis o motivo por que, para já, é mister começar por recensear os diversos sistemas de ordenação de domínio sobre os recursos geológicos, numa perspectiva diacrónica, tratando – após nos referirmos à evolução detectada no ordenamento português – de qualificar e caracterizar o sistema dominial angolano. Note-se que a solução de alguns problemas jurídicos concretos não deixou – há exemplos na jurisprudência – de estar dependente da caracterização do sistema de ordenação do domínio sobre as minas ([4]).

A história – *rectius*, a *história* dogmática *dos textos*, e já não tanto a *história dos contextos* – do direito mineiro há muito que vem sendo realizada ([5]). Vejamos o direito romano.

As fontes do ordenamento mineiro romano são, justamente, a *Lex metalli vipascensis* – cuja existência foi revelada em 1876 – e a *Lex metallis dicta* ([6]), descoberta em 1906 –, em Portugal, próximo da vila

---

([4]) Assim, já se colocou o problema de saber se, no cálculo de uma indemnização, decorrente de *expropriação por utilidade pública*, deveria atender-se ao valor de uma jazida já descoberta, mas cujos direitos de exploração ainda não tinham sido concedidos pelo Estado (cfr., acórdão da *Cour de Cassation*, de 21/12/1858, in *Recueil Dalloz*, 1859, I, pág. 25); ou indagar quem é o dono do minério extraído, sem autorização do Estado, pelo explorador de uma mina em terrenos que são propriedade de terceiro (*vide* o acórdão da *Cour de Cassation*, de 14/2/1841, in *Recueil Dalloz*, 1841, I, pág. 121).

([5]) Cfr., **GIUSEPPE ABBATE**, *Corso di Diritto Minerario*, Giufré, Milano, 1946, espec., pág. 38 e segs.; **R. ENTRENA CUESTA**, *Naturaleza y Regimen Juridico de las Rocas*, in Revista de Administración Publica, 1959, nº 30, págs. 38-39; **JOSÉ LUIS VILLAR PALASI**, *Naturaleza y Regulación de la Concessión Minera*, in Revista de Administración Publica, 1950, pág. 95, notas 32 e 33; **GUILHERMO GARCIA MONTUFAR**, *La Propriedad Minera: El Dominio originario de las Minas*, in Revista del Foro, 1956, pág. 518 e segs.; **E. MONSALVE CASADO**, *Manual de Ciencia Jurídico-Minera*, Buenos Aires, 1947, pág. 51 e segs.; **LUIS GONZALEZ BERTI**, *Compendio de Derecho Minero Venezolano*, Tomo I, 3ª edição, 1969, pág. 130-131; **JULIO RUIZ BOURGEOIS**, *Reflexiones sobre la propriedad minera*, in Revista de Derechos y Ciencias Sociales, 1962, nº 122, pág. 13 e segs.; **D. CAL-LEGARI**, *L'ipoteca Mineraria*, in Studi di diritto privato italiano e straniero diretti da Mario Rotondi, Vol. X, Cedam, Padova, 1934, pág. 18 e segs.

([6]) Trata-se de uma *lex dicta* (*rectius, lex rei suae dicta*), declaração unipessoal, aplicada ao direito público, proferida por virtude dos poderes gerais do magistrado (que

## OS SISTEMAS DE ORDENAÇÃO DOMINIAL DAS MINAS

de Aljustrel, no Baixo Alentejo [7]. Apesar de não constituirem documentos legislativos com eficácia extensiva a todo o império romano, na medida em que visavam abarcar concretos distritos mineiros (*statio*), representam, sem dúvida, exemplos daquilo que poderá ter sido, nas suas linhas esquemáticas, o ordenamento mineiro romano, pelo menos no tocante a certo tipo de recursos geológicos minerais.

Coexistiam, a par das minas situadas em *terrenos particulares* – que eram propriedade do dono do solo (cfr., *infra*) –, as minas do Estado (*metalla publica*), situadas no *ager publicus*. No que concerne à organização administrativa, que enquadrava a direcção das explorações, estava ela predisposta à luz de um *critério mineralógico* – que não *geográfico* –, o qual, para o efeito da criação e organização dos *distritos mineiros*, se baseava no tipo e natureza do *depósito mineral* contido na jazida.

O responsável máximo pela organização – e cujas funções passavam, seja pela adaptação das normas imperiais às condições locais, seja por funções estritamente administrativas de direcção dos trabalhos e vigilância dos trabalhadores, seja, ainda pelo exercício de funções jurisdicionais, *maxime* penais, equiparáveis às dos governadores das províncias – era o *procurator metallorum*. Para além deste funcionário, existia, no quadro das operações de comercialização do minério extraído, a função de *conductor metallorum*, a de *probator* – ou seja a de geólogo –, a de *machinator* ou *architectus*, qual engenheiro de minas dos tempos actuais e, bem assim, as demais funções administrativas menores.

Posteriormente, já no Baixo Império, terá sido criada a função de *comes metallorum*, isto é, o de superintendente de todas as minas, independentemente da sua natureza, existentes numa certa região, tutelada, no topo da hierarquia pelo *comes sacrarum largitionum*. Na base desta organização surpreendiam-se os *metallari*, os operários.

De igual modo, no sentido de se promover uma mais intensa actividade mineira no *ager publicus*, o Estado reservou-se no direito de *vender* ou permitir a ocupação de novas minas, uma vez cumpridas as obrigações (*maxime*, fiscais) impostas e os respectivos regulamentos. Sendo assim, a mina pertencia ao primeiro *ocupante*, contanto que sobre ela exercesse

---

os recebeu do povo, quando este o elegeu para determinada magistratura) isto é, do administrador (*procurator metallorum*) das minas de Vipasca, que como se disse, se situavam na área das actuais minas de Aljustrel. Cfr., **SEBASTIÃO CRUZ**, *Direito Romano, I, Introdução. Fontes*, 3ª edição, Coimbra, 1980, pág. 214.

[7] Cfr., **M. FLACH**, *La table de bronze d'Aljustrel – Étude sur l'administration des mines au 1er siècle de notre Ère*, in Nouvelle Revue Historique de Droit Français et Étranger, 1878, pág. 269 e 645; **ESTÁCIO DE VEIGA**, *A tabula de bronze de Aljustrel*, Lisboa 1880; **JOSÉ RAMOS MELIDA**, *La Explotacion Minera en la España Romana*, in La Ilustración Española y Americana, 1883, Tomo II, págs. 282-283.

## Direito Mineiro Angolano

efectivos poderes de facto (*posesso*), a demarcasse e pagasse uma *taxa*. Com o que, a breve trecho, a situação de facto do ocupante, que a lei designava por *occupator*, veio a ser equiparada à de proprietário (*rectius*, à de *proprietário sob condição resolutiva*). Daí que, se a exploração estivesse inactiva por mais de seis meses consecutivos, o seu direito resolvia-se, podendo a mina voltar a ser ocupada por outro sujeito, na condição de este entregar ao Fisco metade do minério extraído ([8]). Admitia-se, por outro lado, que estes protagonistas, contanto que fossem *metallari liberi* (*colonus, conductor* ou *occupator metallorum*), pudessem agrupar-se em *colegia* ou *corpora instituta ut necessariam operam publicis utilitatibus exiberent,* os quais se transformaram, no século VII d.c, nos *colegia artificium* e no século XII nos *Gewerkschafen* ([9]).

No que tocava às minas situadas em terrenos particulares, cuja disciplina era a do direito romano comum, a afirmação da titularidade privada delas, pelo menos até ao século IV d.c., era uma consequência da titularidade da propriedade do solo, por mor do *direito de acessão*. Direito, este, de tal modo protegido, pois que *nec privato nec publico nomine quisquam lapidem cedere potest, cui id faciendi ius non est* ([10]). A partir do século IV d.c., assistiu-se, porém, a um crescente condicionamento da faculdade de os particulares poderem abrir e explorar livremente as jazidas minerais existentes nos seus terrenos.

---

([8]) Para garantir a observância desta obrigação, proibia-se, desde o nascer até ao pôr-do-sol, o transporte do minério extraído até ao local do seu tratamento ou beneficiação, sob cominação de uma multa de mil sestércios.

([9]) Não se esqueça que, se de início – nos séculos I e II, da nossa era – o Estado romano incentivou a formação destes *colegia*, conferindo imunidades e privilégios vários aos seus membros; contratando, que não com o *colegia*, mas sim, de forma individual, com cada um dos seus membros, passou, gradativamente, a eleger como sujeito de contratação o *colegia, maxime* um representante deste *corpus*: após a estipulação de uma espécie de *contrato-tipo*, ficava salva a possibilidade de cada um dos membros aderir às «condições negociais gerais» contratadas, comprometendo-se a prestar a actividade de mineração, conforme o estipulado.

Todavia, a partir do século III d.c., operou-se uma profunda transformação nestas corporações dependentes da administração romana: o Estado transformou-as em associações fechadas, rigidamente controladas, aí onde a participação se tornou obrigatória e a exoneração impossível, a ponto de se criar uma incompatibilidade absoluta de exercer outros ofícios.

([10]) As afirmações são de **ULPIANUS** (*Libro sexto opinionum*), mas o parágrafo completo é o que segue: *Si constat in tuo agro quisquam esse, invito te nec privato nec publico nomine quisquam lapidem caedere potest, cui id faciendi ius non est, nisi talis consuetudo in illis lapidicinis consistat, ut si quis voluerit ex his caedere non alieter faciat, nisi si prius solitum solacium pro hoc domino praestet, ita tamen lapides caedere debet postquam satisfaciat domino, ut neque usus necessarii lapidis intercludatur neque commoditas rei jure domino adimatur* (Digesto 8, 4, 13, frag. 1 – Ulp., 1, 6).

## OS SISTEMAS DE ORDENAÇÃO DOMINIAL DAS MINAS

Como quer que fosse, para o efeito da titularidade do domínio, sempre no direito romano se distinguiu os *depósitos minerais* – os *metalla* (aí incluídas as salinas ([11]), os metais e minérios metálicos, as pedras preciosas e semipreciosas, fosforites, mica, carvões, grafites, pirites, etc.) – das *massas minerais* – os *lapides* (*v.g.*, rochas, minerais industriais, etc., objecto de exploração de *pedreiras*).

Assim, ao menos até aos finais do século IV d.c., enquanto os primeiros pertenciam ao Estado, as *massas minerais* eram consideradas propriedade do dono do solo ([12]). Todavia, na legislação do Baixo Império romano, por virtude das sempre escassas disponibilidades do tesouro público, acentuou-se a tendência de limitar ou condicionar o gozo e a disponibilidade das minas, que eram propriedade privada do *dominus soli*, revelando-se aí as primícias da afirmação de uma regra que desembocou, na posteridade, na dissociação e distinção entre a *propriedade do solo* ou da superfície e a *titularidade dos direitos de gozo, fruição e disposição das jazidas minerais*, situadas no *subsolo*.

Exemplo disto é uma disposição legal, do ano 382, incluída, aliás, no Código Teodosiano – em vigor desde o ano 439 –, a qual autorizava a exploração de pedreiras de mármore em todo o império romano do oriente, posto que sujeita, no entanto, à condição do pagamento de um tributo: *decimas fisco, decimas etiam domino* ([13]).

A queda do império romano do ocidente (no ano 475) não conduziu, ao invés do que poderia julgar-se, a uma significativa modificação da ordenação do domínio fundiário. É muito provável que, tal-qualmente ocorrera na ordenação dominial agrícola, os ditos povos «bárbaros» (godos,

---

([11]) Quanto às salinas (*salinaria*), cfr. os desenvolvimentos de **G. ABBATE**, *Corso*, (…), cit. **[5]**, pág. 44.

([12]) Daí que os glosadores medievais, ao interpretarem os textos romanos, mormente o citado *supra* na nota anterior, afirmassem que *lapidicinas ad regalia non pertinere, sed fundi ac privatorum utilitatibus adnumerari patet* (Andrea D'Isernia), cit., por **BRANCHAT**, *Tratado de los Derechos y regalias que corresponden al Real patrimonio en el reyno de Valencia*, 1784, tomo I, cap. X, *apud* **VILLAR PALASÍ**, *ob. cit.* **[5]**, pág. 84.

([13]) *Codex Theodosianus, 3, Libro XI, 7*. Como informa **SEBASTIÃO CRUZ** (*Direito Romano*, cit. **[6]**, pág. 416, nota 561), dos 16 livros por que é composta esta compilação, o livro X e os títulos 1 a 28 do livro XI tratam do direito fiscal.

Porém, anteriormente, já no ano 367, o imperador Valentiniano I, fizera publicar uma Constituição segundo a qual se colocava a extracção e exploração de minas de ouro em terrenos particulares na dependência do pagamento de um cânone em espécie, impondo--se, de igual sorte, a obrigação de o explorador vender o remanescente ao Fisco, que ficava livre de estabelecer o preço de aquisição. No mesmo sentido, em 393, proibiu-se a exploração de pedreiras de mármore, sob pena de confisco do produto extraído. Só que, dado o carácter precário desta disposição, não foi ela reproduzida no *Codex Theodosianus*.

lombardos, francos, visigodos, suevos, alanos, etc.) tenham respeitado a anterior tradição jurídica romana, em sede do sistema dominial mineiro, para mais quando se sabe que os reis visigodos – na circunstância, o rei Alarico II – ao se investirem na sucessão imperial, não podendo esquecer os súbditos romanos, compilaram – naquilo que veio a designar-se por *Lex Romana Wisigothorum* (506 d.c.) – leis e jurisprudência produzidas no Baixo Império romano (*v.g.*, constituições do *Codex Theodosianus* e dos códices Hermogeniano e Gregoriano, textos de PAPINIANUS e as «Sentenças» de PAULUS ([14])). Com o que se tendeu a perpetuar o regime anteriormente descrito, sendo que, doravante, a propriedade sobre as minas, até aí sitas no *ager publicus*, tivesse transitado para a esfera de domínio dos reis bárbaros (*rex* ou *princeps*).

É, igualmente, sabido que a ocupação do território, incluindo o peninsular, teve como consequência a partilha das terras entre uma oligarquia gótica e as populações conquistadas, em termos de os vencedores terem tomado para si as melhores terras. Cada possuidor romano foi obrigado a receber o visigodo que lhe coubesse e a partilhar com ele as suas terras, dando-lhe dois terços e ficando com um terço do que tinha (*sortes gothicae et tertia Romanorum*). Contudo, com a publicação do Código Visigótico (654 d.c.), apesar de terem sido nele recebidas muitas leis romanas – e a despeito de, segundo o direito consuetudinário dos bárbaros, inexistir um direito de propriedade privada, outrossim *colectiva* ou de *mão comum* –, só a propriedade superficiária terá passado à disponibilidade dos particulares, ao passo que o subsolo tendeu a ser concebido como *bem comum*, se não em propriedade – nos primeiros tempos – do soberano, pelo menos por ele tutelado, no que concernia aos poderes de polícia, tributários e de fiscalização.

Porém, uma diversa racionalidade enquadrava a pesquisa e a exploração das riquezas minerais do subsolo: enquanto que no direito romano as normas, nesse particular, visavam a *commoda rei publicae*, no ordenamento bárbaro a *liberdade de pesquisa* decaía relativamente ao direito proeminente e absoluto do soberano. Que nenhum direito sobre o subsolo aproveitava ao titular do solo deduz-se não só da absoluta ausência de disciplina consuetudinária nesse sentido, como das leis escritas que reproduziam esses usos e costumes ([15]).

---

([14]) Cfr., **MARCELLO CAETANO**, *História do Direito Português*, Vol. I, *Fontes - -Direito Público*, Verbo, Lisboa, 1981, pág.102.

([15]) Se nas primeiras leis dos Visigodos, mormente no *Edictum Theodorici*, promulgada pelo rei Teodorico II (453-466, d.c.) – que reinou na Gália (**MARCELLO CAETANO**, *ob. cit.* [14], pág. 100) –, uma vez que são reproduzidos os textos romanos, nenhuma referência especial se faz à pesquisa e exploração de minas, com o que, implicitamente, se aceitava a antiga tradição. Em vários documentos posteriores (dos Lombardos: do rei Astolfo ao mosteiro de Nonantola, onde se fala de minas da *curia regia*; dos Francos:

## OS SISTEMAS DE ORDENAÇÃO DOMINIAL DAS MINAS

A gradual afirmação dos costumes feudais, durante toda a Baixa Idade Média, conduziu à apropriação do subsolo pelo rei ou *princeps* ([16]). Era a afirmação do Estado patrimonial, de origem germânica, aí onde a soberania estadual vinha a confundir-se com o domínio e a tutela sobre as coisas. Doutrina esta que marcava bem as distâncias relativamente aos princípios vigentes em Roma até ao Baixo Império: se aí se atribuía ao povo, representado pelo Estado, a propriedade destas coisas, contanto que sitas no *ager publicus*, segundo os costumes e a legislação feudal, veio a atribuir-se ao rei não um simples poder tributário, de polícia ou de inspecção, outrossim de propriedade absoluta – *domínio eminente* ou virtual, na linguagem *enfitêutica* – sobre a maioria dos recursos geológicos. Domínio que pertencia ao rei ou ao *princeps* como lógico corolário do *statu quo* dimanado da conquista.

Ora, a consolidação deste estado de coisas, através da afirmação do consabido sistema da *iura regalia* ([17]), dá-se já nos inícios do século XII. Daí que – desconhecendo-se, igualmente, qualquer texto do direito muçulmano sobre a matéria – a propriedade privada ficasse confinada, tão só, àquela porção do solo arável, isto é, aquele que era susceptível de fazer frutificar os as plantas e os vegetais.

Como quer que fosse, segundo a tradição feudal europeia, *maxime* por obra dos glosadores, nem todos os componentes do subsolo integravam o domínio do soberano: somente sobre as minas de ouro, prata, pedras

---

numa doação, feita pelo rei Dagoberto I, no ano 653, de oito mil libras de chumbo para a construção do templo de Saint-Denis, provenientes do cânone que lhe era devido, em espécie, pela exploração das ditas minas) começa-se a detectar a existência de direitos régios sobre as minas. Sobre isto, *vide*, **GIUSEPPE ABBATE**, *Corso*, (…), cit. [5], pág.46.

([16]) Assim, já na Capitular de Ludovico Pio, um dos três filhos do imperador Carlos Magno, beneficiário, juntamente com os demais, da divisão do Império feita por aquele, no ano 817, se faz menção de um tributo mineiro em espécie. Constatação esta suficiente para ser lícito observar que, se algumas minas não tinham transitado para o património do concreto soberano conquistador, é a partir de Carlos Magno que se impõe o princípio da *regalia*, segundo o qual, talvez principalmente por razões fiscais – tal-qualmente no Império romano – se atribuía ao soberano o domínio sobre todas as coisas que não constituissem objecto imediato da propriedade privada.

([17]) Segundo o glosador Andrea D'Iserna eram regalias *quae a privatis sino titolo posssidere non possunt, et uel sunt maiora, quae alias jura maiestatis dicunt, et a privato plane possidere nequeunt, vel minora, quae per concessionem a principe factam, demum juste in aliquem transferunt*. Ora, por via disso, era um privilégio do soberano a *concessio* desses bens, que, desta maneira, podiam passar do *domínio eminente* daquele para o *domínio útil* do beneficiário, contanto que este lhe pagasse um *foro* ou *cânone*. De facto, a expressão *concessio* expressava, nestas épocas, a transmissão plena do domínio (cfr. **VILLAR PALASÍ**, *Naturaleza*, cit.,[5], pág. 83, nota 10), dando origem, igualmente, à criação de uma espécie de *censo reservativo* (cfr., o artigo 1706º do Código Civil português de 1867, que, justamente, proibiu para o futuro este tipo de contratos).

DIREITO MINEIRO ANGOLANO

preciosas e as salinas afirmava ele o seu *domínio eminente* ([18]). Pelo que dizia respeito às *rochas* ou *massas minerais,* subsistia o regime instituído pelo direito romano, que atribuía, como já se sabe, a sua propriedade ao dono do solo ([19]). Este sistema, que dominou durante toda a Idade Média e Renascimento, tão somente começou a ceder o lugar – por influência, em primeiro lugar, em finais do século XVIII, do Iluminismo e, depois, da Revolução francesa e do constitucionalismo monárquico – a uma multiplicidade de sistemas dominiais, que iam desde o retorno à consagração – já propugnada, como se sabe, pelos glosadores medievais nos comentários que fizeram aos textos romanos – de um direito de

---

([18]) De facto, *primo se exhibent auri et argenti fodinae quae inter regalia recenseatur* e, além disto, as salinas, as quais *non minus quam argentarias, inter regalia numerari* (*apud,* G. ABBATE, *Corso,* (…), cit., **[5]**, págs. 194-195.

([19]) Pois que, *lapides ad regalia non pertinere, sed fundi ac privatorum utilitatibus adnumerari patet* (Andrea D'Iserna). Esta circunstância não impedia que o soberano não reservasse o direito de tributar os rendimentos da exploração destes outros recursos extraídos pelo proprietário do solo. Assim, em Itália, Frederico I, o Barbarroxa, na *Constitutio de Regalibus* (1158, d.c.) já para si reservara – como César – as jazidas de minérios preciosos e bem assim as salinas, impondo relativamente aos restantes recursos um tributo (a *decima*). Não se esqueça, no entanto, que, por influência dos privilégios atribuídos pelos reis aos seus suseranos e às cidades livres (comunas), durante toda a Idade Média, não só aqueles mas, também, alguns dos Estatutos comunais plasmaram o já conhecido princípio da *liberdade de pesquisa,* pelo qual se outorgava ao pesquisador o direito de *ocupar* uma parcela do solo e de gozar os frutos do seu trabalho, contanto que não interrompesse a exploração. A par do sistema que admitia a posse da mina pelo primeiro descobridor ou ocupante (*Bergbaufreiheit*), subsistia o sistema das regalias (*Bergregalitaet*). Todavia, os direitos daqueles mineiros não eram de propriedade (que é dizer, *hoc sensu,* absolutos e perpétuos), outrossim de *usufruto sob condição resolutiva,* uma vez verificada a inactividade dos trabalhos de mineração, por um período variável. São exemplos deste sistema as Ordenanças de Kuttemberg ou *Constitiones de iuris metallici,* compiladas por Crozio de Urbino, por iniciativa de Venceslau II, rei da Boémia, em finais do século XIII – inaugurando, na idade Média, o sistema do *campus liber* ou da *Berghaufreiheit* ; as denominadas Cartas de Patente, em França, de Carlos VI, de 1443; as ordenanças de Luís XI, de 1471 e as declarações de Francisco I, de 1520. Presidiu a um sistema deste jaez o interesse de se fomentar a busca e a exploração mineira, principalmente, já desde os finais do século XII, quando os titulares dos *iura regalia* – ainda que os mesmos lhe tivessem sido doados pelos soberanos – se começaram a desinteressar desta actividade. E, de facto, nos direitos germânicos – na Saxónia e na Boémia – se entendeu, a partir dos inícios do século XIII, que todo o *inventor argenti* adquiria uma pretensão jurídica *(anspruch)* contra o titular da *regalia,* predisposta à obtenção da *concessio* da mina. Igualmente, nalguns direitos modernos – como foi o caso do primeiro Código Civil prussiano: o *Allgemeines Landrecht fur die preussischen Staaten,* de 1794 (parág. 154, II, 16) se continuou a reconhecer esta pretensão. Sobre isto, cfr., em particular **MARTIN WOLF,** *Derecho de Cosas,* tradução da 32ª edição alemã, Tomo III, Vol. I, in Tratado de Derecho Civil de L. ENNECERUS / T. KIPP e M. WOLF, Bosch, Barcelona, 1944, pág. 580-581.

## OS SISTEMAS DE ORDENAÇÃO DOMINIAL DAS MINAS

propriedade privada absoluto do titular do solo ([20]), a abranger o espaço aéreo e o subsolo; passando pelo sistema que dissociava a titularidade destes domínios, em termos de se afirmar que os recursos mineiros não pertenciam a ninguém ([21]) (quais *res nullius*, livremente apropriáveis pelo primeiro ocupante) – devendo o descobridor, quanto muito, pagar uma renda anual ao proprietário da superfície e sendo a sua actividade tutelada e fiscalizada pelo Estado ([22]); até ao que propugnava que as riquezas minerais eram *coisas comuns* (*omnia quod sub regis dominis immediate est*) pertencentes à Nação ou, noutra formulação, ao Estado. Ou, ainda, surpreender, a partir de inícios do século XIX, sistemas mistos, segundo os quais – uma vez ultrapassada a época das *regalias* de minas – o Estado passou a conservar um *domínio eminente* sobre as minas ([23]). Domínio este insusceptível de alienação, mas do qual decorria

---

([20]) Ordenação dominial esta defendida por Lemerville, deputado na Assembleia Constituinte francesa, de 1789 e acolhido na Lei de Minas francesa de 1791 e, mais mitigadamente, na de 1810. Resultado este conseguido graças à doutrina dos fisiocratas do século XVIII, os quais ressuscitando, sob outra leitura, as opiniões do jurista romano ULPIANUS, sempre consideraram, em termos jurídico-económicos, que a propriedade superficiária, com tudo o que nela se continha, era a fonte de toda a riqueza. Cfr., **GONZALEZ BERTI**, *Compendio*, (…), cit. [5], pág. 129 e segs.; **VILLAR PALASÍ**, *Naturaleza*, (..), cit. [5], págs. 80-81; **G. GARCIA MONTUFAR**, *La Propriedad Minera*, (…), cit. [5], págs. 518-522.

([21]) Sistema defendido por Turgot, nas suas memórias sobre minas e pedreiras e retomado pelos enciclopedistas, buscava apoio no direito natural, ao privilegiar o trabalho, enquanto actividade humana, como única fonte da propriedade sobre as minas, de tal forma que nenhuma porção do solo ou do subsolo devesse estar na titularidade de quem não a trabalhara. E daí o aforismo: a cada um segundo o seu trabalho, por causa do trabalho e na medida do seu trabalho. Porém, desde cedo se lhe moveram severas críticas, a começar por Mirabeau, na Assembleia Constituinte francesa: «Qual será a propriedade daquele que tenha descoberto em primeiro lugar uma mina? A ele não caberá, por certo, mais do que o que tenha tocado (…) Este filão de dez metros, de cem metros, é seu; mas, se o filão tem mil metros, dois mil metros, será que o outro extremo lhe pertence, apesar de ainda não o ter descoberto ou ignore a sua direcção e existência? (…)», *apud* **GONZALEZ BERTI**, *ob. cit.*, [5], págs. 150-151; **G. GARCIA MONTUFAR**, *ob. cit.*, [5], pág. 522, nota 11·

([22]) Para mais desenvolvimentos, cfr., **SCHOENBAUER**, *Vom Bodenrecht zum Bergrecht*, in «Zeitschrift fur Savigny Stiftung», 55, 1935, pág. 183 e segs.

([23]) Com o desencadear da Revolução francesa, em 1789, sendo o rei, até aí, o único que podia dispor da propriedade das minas, não foi de estranhar que a Assembleia Constituinte se guiasse por princípios diametralmente opostos, que levaram à promulgação da Lei de 28/7/1791. Só que, por influência de Napoleão Bonaparte, o Conselho de Estado francês foi, depois, incumbido de proceder à revisão de todas as leis, conhecendo--se, em 1806, o primeiro projecto da lei mineira, a qual – consagrando o princípio de que as minas deviam ficar na disponibilidade da Nação e de todos os povos da Europa –, após ter sofrido catorze redacções, foi promulgada em 1810 e cujos princípios se mantiveram no Código de Minas francês de 1956.

## DIREITO MINEIRO ANGOLANO

não só o poder de o Estado fiscalizar e inspeccionar a actividade mineira, como a faculdade de conceder direitos de exploração ao descobridor de minas, uma vez que estes lhe fossem solicitados ([24]).

Quadro que, na tradição franco-germânica, foi gradativamente alterado, a partir dos inícios do século XX, tendo sido marcado por um crescente intervencionismo estadual, traduzido em restrições à produção, controlo da concorrência desleal, fixação das condições de comercialização e integração de algumas minas, objecto de antigas *regalias* concedidas a aristocratas, no património do Estado.

De tudo o que antecede decorre que é possível, cotejando a *história dos textos*, hipotizar quatro sistemas de ordenação dominial dos recursos minerais, a saber ([25]):

(**A**) O *fundiário*, segundo o qual, as minas, uma vez consideradas – na linguagem da glosa – *portio agri* ou *portio indiscreta,* estão na titularidade do proprietário do solo, de tal jeito que a exploração desses recursos cabe ao titular da propriedade superficiária *ex jure proprietatis*, que não *ex jure concesso* ([26]). Nos direitos modernos, após a Revolução francesa, este sistema nunca se afirmou na pureza dos seus princípios.

---

([24]) Assim sucedeu, em França, nas Leis de Minas de 1791 e 1810, na Prússia, em 1865, na Saxónia, pela lei de Minas de 1868.

([25]) Naturalmente, é fácil de intuir que, não raras vezes nos diversos ordenamentos se surpreende uma interpenetração dos sistemas de domínio que, a seguir, serão referidos, em termos de, globalmente, se consagrarem *sistemas mistos*. Ou seja: sistemas de ordenação do domínio sobre os recursos minerais que combinam, consoante as várias espécies de recursos em causa, o *sistema dominial* e o *sistema fundiário* ou um sistema de *liberdade de pesquisa* e o *sistema dominial* (dando origem, na terminologia tradicional portuguesa até 1990, a um sistema do *manifesto e concessão*). Assim, por exemplo, em Portugal, mesmo após a reforma da legislação mineira de 1990, consagra-se o *sistema dominial* para os *depósitos minerais* e, paralelamente, o *sistema fundiário* para as *massas minerais,* isto é, por exclusão, todas as rochas e ocorrências minerais não qualificadas pela lei como depósito mineral, objecto de exploração de *pedreiras*. Assim, também, a Lei Federal alemã (*Bundesberggesetz*), de 13/8/1980, alterada em 3/10/1990, por virtude da unificação da República da Alemanha; ou a Lei espanhola de Minas (Ley 22/1973, de 21 de Julho) que, no seu artigo 3°, atribui ao proprietário do solo o domínio sobre o subsolo, quando este inclua as substâncias da Secção A), isto é, os recursos de *escaso valor ecnómico y comercialización geográficamente restringida, así como aquellos cuyo aprovechamiento único sea el de obtener fragmentos de tamaño y forma apropriada para su utilización directa en obras de infraestructura, construcción y otros usos que no exigen más operaciones que las de arranque, quebranto y calibrado*. Que o mesmo é dizer, a propriedade das *pedreiras* pertence ao proprietário do terreno.

([26]) Superfície e mina, solo e subsolo constituem, por isso, uma unidade inseparável, em termos de este último, enquanto *acessorium sequitur principale*. Princípio reafirmado no artigo 522 do Código Civil francês, de 1804: *la propriété du sol emporte la propriété du dessus et du dessous* (sendo, igualmente, afirmado, porém, já com um pendor

## OS SISTEMAS DE ORDENAÇÃO DOMINIAL DAS MINAS

Assim, a despeito de o artigo 552 do *Code Civil* francês parecer dispor nesse sentido, cedo veio a Lei de Minas francesa de 1810 desfazer as dúvidas, pois NAPOLEÃO entendia que *"ainsi dans le rigueur des principes, le propriétaire du sol devrait être libre de laisser ou de ne pas laisser exploiter"*; todavia, *"puisque l'intérêt général oblige de déroger à cette règle à l'égard des mines, que du moins, le propriétaire ne devienne pas étranger aux produits que la chose donne, car alors il n'y aurait plus de propriété"* (...) [27]. Ao proprietário do solo assistia, unicamente ao tempo, o direito de perceber uma renda de superfície, consistente numa anuidade, que poderia variar, conforme o consignado na concessão, entre 5 e 10 cêntimos por hectare de superfície ocupado.

**(B)** O das *regalias, feudal* ou *majestático*, que, fundando-se na famosa distinção entre o *domínio útil* e o *domínio eminente* – aí onde aquele correspondia ao proprietário do terreno e este ao *princeps* ou ao rei, por virtude dos concretos títulos de domínio que se designavam, justamente, por *iura regalia* –, tem as sua origens no momento histórico que antecede o surgimento do conceito de soberania estadual. Dito de

---

marcadamente intervencionista – de molde a restringir o *licere* absoluto do direito de propriedade privada –, nas demais codificações da época, designadamente no artigo 2288º do Código Civil português de 1867: *O direito de fruição do solo abrange, não só o mesmo solo em toda a sua profundidade, salvas as disposições da lei em relação a minas, mas também o espaço aéreo correspondente ao mesmo solo, na altura susceptível de ocupação*; hoje, no artigo 840 do *Codice Civile* italiano de 1942: *La proprietà del suolo si estende al sottosuolo, con tudo ciò che vi si contiene (...) Questa disposizione non si applica a quanto forma oggetto delle leggi sulle miniere, cave e torbiere (...)*; no artigo 1444º, nº 1 do Código Civil angolano – cujo teor é idêntico ao do seu homólogo artigo do Código Civil português de 1966, mantido em vigor na República de Angola por força da disposição final e transitória, constante do artigo 95º da Constituição da República de Angola, de 1975 – e que reza: *A propriedade dos imóveis abrange o espaço aéreo correspondente à superfície, bem como o subsolo, com tudo o que nele se contém e não esteja desintegrado do domínio por lei ou negócio jurídico).*

Claro está que, de um ponto de vista económico, o subsolo em que situem recursos mineiros quase sempre reveste maior valor que o solo, de tal forma que a regra estabelecida pelos glosadores (*qui dominus soli, dominus est coeli et inferorum*), segundo a qual o subsolo constituía uma *acessão* da superfície e as minas um *fruto natural* do solo, deu, há muito, o flanco a severas críticas. *Vide*, **FRANCISCO E. PADILLA**, *Curso de Derecho Minero Argentino*, Buenos Aires, 1950, pág. 53 e segs.; **JUAN C. MOLINA**, *Tratado Teórico y Práctico de Derecho Minero Colombiano*, 1952, pág. 22 e segs.; **GUILHERMO GARCIA MONTUFAR**, *ob. cit.* **[5]**, espec. pág. 520-522; **JULIO RUIZ BOURGEOIS**, *Reflexiones*, (...), cit. **[5]**, pág. 14; **G. ABBATE**, *Corso*, (...), cit. **[5]**, pág. 194; **L. GONZALEZ BERTI**, *ob. cit.*, **[5]**, pág. 133 e segs.

[27] Excerto de um discurso de NAPOLEÃO BONAPARTE, no *Conseil d'État*, em 9/4/1809, *cit.* por **LEOPOLD ROSTAING**, *Étude sur le Régime des Concessions de Mines*, A. Rey, Imprimeur – Éditeur de L'Université, Lyon, 1913, págs. 18-19.

outra maneira: não dispondo o soberano – que o era por conquista ou investidura – de um poder abstracto e universal, eram-lhe tão só investidos, ou ele reservava por um acto de vontade, títulos de domínio concretos, de que podia livremente dispor em relação a terceiros. Estes títulos, designados *regalias*, eram maiores ou menores. As regalias menores – *regalia minora* – podiam, pelo soberano, ser objecto de *concessio* (*concessio principis*) a favor de outros nobres, burgueses, cidades ou à Igreja, reservando-se, não raro, o concedente nos poderes de tutela e tributários ([28]).

Ao cabo e ao resto, esta *concessio* era, na época, concebida como um *contrato enfitêutico*, através do qual o soberano ou o príncipe cedia o *domínio útil* sobre coisas submetidas ao seu *ius regale*, reservando para si o *domínio directo*. O que só era possível por virtude da natureza patrimonial de que se revestiam as relações entre o soberano e os seus súbditos.

**(C)** O *dominial,* por via do qual o Estado se comporta perante os recursos minerais – ou uma parte deles, com exclusão, por via de regra, das massas minerais e rochas – como um verdadeiro proprietário. Passa-se, destarte – e, por via da conceituação *qua tale* do *domaine public,* que muito deve a PROUDHON ([29]) –, de uma concepção estática, voluntarista e proprietarista liberal de propriedade para a ideia de que o *domínio público* é um bem, uma riqueza colectiva que o Estado e os demais entes públicos devem explorar racionalmente, no exercício de um verdadeiro direito de propriedade, de maneira a obter dele o máximo rendimento e utilidade das coisas que nele se integram ([30]). Pelo que, nesta perspectiva,

---

([28]) Sobre isto, cfr., **VILLAR PALASÍ,** *Naturaleza,* (…), cit. **[5],** págs. 82-83; **RIPOLL,** *De Regalibus,* cap. I, nº 11; **BRANCHAT,** *Tratado de los Derechos y regalias,* (….), cit. **[12],** cap. IV, nº 1 e 20, cap. V, nº 28; **MONSALVE CASADO,** *Manual,* (…), cit. **[5],** pág. 62, o qual afirma que o vocábulo *regalia* significa a *preeminencia, prerrogativa o derecho que en virtud de suprema autoridad y potestad ejerce cualquier príncipe o soberano en su reino o estado, como el batir moneda (...) en sentido generico es prerrogativa, preeminencia que coloca fuera del régimen ordinário;* **JUAN C. MOLINA,** *Tratado,* (…), cit. **[26],** pág. 26 e segs. **GONZALEZ BERTI,** *Compendio,* (…), cit. **[5],** pág. 153 e segs. e 162 e segs.

([29]) **PROUDHON,** *Traité du domain publique,* Tomo I.

([30]) Assim, **ANDRÉ DE LAUBADÈRE,** *Traité de Droit Administratif,* Vol. II, 8ª edição, 1986, pág. 147.

Acresce que este direito de propriedade do Estado – ou da Nação – não deve, por isso, assimilar-se totalmente ao direito de propriedade privado, cuja *licere* se consigna, principalmente, nos diversos códigos civis, pois que a lei não outorga ao Estado esse domínio para uma utilização excludente e exclusiva dos bens que nele se contêm, análoga ao normal *ius prohibendi* – à obrigação passiva universal de respeito por parte de terceiros. Ao invés, a titularidade desses bens importa que eles possam ser utilizadas para a realização de fins de interesse geral: ou mediante o *uso comum,* ou mediante um *uso privativo,* com um escopo e destinação que se revejam na prossecução de interesses

## OS SISTEMAS DE ORDENAÇÃO DOMINIAL DAS MINAS

públicos. *Vidé*, **MARCELLO CAETANO**, *Manual de Direito Administrativo*, Vol. II, 10ª edição, 3ª reimpressão, Coimbra, 1990, pág. 920 e segs.; recentemente, **JOSÉ IGNÁCIO MORILLO-VELARDE PÉREZ**, *Dominio Público*, Trivtum Editorial, Madrid, 1994, pág. 82 e segs., 104 e segs.

Por outro lado, nada impede que a Administração faça cessar o carácter de dominialidade relativamente a uma ou várias jazidas minerais. Não podendo o legislador ordinário retirar o carácter de bem pertencente ao domínio público do Estado angolano no que toca a todas as jazidas minerais – pois que tal violaria flagrantemente a Constituição da República Angolana –, não está ele impedido de, por lei ou acto administrativo, retirar o carácter dominial a uma concreta e específica jazida, porquanto esta *desafectação* singular só pode dar-se em relação a bens pertencentes às classes de domínio que integram uma pluralidade de coisas (assim, **MARCELLO CAETANO**, *ob. cit.*, pág. 956, salientando que não é possível operar desafectações singulares relativamente a classes de bens dominiais constituídas por uma só coisa indivisível, dando o exemplo do mar territorial ou do espaço aéreo).

Acresce que, mesmo no dito *domínio público por natureza*, a dominialidade não tem de que estar sempre na dependência das características físicas e intrínsecas da concreta classe de bens, mas também, das concretas opções do legislador; assim **JOSÉ IGNÁCIO MORILLO-VELARDE PÉREZ**, *ob. cit.*, pág. 100). Ora, o artigo 3º da Lei nº 1/92, de 17 de Janeiro manteve a incorporação, já realizada pelo artigo 3º da Lei nº 5/79, de 17 de Maio, de uma categoria ou género de bens – integrantes do *domínio público natural* –, definidos por determinadas características físicas homogéneas. Todavia, a *desafectação* que daí resulte só será, justamente, possível contanto que se mantenha ou reforce a produção de maior grau de utilidade pública, que o mesmo é dizer, desde que o aproveitamento do bem dominial, nesses moldes, deva ser considerado prioritário em relação ao anterior (cfr. **AFONSO QUEIRÓ/ JOSÉ GABRIEL QUEIRÓ**, *Desafectação de Bens do Domínio da Circulação Urbana*, in Direito e Justiça, Universidade Católica Portuguesa, Lisboa, 1995, espec. págs. 260-261; **JOSÉ PEDRO FERNANDES**, *Desafectação*, in Dicionário Jurídico da Administração Pública, Vol. III, Lisboa, 1990, pág. 554). Com o que sempre será necessário que a Administração ou o legislador angolano se autovinculem ao respeito não só do *princípio da legalidade*, mas, também, à observância dos valores que devem presidir à actividade administrativa e legislativa; valores estes cristalizados nos *princípios da igualdade*, da *justiça*, da *imparcialidade* e da adequação do fim legal. Sendo o acto legislativo ou administrativo de desafectação um acto que se situa no horizonte da *discricionariedade* administrativa e legislativa, está ele sempre sujeito aos limites atrás assinalados, os quais são, afinal, limites específicos do poder discricionário de desafectar do domínio público concretas jazidas minerais.

Como quer que seja, não se vê quando é que fica salva à Administração ou ao legislador angolano a possibilidade de *desafectação* de uma mina, com base na desnecessidade dela para o fim de utilidade pública, que determinou a sua incorporação, pela lei constitucional e pela Lei nº 1/92, de 17 de Janeiro, ou para lhe ser dado um novo destino de interesse público, que afaste a aplicação do regime dominial. Seria pensável a desafectação de uma jazida produtiva de aluvião para o efeito de concessão do *terreno vago* (a superfície) a particulares para fins agro-pecuários ou industriais ou a pessoas colectivas privadas de utilidade pública, que ao fim de quinze anos adquirissem a propriedade plena sobre o terreno (art. 148º, parág. único do Decreto nº 43 894, de 6/9/1961)? Seguramente que não. Mas já seria viável a desafectação do domínio público de uma jazida que, a despeito de ainda não estar esgotada – caso contrário, sem mineral não há mina e, logo, a dominialidade aparece desprovida de conteúdo material –, não fosse economicamente viável, definitiva ou temporariamente, contanto que se observassem os requisitos atrás mencionados.

# DIREITO MINEIRO ANGOLANO

tanto o Estado pode explorar por si mesmo a riqueza ínsita nas jazidas minerais ([31]), como encarregar – por *acto* ou *contrato administrativo* – terceiros de o fazer. Assim como é pensável, por razões que se prendem com o interesse nacional – *maxime,* o desenvolvimento económico e social, a defesa nacional ou a protecção do património ambiental e histórico-arquitectónico –, que possa declarar a existência de zonas de *reserva*, nas quais pretenda fazer a exploração directa desses recursos ou se vincula a não o fazer, nem a permitir que outros o façam, durante um certo período.

**(D)** O da *ocupação* e da *res nullius*, segundo o qual – uma vez realizada a distinção entre o solo e o subsolo, como elementos diferentes, susceptíveis de serem objecto de distintas propriedades –, originariamente, as jazidas minerais não pertencem a ninguém, nem sequer ao Estado, adquirindo direitos sobre as mesmas o primeiro descobridor que sobre elas tenha exercido *poderes de facto* (ocupação *stricto sensu*) ou quem primeiro tenha declarado, perante as autoridades competentes, o seu descobrimento (*res nullius, stricto sensu*). A actuação do Estado visa, neste sistema, tutelar e fiscalizar a conveniente exploração desta rique-za ([32]), adjudicando – sem que, note-se, seja o dono dela – a *propriedade mineira* a quem considere que está em melhores condições de a explorar. E daí, ao criar esta *propriedade* – a qual, observe-se, já nasce *origina-riamente* na esfera jurídica do descobridor ou manifestante – ou ao permitir a pesquisa e prospecção, o Estado é, por via disso, remunerado pelo explorador ([33]).

Neste sistema, em bom rigor, o proprietário do solo não desfruta, antes ou depois da concessão, de qualquer direito à jazida situada no

---

([31]) Como pode suceder no quadro do direito angolano, na hipótese de os direitos mineiros, relativos à pesquisa, investigação e exploração de diamantes serem outorgados directamente, como a lei autoriza, à empresa pública *ENDIAMA – U.E.E.*, podendo esta, eventualmente, *associar-se em participação* ou celebrar contratos de prestação de serviços com outras empresas, nacionais ou estrangeiras (cfr., artigo 2º, nº 1, 3 e 5 da Lei nº 16/94, de 7 de Outubro). Ora, nestas hipóteses e no suposto de não se outorgarem concessões mineiras de diamantes a terceiros, ocorre como que uma espécie de *estatização* deste sector de produção, estabelecendo-se uma *gestão pública*, através de uma empresa do Estado. Sobre a política intervencionista do Estado e a sua relação com as concessões mineiras, cfr., **E. MARTÍNEZ USEROS**, *El intervencionismo estatal y las concessiones de minas*, in Revista General de Legislación y Jurisprudencia, separata, Madrid, 1948.

([32]) Cfr., o clássico **PIERRE VERNIER**, *Du Droit de Surveillance de L'État sur L'explotation des Mines et ses Diverses Sanctions*, A. Pedone Editeur, Paris, 1900.

([33]) Para as críticas a este sistema e aos subsistemas em que se desdobra, cfr., **LUIS GONZALEZ BERTI**, *ob. cit.*, **[5]**, pág. 182 e segs.

subsolo. Como afirmava NAPOLEÃO (³⁴): *"Jusqu'à l'institution d'une concession, on doit regarder les substances concessibles comme des choses qui ne sont pas encore nées. C'est un bien non affecté de propriété"*. As minas, são, portanto, neste enfoque, antes da concessão, *res nullius*. Daí que a propriedade delas só nasça na pessoa do concessionário.

---

(³⁴) Citado por **LEOPOLD ROSTAING**, *Étude sur Le Régime des Concessions de Mines*, (…), cit. **[27]**, pág. 27. No mesmo sentido, pode ver-se um acórdão da *Cour de Cassation*, de 3/8/1839, in Recueil Dalloz, 1839, I, pág. 311, onde se estatui que: *"La propriété des mines dérive de la concession qui en est faite par l'autorité publique, que cette matière a pour règle les lois qui la régissent, et non l'article 552 du Code Civil qui, d'ailleurs, renvoie lui même à ces lois; qu'il résulte clairement de toutes les dispositions de la loi de 1810 que la propriété de la surface ne confère, par elle-même, aucun droit privatif et direct sur les mines et par suite les substances qui les composent"*.

## A evolução do Direito Português anterior à independência da República de Angola. A evolução e caracterização do sistema vigente na República de Angola.

Em jeito de antecipação, pode dizer-se que desde os primórdios da independência, na Península Ibérica, do Reino de Portugal relativamente ao Reino de Leão e Castela, no século XII, até ao Decreto de 13 de Agosto de 1832 – referendado por Mouzinho da Silveira –, preponderou um sistema de domínio caracterizado pelo acentuado predomínio dos *iura regalia*; depois, de 1832 até à Lei nº 677, promulgada em 13 de Abril de 1917 (e, ainda antes, até ao Decreto de 20 de Setembro de 1906, vigente no Ultramar português), por virtude do ideário do liberalismo, verificou-se um nítido predomínio do *sistema fundiário*, marcado, principalmente a partir do Decreto de 25 de Novembro de 1836, por um crescente pendor intervencionista do Estado; e, finalmente, a partir de 1906 e 1917, respectivamente para o Ultramar português e Portugal continental, a consagração do *sistema dominial* ([35]), relativamente a todos os recursos minerais, à excepção (em face da tradição do direito português) das *massas minerais* (*v.g.*, rochas, areias, argilas, mármores, objecto de exploração de pedreiras), que permaneceram na órbita do *sistema fundiário*. Após a independência da República de Angola e a entrada em vigor da Constituição (artigo 12º, 1º parágrafo), aprovada em 10/11/1975, implantou-se, no novel Estado, o *sistema dominial*, em relação a todas as espécies de recursos minerais (isto é, depósitos minerais, rochas, minerais industriais, objecto de exploração de pedreiras, existentes no solo e

---

([35]) A teoria do *domínio público* é tributária de uma lenta evolução, que sempre gravitou ao derredor de dois elementos: um *objectivo* – qual fosse o de saber que coisas ou bens podiam merecer este qualificativo; e um outro *subjectivo* – consistente em saber quem é o titular desses bens e que poderes pode exercitar. Já com a distinção, no direito romano, entre *res in commercium* e *res extra commercium* se deu o mote para excluir a comercialidade das coisas públicas. Mas não só: quer as *res publicae* (pertencentes ao *populus romanus*), quer a *res communes omnia* (que a todos pertenciam) estão na génese do desenvolvimento histórico da teoria do *domínio público*. Enquanto as primeiras seriam objecto de *dicatio*, isto é, de afectação expressa a fins de interesse geral, as segundas prescindiam desse acto, pois que a própria natureza das coisas impunha um uso delas desfrutável por todos. Quanto à titularidade, ocorre uma outra distinção que, paulatina-

no subsolo). Sistema, este, que, mantendo ainda em vigor, provisoria-
mente, as disposições do referido Decreto de 20/9/1906 – com as
alterações de que foi alvo –, culminou, a partir da Lei nº 5/79, de 17 de
Maio, no desenvolvimento daqueles princípios constitucionais, atinentes
ao aproveitamentos dos recursos geológicos, de que hoje é depositária a
Lei nº 1/92, de 17 de Janeiro – no concernente aos recursos geológicos e
mineiros em geral – e a Lei nº 16/94, de 7 de Outubro, especificamente
atinente aos diamantes. É, pois, mister expor a evolução e as características principais de cada um destes períodos.

**A) Evolução e caracterização do regime das regalias português.
A Declaração dos Direitos Reais de D. Duarte; as Ordenações
do Reino; uso e aproveitamento dos recursos minerais.**

À semelhança das correntes medievais da época, entendeu-se que

---

mente, se afirmou, também, no ordenamento jurídico português: seguindo a tradição
jurídica germânica, herdada dos povos bárbaros, que habitaram na Península durante
largos séculos, nasce um conjunto de bens, que passa a constituir um património colectivo,
de mão comum, passando – após o ressuscitar da organização concelhia – a existir, para
além do património do rei, uma massa de *bens comuns* (conforme a designação recebida
no artigo 380º do Código Civil português de 1867), que incluía, entre outros, os matos, os
maninhos, os terrenos baldios, os atravessadouros e os fornos (os quais, já segundo as
Ordenações Filipinas, Livro IV, título 43, parág. 9, *"passárão geralmente pelos Foraes
com as outras terras aos Povoadores dellas"* afirmando-se, no parág. 12, que *"se não
dem – note-se, de Sesmaria – Valles de Ribeiras, que por Foraes, ou outro direito não
sejão nossas. Nem mattos nem outros maninhos, que não forão coutados, nem reservados
pelos Reis, que são dos Termos das Villas, e Lugares para os haverem por seus ..."*; cfr.,
**MANOEL D'ALMEIDA E SOUSA**, *Discurso jurídico, histórico e critico sobre os
direitos dominiais e prova delles neste reino em favor da Corôa*, Lisboa, na Impressão
régia, 1813, págs. 9-10) e uma massa de bens que eram propriedade do concelho; enquanto
os *comuns* eram objecto de desfrute e aproveitamento pela colectividade dos vizinhos,
estes últimos visavam a produção de rendimentos para ocorrer aos gastos da autarquia.
Após múltiplos e não menos conflituosos processos de usurpação, desamortização e
alienação daqueles bens comuns, deu-se uma paulatina sub-rogação na titularidade deles,
passando, nos dias de hoje – fenómeno que está completo na República de Angola – a sua
titularidade para o Estado ou para pessoas colectivas públicas menores.
     Deste modo, a par da propriedade privada, subsiste uma relação administrativa de
propriedade, que só é distinta do direito de propriedade privada no que toca ao *conteúdo*
(não *comercialidad*e, *impenhorabilidade*, *imprescritibilidade*, utilização em benefício de
todos) e não quanto à *natureza*. No seguimento da tradição jurídica inaugurada por
HAURIOU, pode dizer-se que a *dominialidade* é uma *qualidade* que se outorga a
determinados bens (cfr., entre nós, **MARCELLO CAETANO**, *Manual*, (...), cit., **[30]**,
pág. 894-895; **LUIS MORELL OCAÑA**, *Apuntes de Derecho Administrativo, Dominio
público. Bienes patrimoniales. Régimen administrativo de la propriedad privada*, Madrid,
1989, págs. 16-17).

## A EVOLUÇÃO DO DIREITO...

os primeiros reis de Portugal ([36]) adquiriram pela conquista *"o pleno domínio universal de todos os bens conquistados,* e não unicamente *o pleno governo"* ([37]). Sendo assim, não é de estranhar que, por mor da conquista, atribuindo-se ao soberano não só o império e a jurisdição, mas também o domínio patrimonial das coisas, este tanto ficava livre de *ratificar* como de *confirmar* o antigo domínio privado dos particulares ([38]). Em princípio, só ficaram livres *"os mattos maninhos, ou mattas, e bravios, que não forão coutados, nem reservados pelos Reis, e passarão geralmente pelos Foraes com as outras terras aos Povoadores dellas"* ([39]). De todo o modo, reafirmou-se o princípio, ao tempo corrente ([40]), de que as minas eram direito Real, cabendo, como tal à Coroa.

Só que, como veremos, estas *iura regalia* não abarcaram todos os recursos geológicos.

Com efeito, por uma lei (a *Declaração dos Direitos Reaes*) mais tarde incluída nas Ordenações Afonsinas, o rei D. Duarte (1433-1438) –

---

([36]) A história do domínio jurídico dos recursos minerais, na Península Ibérica, até à independência do Reino de Portugal (1140), pode ver-se em **JOSÉ LUÍS BONIFÁCIO RAMOS**, O *Regime e a Natureza*, (…), cit., **[1]**, págs. 31-34; **JOHN ALLAN**, *A mineração em Portugal na Antiguidade*, in Boletim de Minas, nº 2, 1965, pág. 10 e segs.

([37]) Assim, **MANOEL D'ALMEIDA E SOUSA (DE LOBÃO)**, *Discurso jurídico, histórico e crítico sobre os direitos dominiais e prova delles neste reino em favor da Corôa*, cit., **[35]**, pág. 6. Mais afirma (*ob. cit.*, pág. 7), citando as Ordenações Afonsinas (Livro II, tít. 33, princ. ) *"que os Senhores Reis conquistadores não apropriarão para si o domínio pleno, e universal de todos os bens conquistados"*. E que *"se suppõe que os Senhores Reis também reservarão para si certos bens demarcados, que se chamavão Reguengos"* (da palavra Regalengos).

([38]) Como informa **THOMAZ ANTÓNIO DE VILLA-NOVA PORTUGAL**, *Memórias da Literatura Portugueza*, Tomo III, parág. 33, pág. 445, os Reis de Leão, quando conquistaram Coimbra aos árabes, *"confirmarão aos monges negros de Lorvão as possessões que antes tinhão"*. O que foi, dessa maneira, feito, não por nova doação e, por isso, ao arrepio do direito de ocupação do conquistador, que nessa época prevalecia.

([39]) Ordenações Filipinas, Livro IV, título 43, parág. 9. Afirma-se, adiante (parág. 12) a proibição de *"que se não dem* (de Sesmaria) *Valles de Ribeiras, que por Foraes, ou outro Direito não sejão nossas. Nem mattos nem outros maninhos, que não forão coutados, nem reservados pelos Reis, que são dos Termos das Villas, e Lugares para os haverem por seus"*.

([40]) Aliás, consignado no *Fuero Viejo* do Reino de Castela, promulgado nas cortes de Najera, de 1138, pelo rei Afonso VIII e, também, no *Código das Sete Partidas*, de 1263 – mas que, talvez, só em 1348 lhe teria sido dado a força de lei por Afonso XI de Castela – (Part. II, lei V, tít. 16); todavia, quanto a estas, há quem sustente (**ALVAREZ GENDÍN**, *Naturaleza publica del dominio minero*, in Anales de la Academia Matritense del Notariado, tomo IV, citando o praxista Gregorio Lopez, *apud* **VILLAR PALASÍ**, *Naturaleza*, (…), cit., **[5]**, pág. 84, nota 13) que só eram *iura regalia* as minas que não estivessem situadas em terrenos particulares.

## DIREITO MINEIRO ANGOLANO

através do seu chanceler, o jurista Rui Fernandes [41] [42] – foi o primeiro a declarar que *as minas e veeiros de ouro, prata e qualquer outro metal* pertenciam à Coroa [43]. Regime que foi mantido na legislação posterior [44]. Domínio eminente este das jazidas, pertencente ao soberano, que, onde quer que elas se situassem, sempre revelariam um *fraccionamento* do direito de propriedade: no que tocava aos terrenos de particulares ou da Igreja, o subsolo que integrasse esses recursos perten-

---

[41] Sobre a importância deste jurista, *cfr.* as indicações de **MARCELLO CAETANO**, *História do Direito Português*, cit., **[14]**, Vol. I, pág. 533, nota 1.

[42] Note-se, todavia, que – a despeito de nos primeiros forais concedidos aos concelhos pelos primeiros reis de Portugal, os vizinhos desfrutavam da liberdade de exploração dos minérios aí existentes –, segundo informa **GAMA BARROS** (*História da Administração Pública em Portugal nos séculos XII a XV*, Livraria Sá da Costa, Vol. VI, pág. 109, nota 3), o rei D. Dinis, em alguns forais que concedeu, nos finais do século XIII, reservou para a coroa os veeiros de prata ouro ou cobre.

[43] Cfr. Ordenações Afonsinas (com vigência geral, talvez, a partir de 1454), Livro II, título 26; a lavra das minas ficou livre a todos, podendo ser exercitada em todos os terrenos, fossem do rei ou de particulares. Pelos direitos regalengos que reivindicou, ficava o soberano habilitado a exigir, antes de se iniciar a mineração, oito *escrópulos* de ouro, cujo valor era de uma onça cada; depois, quem explorasse mina de ouro, pagava sete *escrópulos* do mesmo metal por ano; se lavrasse de outro metal, uma libra de catorze onças; e, além disso, se a jazida se situasse em terras do rei, devia entregar-se duas dízimas de todo o metal que se purificasse; se o fosse em terrenos particulares, pagava-se uma dízima ao rei e outra ao dono do solo. Sobre isto, **ANTÓNIO LUÍZ DE SEABRA**, *Da Propriedade*, Vol. I, Parte I, Coimbra, Da Imprensa da Universidade, 1850, pág. 150.

[44] Assim, nas Ordenações Manuelinas, Livro II, título XV, parág. 15: "(…) *os veeiros e minas d'ouro, ou prata, ou qualquer outro metal*". Nas Ordenações Filipinas (Livro II, título 34), que reproduziram uma lei do rei D. Sebastião – promulgada pela regente D. Catarina, em nome dele, de 17/12/1557 – manteve-se este direito geral de pesquisa e exploração – à excepção da província de Trás-os-Montes ("... *porém na Comarca de Trás-os-Montes ninguém buscará as ditas veas, nem trabalhará nas descobertas sem nosso special mandado*"), porquanto, estando aí situadas ricas jazidas de chumbo, volfrâmio e cassiterita, a Coroa manteve, nessas áreas, a exploração directa dessa riqueza, através de agentes seus (*vide* a informação de **WAGNER BARREIRA**, *Evolução do Direito de Minas*, in Revista da Faculdade de Direito, 2ª fase, Vol. XX, 1966, pág. 117, nota, dando nota de um *Regimento do Administrador das Minas de Estanho das comarcas da Guarda, Viseu e Trás-os-Montes*, de 20 de Abril de 1655).

Em vez de se continuar a exigir o pagamento de uma quantia em ouro, antes do início dos trabalhos de mineração, dispôs-se sobre a atribuição de *prémios* (20 cruzados, se fossem de ouro ou prata, dez, se fossem doutro metal) a todos os que achassem tais jazidas. Elevou-se, porém, o tributo para o montante correspondente a um quinto do metal apurado, *salvo*, como se dizia, *de todos os custos*.

De igual sorte se disciplinaram as condições de lavra em terrenos de particulares, a qual só poderia ter lugar: depois de recolhidos os frutos pendentes; se fosse precedida de autorização do *provedor dos metaes* ou seus delegados, e contanto que este fizesse a demarcação da mina, devendo os trabalhos começar dentro do prazo de dois meses e

## A Evolução do Direito...

ciam sempre ao património do Rei ([45]) – que o podia explorar em regime de monopólio ou conceder (o seu *domínio útil* ) a terceiros ([46]); terceiros, estes, que adquiriam a propriedade, nestes moldes *enfitêuticos*, do *domínio útil* da jazida, podendo, até, transmiti-la *mortis causa*, contanto que pagassem a tributação devida.

Seja como for, os demais recursos geológicos – *maxime*, as rochas, as areias, as argilas e as águas que nascessem em prédios particulares (especialmente as que neles eram retidas ou derivadas para outros prédios, antes de se lançarem num rio público) ([47]) – pertenciam aos donos deles.

---

serem contínuos ou ininterruptos, sob pena de os direitos sobre a *vea* caducarem a favor da Coroa (*e ficará para Nós provermos nella* (Ordenações Filipinas, livro II, tít. 34, parág. 2).

Não faltava, igualmente, disciplina relativamente à comercialização do minério extraído: uma vez pago o quinto, os mineradores podiam vender *"a quem quizerem, não sendo para fora do Reino, fazendo primeiro saber aos Officiais, que para isso houver, para fazerem assento das vendas nos livros, que hão de ter, em que os vendedores assinarão. E o que vender sem lho fazer saber, pagará a quantidade do que vender, em dobro, e o comprador anoveado, dois terços para a nossa Fazenda, e o outro para quem o descobrir e acusar, e serão presos até nossa mercê. E o que os vender antes de serem marcados, ou em madre, antes de fundidos ou para fora do Reino perderá a Fazenda"* (cit., parágs. 3 e 4).

([45]) *Inter Regalia connumerantur et ad principem spectant.* Há, por outro lado, quem afirme (**DOMINGOS ANTUNES PORTUGAL**, *Tractatus de Donationibus Jurium et Bonorum Regiae Coronae*, Lião, 1673-1675, livro III, capítulo XII, parágs. 2-5 e 11-12, cit. por **MARQUES GUEDES**, *Desafectação dos anexos das concessões mineiras e das águas minerais*, in Pareceres da Câmara Corporativa, 1969, pág. 97 e segs.) – o que nos parece duvidoso, como regra geral – que, contrariamente à doutrina dominante noutros países, que atribuía ao proprietário do solo a titularidade dos metais, quais frutos naturais, situados no subsolo adjacente (*unde cum fructus ad dominem pertinent*), no reino de Portugal e de Castela, quer a lavra se fizesse em terrenos do rei ou em terrenos dos particulares ou da Igreja, os veios e minas de metais, e bem assim os de pedras preciosas eram sempre do soberano (*ad Regem*).

([46]) Por isso se rodeava de enormes cautelas a possibilidade de o explorador da mina, mesmo que fosse o dono da superfície, reivindicar qualquer direito de disposição da jazida como se fosse coisa sua. Neste sentido nos parágs. 8, 9 e 10, do título 34 do referido livro II das Ordenações Filipinas se preceitua que: *"E postoque alguma pessoa allegue que stá na posse de cavar, e tirar qualquer das sobreditas cousas nas minas e veeiros de suas terras sem nossa licença ou dos Officiais declarados nesta Ordenação, nos casos em que por bem della se requere a dita licença, não lhe será guardada, postoque seja immemorial: salvo quando mostrar doação, em que expressa especialmente das ditas cousas lhe seja feita mercê. Porque, aindaque nas doações têm algumas clausulas gerais, ou speciais, per que pareça incluirem-se as ditas cousas, nunca se entende pelas tais palavras serem dadas, salvo quando special e expressamente forem declaradas"*.

([47]) Quanto ao regime das águas, neste período, cfr., **GUILHERME MOREIRA**, *As Águas no Direito Civil Português*, 2° edição, Vol. I, pág. 5; **MÁRIO TAVARELA LOBO**, *Manual do Direito das Águas*, Vol. I, Coimbra, 1989, págs. 31-32.

## B) A ordenação do domínio das jazidas minerais no período do liberalismo. Caracterização sumária.

Ao arrimo da tendência que conduziu à extinção de grande parte das prerrogativas reais, ao arrepio da teoria jurídica das *regalias*, as medidas legais – levadas a efeito, por Mouzinho da Silveira, após o termo da guerra civil (Maio de 1834) – impulsionadoras da reforma das estruturas fundiárias feudais conduziram à referenda, por Mouzinho da Silveira, do Decreto de 13 de Agosto de 1832, no qual se declara, pela primeira vez, que as *"Minas de ouro, e prata, e de qualquer outro mineral,são inerentes à Propriedade, e fazem parte della, salvas as Contribuições, que se acharem impostas, ou forem impostas sobre os objectos extrahidos das mesmas"* (art. 17º/2).

Representou, pois, esta legislação, o triunfo do *regime fundiário*.

Vitória efémera esta, pois que, pelo Decreto de 25 de Novembro de 1836 – sentindo-se já a influência da Lei de Minas francesa de 1810 – se consagrou, agora sobre outra veste, o princípio da exploração das minas como um privilégio exclusivo (tutelado e fiscalizado pelo Estado) outorgado ao primeiro que o requeresse [48]. Contudo, ainda assim a lavra só era admitida por convenção com o dono do solo, a quem era devida uma indemnização [49], de acordo com o disposto no artigo 6º da Constituição liberal de 1822.

Mitigava-se, destarte, o *sistema fundiário* com o sistema de *liberdade de pesquisa* e *exploração*, já constante da Lei de Minas francesa de 1810, que foi objecto de crescente condicionamento por banda do Estado [50]. Com efeito, na Lei de 25 de Julho de 1850, referendada por Costa Cabral, a licença para a realização de pesquisas, passada pelo Governo, deixou de estar na dependência do consentimento dos proprietários do solo [51], atribuindo-se ao Governo, além da faculdade de suprir a falta de consentimento do dono da superfície, estoutra de escolher, de entre os concorrentes – fossem eles proprietários, descobridores ou outros

---

[48] Reagindo, compreensivelmente, contra este Decreto, vejam-se as certeiras estocadas de **ANTÓNIO LUÍZ DE SEABRA**, *Da Propriedade*, cit., [43], pág. 152: *"(...) Deixando a demarcação ao arbítrio de empregados (funcionários do Estado) sempre fáceis de mancommunar-se com os interessados, é evidente que todas as minas, que se acharem em propriedades particulares dentro dos limites da demarcação, ficam inutilizadas para os seus donos, a quem não é lícito explorá-las, sofrendo assim, uma verdadeira expropriação. A Ordenação Filipina expropriava em nome de el rei, ou do Estado, e em proveito do Estado; – mas este Decreto expropria em nome das empresas particulares, e em seu proveito"*.

[49] Artigo 4º.

[50] Desde logo, com este Decreto se passou a exigir a obtenção de *licença do Governo para minar* (artigo 1º).

[51] Artigo 5º da Lei de 25/7/1850.

## A EVOLUÇÃO DO DIREITO...

interessados –, aquele a quem devia ser concedida *licença* para a exploração ([52]).

Porém, a breve trecho, o Código Civil português de 1867 ([53]) restaurou, na sua plenitude, o *sistema fundiário*, precisamente nas hipóteses em que o proprietário do solo pretendesse proceder a trabalhos de pesquisa e exploração ([54]). Só que, com o décimo quarto Decreto com força de Lei, de 30 de Setembro de 1892, alargou-se a necessidade de obtenção de concessão do Governo para outros minerais úteis, que, pela sua natureza e pela importância dos trabalhos de aproveitamento, só podiam *ser lavrados mediante concessão do Governo* (artigo 2º). No mais, cumpria ao Governo suprir a falta de consentimento do proprietário do solo, nos casos de recusa de licenças para pesquisas (artigo 17º do referido Decreto de 31/12/1852), atribuir o alvará de concessão para lavra, conceder ou

---

([52]) Artigo 10º da Lei de 25/7/1850. De modo mais perfeito, o Decreto com força de Lei de 31 de Dezembro de 1852 veio exigir a necessidade de permissão do Governo, seja para a pesquisa – uma vez recusado o consentimento por parte do dono do terreno – seja para a exploração de poços e galerias e lavra de substâncias minerais (arts. 5º, 6, e 7º). Já a lavra e beneficiação das substâncias metálicas e a lavra dos depósitos salinos e de combustíveis, que carecessem de estabelecimentos fixos ou *trabalhos de arte*, ficava dependente de concessão, não obstante a extracção fosse efectuada em *terreno próprio* (artigo 19º do mesmo Decreto e artigo 68º do Decreto de 9/12/1853, que o regulamentou). Cfr., **MARQUES GUEDES**, *Desafectação*, (...), cit., [45], págs. 101-102.

Acentuava-se, assim, a influência da Lei de Minas francesa de 1810 e das leis mineiras alemãs, principalmente do ordenamento mineiro prussiano, constante do parág. 154 do *ALR* (*Allgemeines Landrecht fur die Prussischen Staten*, de 1794), pelo qual (parág. 154, II, 16) todo o descobridor de minas adquiria uma faculdade que podia exercer contra o titular da *regalia*, plasmada na concessão do direito de a explorar, podendo este, apesar de tudo, reservar, mediante certas condições e em certa área, essa exploração para si próprio.

([53]) O qual foi tornado extensivo às províncias ultramarinas pelo Decreto de 18 de Novembro de 1869, começando aí a vigorar em 1 de Julho de 1870.

([54]) Estabelecia, de facto, o artigo 465º deste Código que: "*Todos têm o direito de pesquisar e lavrar minas, independentemente de autorização do Governo, nos prédios rústicos que possuirem*". Acrescentava, depois, o artigo seguinte que o direito de pesquisa também podia exercer-se em prédios alheios, mas não dispensava o consentimento do dono, o qual podia, é certo, ser suprido. Neste caso, a lavra ficava sempre dependente de concessão prévia.

Parece, todavia, que os princípios estabelecidos nestes preceitos nunca tiveram verdadeira aplicação prática, porquanto nunca terão sido objecto de regulamentação. Daí que a Administração, não raro, invocando o disposto no artigo 467º desse Código e o artigo 4º da Carta de Lei nº 1 de Julho de 1867, não os terá respeitado, considerando, ao invés, em vigor, a legislação especial (*i.e.*, a Lei de 25 de Julho de 1850, o Decreto com força de Lei, de 31 de Dezembro de 1852 e o Decreto de 9 de Dezembro de 1853). Cfr. a Resolução do *Supremo Tribunal Administrativo* português de 1/7/1871, in *Revista de Legislação e Jurisprudência*, ano 5º, pág. 174.

## DIREITO MINEIRO ANGOLANO

denegar autorização para a transmissão da *propriedade* da mina (artigo 42°), fiscalizar a lavra e aprovar as alterações do plano dela (arts. 45°, 46° e 48° do Decreto de 30/9/1892).

Flui daqui que, apesar de a legislação se amoldar a um sistema dominial *fundiário* e ao princípio da *liberdade de pesquisa* e *exploração*, não eram poucas as restrições e limitações impostas ao direito de propriedade, atenta a ponderação do interesse público envolvido na exploração dos recursos geológicos.

**C) O advento do sistema dominial. Caracterização do sistema e sua vigência no Ultramar português até à independência da República de Angola.**

O assinalado *intervencionismo* na pesquisa e lavra das jazidas minerais não podia deixar de desembocar na *monopolização*, pelo Estado, da titularidade das minas e da sua apertada fiscalização no que toca ao aproveitamento, por terceiros, mediante concessão, desses depósitos ou jazidas, submetendo-as, portanto, a regimes especiais de administração, superintendência, fiscalização e, mais tarde, de acesso (por via de concurso).

Com a implantação da República ([55]), veio a Lei n° 677, promulgada em 13 de Abril de 1917, estatuir que o direito de propriedade das minas ([56]) *pertence ao Estado*, acrescentando que este podia *"alienar o direito ao aproveitamento dos depósitos e jazigos de substâncias minerais úteis"*, realizando-se a dita *alienação* através de *concessão*, cuja competência era outorgada ao Governo, mediante a passagem de alvará ([57]), no mais se disciplinando o exercício dos trabalhos de mineração.

Consolidou-se, por conseguinte, o regime do *manifesto*, seguido da *concessão*. A *coisa pública*, em que consiste a jazida, era, desta maneira, afectada, que não a um *uso público,* outrossim a um *uso privativo*. Afastada, há mais de um século, a visão dominial patrimonialista da relação entre o soberano e os súbditos, segundo a qual o património daquele (os

---

([55]) Lá onde, apesar de tudo, a Constituição de 1911 foi, no enfoque da sua constituição económica, uma constituição liberal, porquanto o movimento republicano português não conseguiu, nos primeiros tempo da República, ir mais além de uma visão liberal da Sociedade e do Estado (Cfr., **GOMES CANOTILHO**, *Direito Constitucional*, 5ª edição, 1991, cit., **[2]**, pág. 317).

([56]) Deve salientar-se que o Estado só se arroga no direito de *propriedade pública* da mina *stricto sensu* e não do estabelecimento industrial mineiro, constituído pelos designados *anexos mineiros* (assim, também, **MARCELLO CAETANO**, *Manual*, (…), cit., **[30]**, Vol. II, pág. 908), posto que estes, não estando a mina a ser explorada directamente pelo Estado, são propriedade do *concessionário*. Todavia, tal não significa que ao concessionário da exploração deva assistir a faculdade de, livremente, os alienar ou onerar.

([57]) Artigo 47°.

## A Evolução do Direito...

*Direitos Reais*) era, primacialmente, objecto de uso e fruição privada – dele, soberano –, podendo ele dispor dos bens como lhe aprouvesse (por doação, concessão, aforamento, enquanto titular do domínio eminente), reforça-se a ideia de que as jazidas são *propriedade pública* do Estado ou de pessoas colectivas públicas, no sentido de, através dela, se propiciar – exercitando-se os direitos de que esses bens podem ser objecto – a extracção ou obtenção da máxima utilidade colectiva possível. Subsiste, por conseguinte, alguma descontinuidade, relativamente ao teor finalístico-teleológico, entre a propriedade pública ou administrativa sobre uma coisa dominial e a tradição legal do direito das Ordenações, que considerava as minas como pertencentes à Coroa.

Retornou-se – volvidos pouco anos, com o Decreto com força de Lei nº 18.713, de 11 de Julho de 1930 – a reafirmar o mesmo princípio, qual fosse o de que *"o direito de propriedade dos depósitos ou jazigos de substâncias minerais úteis pertence ao Estado"* (art. 1º), acrescentando o parágrafo único desse preceito que: *"O aproveitamento destes depósitos ou jazigos pode ser objecto de concessão, constituindo o fim exclusivo dos trabalhos de mineração, cujo exercício regulado pelas disposições do presente decreto, só pode ser feito sob a fiscalização do Governo, por intermédio da Direcção-Geral de Minas e Serviços Geológicos"* [58]. Regime legal este que se manteve em vigor, em Portugal, até 1990.

Acresce que as designadas *pedreiras* [59] continuaram, no direito português, a pertencer aos donos do solo em que se encontrassem, com as limitações estabelecidas na Lei [60] [61].

---

[58] Como salienta **MARQUES GUEDES** (*Desafectação dos Anexos*, (...), cit., [45], pág. 106-107), além de ter precisado a quem ficava especificamente cometida a fiscalização da actividade de mineração, este Decreto enumerou, pela primeira vez, não só o tipo de *anexos mineiros*, cuja instalação seria objecto de licenciamento e fiscalização por parte da referida Direcção-Geral, como previu a possibilidade de, na eventualidade de abandono da mina, o novo concessionário poder obter por acordo ou expropriação as máquinas e ferramentas do antigo concessionário.

[59] O regime jurídico das pedreiras vigente em Portugal até 1990, definia-as como *"depósitos ou maciços de rochas e substâncias minerais úteis que não sejam ou não venham a ser incluídas nas categorias de concessíveis, nos termos da lei das minas, e que possam ser explorados para fins de construção, ornamentação ou outros usos industriais"* (Base I da Lei nº 1979, de 23 de Março de 1940).

[60] Cfr., nº 1 da Base II da Lei nº 1979 e, hoje, em Portugal, por exemplo, os artigos 8º,16º, 17º e 18 do Decreto-Lei nº 89/90, de 16 de Março (denúncia do contrato de exploração por parte do dono do solo, possibilidade de expropriação por utilidade pública dos terrenos necessários à exploração, concessão de licença de estabelecimento, etc.).

[61] Sustentando que as pedreiras de mármore não integram o domínio público, cfr., *Acórdão do Supremo Tribunal Administrativo*, de 10/3/1939, in O Direito, ano 71º, pág. 187.

## DIREITO MINEIRO ANGOLANO

No entretanto, no território da actual República de Angola, o princípio da *dominialidade* das jazidas minerais foi afirmado mais cedo, exactamente em 1906, pelo Decreto de 20 de Setembro de 1906 [62], que terá aí vigorado, após a independência, até 1979. Este Decreto, após enumerar toda uma série de substâncias minerais [63], declarava que a propriedade desses depósitos *"pertence ao Estado, e os respectivos jazigos não poderão ser pesquisados nem lavrados, sem licença e concessão do governo"*.

Ademais, instituiu-se o sistema do *manifesto* e da *concessão*. Ou seja, a *procedimentalização* da pesquisa e lavra era a que segue: num

---

[62] Não vai aqui ser feita, por razões de economia e de enquadramento sistemático, qualquer referência ao regime jurídico da exploração mineira em Angola decorrente da Carta Régia de 24 de Novembro de 1616 (que, naturalmente, manteve o sistema das regalias, atribuindo a propriedade dos recursos à Coroa, reservando-lhe um quinto do rendimento das explorações; cfr., **CASTRO e SOLLA**, *O reino mineral na época filipina*, in Boletim de Minas, nº 13, Lisboa, 1973, pág. 77 e segs) e aos Decretos de 4 de Dezembro de 1869 e de 6 de Dezembro de 1888, que também dispuseram sobre a lavra de minas no Ultramar português.

[63] Elencação essa que, pelo Decreto nº 33 722, de 19 de Junho de 1944 foi alargada aos minérios e minerais não metálicos em suas jazidas primárias, em aluviões ou depósitos aluvionários, desde que susceptíveis de aproveitamento industrial, nomeadamente para fins metalúrgicos, como abrasivos, pedras semipreciosas e aplicações ópticas ou piezeléctricas.

Pelo que concerne aos *hidrocarbonetos* – tratados pelo Decreto de 20 de Dezembro de 1906 sob a designação de *óleos minerais* – também incluídos no domínio público, a disciplina da sua pesquisa e exploração foi completada pelo Decreto de 9 de Dezembro de 1909 (in Diário do Governo, nº 282, de 13 de Dezembro de 1909), tendo, mais tarde, o legislador sentido a necessidade de actualizar o regime dos direitos de concessão sobre a exploração de *petróleo*; disciplina que se achou consignada no Decreto nº 41 356, de 11 de Novembro de 1957. O regime das concessões de hidrocarbonetos foi, após a independência da República de Angola, objecto da Lei nº 13/78, de 26 de Agosto, que revogou toda a legislação até aí em vigor.

Por outro lado, dado que alguns aspectos da pesquisa e lavra de *pedras preciosas* (v.g., área máximas de terreno que eram objecto de um manifesto, o regime fiscal) não se encontrava especialmente tratada no dito Decreto de 1906 ou o seu tratamento se mostrou desadequado, veio o legislador suprir essas insuficiências através do Decreto nº 720, de 1914, *in* Diário do Governo, nº 132 e 136, 1ª série.

Pelo que respeita à lavra de *pedreiras* – mantidas fora do domínio público e, por isso, propriedade do dono do terreno onde se encontrassem – o seu regime, em Angola, constava do Decreto de 3 de Dezembro de 1905, que pode consultar-se in *Colecção de Decretos promulgados pelo Ministério dos Negócios da Marinha e Ultramar*, Imprensa Nacional, Lisboa, 1906, pág. 148 e segs.

O Decreto de 20 de Setembro de 1906 acha-se reproduzido in **J. DE PAIVA MANSO SERRANO**, *Legislação Mineira da Metrópole e do Ultramar*, Porto, 1959, pág. 423 e segs.

A EVOLUÇÃO DO DIREITO...

primeiro momento exigia-se, à excepção do proprietário do solo [64], a obtenção de uma licença mineira para pesquisas, passada pelas autoridades mencionadas no artigo 38º; num segundo momento, feita a pesquisa [65] e uma vez que ela tivesse revelado a existência de substâncias minerais úteis, os direitos à obtenção da *concessão* ficavam na dependência da afixação do *aviso da descoberta* e da realização, pelo pesquisador ou descobridor, de um *manifesto* – ou seja, de uma declaração por escrito [66] (registada em livro especial) qual fosse a de se ter feito a descoberta de uma jazida, cuja área se identificava.

Dito de outra forma: o *manifesto* assegurava ao *manifestante* o direito à concessão da exploração da jazida, caso não existissem direitos anteriores a favor de terceiros [67]. Subsequentemente, era realizado, a pedido do titular do manifesto, o *reconhecimento* e *demarcação* da jazida, a qual, desta maneira, reconhecida e verificada, seria objecto de *pedido de concessão*. Pedido que era então objecto de um subprocedimento, do qual fazia parte o relatório do engenheiro de minas, o parecer do Governador do distrito e de outras entidades que este ou o Governador de província curassem consultar. Após o que, num prazo de seis meses, era passado o *título de concessão*, onde se estipulavam as obrigações a que o concessionário ficava adstrito. Todavia, nenhum trabalho de *lavra* podia iniciar-se sem que ao Governador do distrito tivesse sido apresentado o respectivo *plano de lavra*.

Todavia, este regime sofreu assináláveis modificações com o advento da independência da República de Angola, em 1975.

Neste sentido, como deflui do artigo 12º da Constituição da República de Angola, para além dos depósitos minerais, passaram, igualmente, para o *domínio público* do Estado as massas minerais, isto é, as *rochas* e os

---

[64] Artigo 37º, parág. 1, deste Decreto.

[65] Ou, independentemente dela, se bastasse a simples inspecção de um terreno onde não existisse um pesquisador licenciado ou o campo já tivesse sido objecto de concessão declarada caduca.

[66] A partir desta declaração, podia obter-se uma certidão – o *título de manifesto*, que podia ser transmitido por simples *endosso* reconhecido na secretaria do Governo do distrito – que constituía o documento legal habilitante à concessão.

[67] Artigo 49º.
Observe-se que o *manifesto* só se destinava a assegurar ao *manifestante* o direito à concessão; não lho assegurava automaticamente, autorizando, outrossim, a possibilidade de lhe vir a ser concedido o direito de lavra das jazidas, através da concessão. Por isso que, com o manifesto, o pesquisador ou descobridor ainda não era detentor do direito de exploração. Cfr., a aplicação desta doutrina no Acórdão do *Supremo Tribunal de Justiça*, de 23/6/1954, in *Boletim do Ministério da Justiça*, Lisboa, nº 44, pág. 297, para o efeito de denegar ao *manifestante* a faculdade de desencadear *providências cautelares* no sentido de tutelar o (futuro) direito de exploração.

## DIREITO MINEIRO ANGOLANO

demais minerais industriais, vulgarmente objecto da exploração de *pedreiras* ([68]).

Pode, naturalmente, obtemperar-se dizendo que a Constituição angolana não integra nenhuma disposição equivalente à do artigo 49° da Constituição portuguesa de 1933 – *maxime*, o seu n° 1, relativo ao domínio público mineiro –, pelo que teria desaparecido o regime do *domínio público*. E daí, por exemplo, sustentar-se que as própias jazidas pudessem ser livremente alienadas pelo Estado ou susceptíveis de *posse* pelos particulares e de *usucapião*. Nada de mais enganador ([69]). Vejamos.

É certo que, no seguimento da Revolução portuguesa de 25 de Abril de 1974, veio a Lei n° 3/74, de 14 de Maio, ressalvar algumas disposições da referida Constituição de 1933, entre as quais se encontrava a do artigo 49°. Só que todas as disposições da Constituição portuguesa de 1933 *caducaram*, naturalmente – na sequência dos Acordos de Alvor, de Janeiro de 1975 –, com a entrada em vigor da Constituição angolana, no dia 11 de Novembro de 1975. Porém, esta, por força do disposto no seu artigo 95°, na redacção anterior à da Lei n° 23/92, de 16 de Setembro ([70]), manteve em vigor na República de Angola *as leis e os regulamentos* até aí vigentes no território da novel República, enquanto não fossem alterados ou revogados, e desde que não contrariassem a letra e o espírito desta Lei Fundamental. Ora, os bens dominiais, além de estarem consagrados na dita Constituição de 1933, apareciam disseminados por vários outros diplomas: é o caso do próprio Decreto de 20 de Setembro de 1906 (art. 2°); do Decreto-Lei n° 23 565, de 15 de Fevereiro de 1934 – que mandou proceder ao cadastro dos bens dominiais; do Decreto n° 35 463, de 23 de Janeiro de 1946 (*Lei de Águas do Ultramar*); ou do Decreto n° 43 894, de 6 de Setembro de 1961 (*Regulamento da Ocupação e Concessão de Terrenos nas Províncias Ultramarinas*: cfr., os terrenos enumerados no artigo 1° ([71])).

---

([68]) Preceitua-se, na verdade, no n°1° do seu artigo 12°, que "*todos os recursos naturais existentes no solo e no subsolo, nas águas interiores, no mar territorial, na plataforma continental e na zona económica exclusiva, são propriedade do Estado, que determina as condições do seu aproveitamento, utilização e exploração*".

([69]) No mesmo sentido, em face da manutenção do regime da propriedade pública pela Constituição portuguesa de 1976, cfr., **MENEZES CORDEIRO**, *Direitos Reais*, reprint, Lisboa, 1993 (a edição é de 1979), pág. 205.

([70]) In Diário da República, Iª série, n° 38, de 16 de Setembro. Cfr., *ANGOLA, Constituição, Lei Eleitoral e Legislação Complementar*, Vol. I, Edições 70, Lisboa, 1995.

([71]) Já os designados *terrenos vagos* (parágrafo 1° do artigo 2° do referido decreto) incluíam-se no *domínio privado disponível* da então Província ultramarina de Angola, pese embora sujeitos a um regime especial de uso e aproveitamento (assim, **MARCELLO CAETANO**, *Manual*, (...), cit., [30], Vol. II, pág. 983); e integram, hoje, o *domínio privado disponível* da República de Angola, sujeitos, igualmente, a um regime especial de afectação: reconhecendo o n° 3° do artigo 12° da Constituição angolana a *propriedade*

## A Evolução do Direito...

Assim, acaso se entenda – como nos parece – que esses diplomas em nada contrariam a Constituição angolana, o *domínio público* continua a existir na República de Angola. Aliás, nem sequer terá perdido dignidade constitucional, pois que o seu artigo 12º/1 menciona que todos os *recursos naturais* existentes no solo e no subsolo, nas águas interiores, no mar territorial, na plataforma continental e na zona económica exclusiva, *são propriedade do Estado*, ao passo que o nº 2 do artigo 11º, da mesma Lei Fundamental, reconhece, inequivocamente, a existência da *propriedade pública*.

A única alteração significativa, relativamente ao regime dominial vigente até à independência da República de Angola, terá sido, como já se aludiu, a *nacionalização* ou *estatização* das *pedreiras*. Com efeito, não pode deixar de se entender que, por força do citado artigo 12º da Constituição angolana, terá sido revogada a Lei nº 1979, de 23 de Março de 1940 (72) e o artigo 1458º do Código Civil angolano.

A primeira *Lei das Actividades Geológicas e Mineiras* angolana (73) aboliu o assinalado regime do *manifesto e concessão*.

Assistiu-se, pelo que respeita à *titularidade* do domínio sobre as minas, tanto ao reforço do *sistema dominial* (74), como, no que toca ao exercício

---

*originária* do Estado sobre a terra, a Lei nº 21-C/92, de 28 de Agosto, manteve em vigor aquele decreto de 1961 em tudo o que não contrarie o que nela foi disposto (artigo 33º).

(72) É verdade que, aquando da discussão, em Portugal, na Câmara Corporativa, da proposta de lei, que se transformou na dita Lei nº 1979, fora sugerido, pela *Comissão dos Mármores*, entre as soluções possíveis, a de tornar esta rocha *matéria concessível*. Todavia, não foi essa a solução que prevaleceu (cfr., suplemento ao *Diário das Sessões da Câmara Corporativa*, nº 4, de 8/3/1939, pág. 4; parecer da Câmara Corporativa, intitulado *Regularização da Exploração de pedreiras de mármores*, in Pareceres da Câmara Corporativa, 1970, pág. 674-675, relatado pelo Prof. FERNANDO ANDRADE PIRES DE LIMA), posto que era o próprio parágrafo 2 do artigo 49º da Constituição Portuguesa de 1933, que exceptuava dos bens dominiais referidos no seu parágrafo 1º, "*as rochas e terras comuns e os materiais vulgarmente empregados na construção*". Se assim fosse – como aliás não aconteceu – expropriava-se – *rectius*, nacionalizava-se – sem indemnização as *pedreiras*, cuja exploração passaria a constituir monopólio do Estado, que este exercia directamente ou cedia, em concessão a particulares.

(73) A Lei nº 5/79, de 27 de Abril (in *Diário da República*, Iª Série, de 17 de Maio) que, também, reafirmava a *propriedade estatal* sobre todos os recursos minerais.

(74) É certo que, apesar de tudo, a Lei nº 5/79 (art. 8º, nº 4) permitia, quiçá grosseiramente, a qualquer cidadão, independentemente de licença, a extracção de recursos minerais de ocorrência comum ou que constituissem materiais para a construção civil destinados exclusivamente a uso próprio (*v.g.*, areias, lousas, xistos, calcáreos, grés, mármores e demais maciços de rochas, cuja lavra se pudesse destinar à construção civil), em áreas que não estivessem cobertas por concessão. Acaso se tratasse da lavra de *pedreiras* destinadas à extracção de materiais para a construção civil, matéria-prima principal das indústrias transformadoras nacionais, já os direitos de exploração eram concedidos mediante licença (art. 8º, nº 2).

da *actividade* de mineração, à *estatização* – e, consequente *monopolização* – dos poderes e faculdades ínsitos à pesquisa, avaliação, exploração e comercialização.

O Estado angolano reivindicou, deste modo, para si a exploração directa dos recursos minerais. Quer dizer: era o Estado que se arrogava nas atribuições de prospecção, pesquisa e reconhecimento [75], estando, quanto muito, autorizado a recorrer a terceiros (empresas nacionais ou estrangeiras especializadas), para o correcto exercício dessas actividades, mediante a celebração de *contratos de prestação de serviços* [76]; os *direitos de exploração* só podiam ser concedidos a empresas estatais (art. 8º, nº 1, da referida Lei), ou seja, dava-se uma espécie de *mutação dominial* de direitos [77], pela qual os direitos inerentes ao *licere* da coisa pública se transferiam do Estado para o domínio de uma outra pessoa colectiva pública, *in casu*, uma empresa pública [78]. E daqui um lógico corolário: a *mutação dominial* consistente na transferência de direitos reais administrativos de exploração sobre a *coisa pública* – mediante os designados *títulos de concessão* [79] – impedia, de forma absoluta – o que reputamos congruente – a alienação (ou oneração?), total ou parcial desses direitos [80]. A questão continua actual, em face da *Lei dos Diamantes* (Lei nº 16/94, de 7 de Outubro).

Posteriormente, a Lei nº 11/87, de 3 de Outubro, veio flexibilizar a captação de recursos financeiros e técnicos para a prossecução da *gestão directa* dos recursos mineiros por parte do Estado angolano e das empresas públicas, alargando a possibilidade de as entidades estrangeiras poderem exercer, no território nacional, as actividades de pesquisa, prospecção, reconhecimento e exploração dos recursos minerais. Doravante, ficaram autorizadas a fazê-lo, contanto que celebrassem, designadamente,

---

[75] Todavia, se alguma empresa estatal – *rectius*, empresa pública – já fosse detentora dos direitos de exploração, o Conselho de Ministros podia conceder-lhe direitos de pesquisa, prospecção e reconhecimento (art. 5º, nº 2).

[76] Ficava, no entanto, a dúvida quanto à natureza destes contratos de prestação de serviços: se de *direito privado*, se de *direito público*, perfeccionados através de *contrato administrativo*. Note-se que a questão ainda tem, como se verá, actualidade no domínio da pesquisa, prospecção e exploração de diamantes (cfr., art. 2º, nº 5 da Lei nº 16/94, de 7 de Outubro).

[77] *Rectius*, uma *mutação dominial dos direitos de exploração*, cujo conteúdo estava consignado no artigo 9º daquele diploma.

[78] Uma empresa pública nessa situação foi a *ENDIAMA – U.E.E.*, criada pelo Decreto nº 6/81, de 15 de Janeiro, a quem, na altura, foram atribuídos direitos de prospecção, pesquisa, reconhecimento e exploração de diamantes, em todo o território da República de Angola (art. 4º do citado Decreto). Sobre *mutações dominais*, cfr., **MARCELLO CAETANO**, *Manual*, (...), cit., **[30]**, Vol. II, págs. 953-954.

[79] Cfr., artigo 8º, nº 1.

[80] Artigo 8º, nº 4 .

## A EVOLUÇÃO DO DIREITO...

contratos de *prestação de serviços* ou de *associação em participação* com o Estado – na pessoa do Instituto Nacional de Geologia – ou com empresas públicas([81]), salvaguardando-se, por via de regra, a participação maioritária da parte angolana e a direcção das operações mineiras.

De todo o jeito, manteve-se o modelo da *nacionalização* ou *estatização* da propriedade dos recursos minerais, mas atenuou-se o sistema de *monopolização do exercício* das actividades mineiras de prospecção, pesquisa e exploração.

Actualmente, rege sobre a matéria da pesquisa e aproveitamento dos recursos minerais a Lei nº 1/92, de 17 de Janeiro.

Em particular, no que concerne a uma importantíssima riqueza mineira – justamente, a das pedras preciosas – o seu regime jurídico de descoberta e aproveitamento está vazado na Lei nº 16/94, de 7 de Outubro. Ainda que a disciplina desta última seja *especial* relativamente àquela, não pode a Lei nº 1/92 deixar de se aplicar directamente para prover às *lacunas* de regulamentação que, de *caso pensado*, o legislador da Lei nº 16/94 terá deixado em aberto. Porém, ambos os diplomas carecem de regulamentação.

Como quer que seja, estes diplomas são de difícil interpretação, dada a *obscuridade, vaguidade, imprecisão* e *falta de coordenação sistemática*, tanto no plano interno de cada um deles, como na concatenação da disciplina que deles exorna.

As dúvidas e preocupações são muitas, a ponto de quase sentirmos o terreno movediço de mais para avançarmos([82]). Porém, prossigamos. Não sem que se faça uma advertência metodológica prévia: as leis mineiras – como quaisquer leis que visem disciplinar o conteúdo de actos e contratos administrativos ([83]) – devem ser claras, seja quanto aos *fins* da actividade regulada, seja quanto aos *interesses sociais* em jogo, seja quanto ao *procedimento de acesso*, pelos particulares ou outras pessoas colectivas públicas, aos direitos de prospecção, pesquisa e exploração, seja, ainda, no que toca às *condições*, e por que *orgãos*, as licenças e as concessões

---

([81]) Cfr., a nova redacção dada aos artigos 5º, 13º e 14º da Lei nº 5/79.

([82]) Já assim se manifestava o Prof. **J. CASTRO MENDES** (*Direitos, liberdades e garantias – alguns aspectos gerais*, in Estudos sobre a Constituição, Vol. I, Lisboa, 1977, pág. 11), a propósito de uma dificílima questão jurídica que ainda atravessa o direito português: o artigo 22º da Constituição da República Portuguesa.

([83]) *Maxime*, dos *contratos administrativos com objecto passível de acto administrativo*. Sobre esta classificação, cfr., **SÉRVULO CORREIA**, *Legalidade e Autonomia Contratual nos Contratos Administrativos*, Coimbra, 1987, pág. 401, 428, 591, 615; ou, noutra perspectiva, dos *contratos administrativos substitutivos de actos administrativos*; sobre estes, *vide*, **ESTEVES DE OLIVEIRA / PEDRO GONÇALVES / J. PACHECO DE AMORIM**, *Código do Procedimento Administrativo Comentado*, Vol. II, Coimbra, 1995, págs. 346-349.

## DIREITO MINEIRO ANGOLANO

podem ser *extintas*, seja, enfim, quanto às *regras que cumpre observar*, por parte dos licenciados e concessionários, *no exercício da actividade* de mineração e às restrições que cabe plasmar no tocante à *ocupação* de terrenos de particulares e de pessoas colectivas públicas, à *expropriação* e à constituição de *servidões*. Outro não é o sentido actual do *princípio da legalidade* da Administração.

É dizer: assume-se ele como um verdadeiro *fundamento* da actividade administrativa e não já como um *limite* dessa actividade, só ficando a Administração livre de agir na medida em que as normas jurídicas lho permitir[84].

Sendo assim, deve a lei, em todos os contratos de outorga de direitos mineiros – tanto de prospecção e pesquisa quanto de exploração – ou actos administrativos (*maxime*, na veste de autorizações-licenças) prever que a actuação da Administração se paute pela *coordenação, concordância prática* e *salvaguarda*, seja dos interesses tendentes ao *racional aproveitamento dos recursos minerais* e *manutenção da capacidade de renovação* deles, a par da *manutenção da estabilidade ecológica*, seja dos *interesses das pessoas e entidades potencial ou efectivamente afectadas pelos efeitos das actividades* de mineração, seja ainda o das *pessoas directa ou indirectamente envolvidas no exercício dessas actividades*, sem esquecer os interesses de salvaguarda da segurança e da saúde dos trabalhadores e de terceiros.

A actual Lei das Actividades Geológicas e Mineiras manteve, *qua tale,* o princípio de que todos eles integram o *domínio público – são propriedade do Estado*, diz o artigo 3° deste diploma[85]. No entretanto, algumas diferenças se topam.

Em primeiro lugar, o Estado abandonou, como regra, o *sistema da*

---

[84] Assim, **FREITAS DO AMARAL**, *Direito Administrativo, Lições*, 1983-1984, Vol. II, pág. 55.

[85] Pode, no entanto, por-se a questão de saber a quem pertencem as jazidas ainda não reveladas. Segundo alguns (cfr., por exemplo, **PAMPALONI**, *Sulla condizione giuridica dello spazio aereo e del sottosuolo nel diritto romano e odierno*, in Archivio Giuridico, 1892, XLVIII, pág. 44, 60; **CALEGARI**, *Minere, cave e torbiere nel progetto del secondo libro del codice civile*, in Giurisprudenza Italiana, 1938, IV, pág. 10), tratar-se-iam de *res nullius*, submetidas a um direito de soberania do Estado, enquanto que, para outros ( **A. SANDULLI**, *Manuale di diritto amministrativo*, Napoli, 1952, pág. 283; **MESSINEO**, *Manuale di diritto civile e commerciale*, Vol. II, parte II, Milano, 1950, pág. 408 ) aproveitam ao titular da superfície.

Crê-se, antes, que as jazidas ainda não reveladas não deixam de se integrar no domínio público. Podem considerar-se *bens futuros* – no sentido de *bens já existentes, mas que ainda não estão em poder do Estado*, qual eventual futuro concedente – ou bens cujo direito de propriedade pública se encontra num estado de *latência*: estado este que cessa com o reconhecimento da jazida, *maxime* com a respectiva concessão de exploração ou exploração directa por parte do Estado. Daí a distinção, que se faz, entre *jazida* e *mina*

## A EVOLUÇÃO DO DIREITO...

*monopolização* – ainda que através do recurso a terceiras entidades privadas – do exercício dos direitos de pesquisa, prospecção, reconhecimento e exploração dos recursos mineiros. De facto, nem a concessão de *direitos mineiros de exploração*, nem a atribuição de *licenças de prospecção ou de pesquisa* ficam condicionadas pelo facto de o requerente ou contratante ser uma *pessoa colectiva pública*.

Assim, as *empresas públicas* (estatais), *privadas* e *mistas* podem ser titulares de licenças de prospecção (art. 5°/1) e, por essa via, podem, também, ser-lhes atribuídos os direitos de exploração (art.11, n° 3, alínea a); às *pessoas humanas* podem ser outorgadas não só licenças de prospecção – veja-se o teor do n° 3 do artigo 5°: *"a licença de prospecção será concedida (...) a quem a requerer (...)"*, o que não pode deixar de ser intuído num sentido amplo, abrangendo as pessoas colectivas e as pessoas humanas – como, também, os direitos de exploração: não faria sentido proclamar-se, na alínea n) do n° 2 do artigo 6°, que o conteúdo dos contratos, mediante os quais se autoriza a pesquisa, inclui as *condições de concessão* dos direitos de exploração, na eventualidade de descoberta de jazidas, para, uma vez reveladas ou descobertas, «dar o dito por não dito», coarctando-se – atenta, é certo, a viabilidade a sua capacidade técnico-económica – o direito de exploração.

De resto, o artigo 8°, *a contrario sensu*, pressupõe que as pessoas humanas, querendo ou reunindo as condições técnicas e económicas para obter o título de exploração, não poderão ver desatendida a sua pretensão pela Administração [86].

---

(estoutra a significar a jazida propriamente dita e o estabelecimento industrial criado por causa dela). Assim, o domínio público mineiro, num sentido jurídico-dominial, é formado por bens de *formação sucessiva*: até à concessão de exploração da jazida, está ela numa situação *estática* (assim, também, **VICENZO C. IRELLI**, *Proprietà Pubblica di Cose Produttive: I «Beni Minerari»*, in Foro Amministrativo, 1982, II sez., pág. 1127, espec. 1138), sendo que a partir daí *dinamiza-se*, por via da criação da organização de factores produtivos (estabelecimento industrial da concessão e respectivos anexos mineiros) que a vai explorar.

[86] Um outro argumento depõe, ainda, no sentido do texto, a saber: ao se utilizar a expressão *empresa*, não pode o legislador angolano apartar-se do significado e das características que, a traço grosso, regra geral, se lhe reconhecem, quais sejam a de organização de factores produtivos, instrumento de exercício de uma actividade de produção, que pode ser titulada por sujeitos individuais (empresa privada individual) ou por pessoas colectivas de direito público (*v.g.*, empresas públicas) ou de direito privado (v.g., sociedades comerciais, cooperativas). Cfr., **J. M. COUTINHO DE ABREU**, *A Empresa e o Empregador em Direito do Trabalho*, in Boletim da Fac. de Direito de Coimbra – «Estudos em Homenagem ao Prof. Doutor José Joaquim Teixeira Ribeiro», separata, Coimbra, 1982, pág. 10 e 16-17. Não será este o sentido que deflui da expressão empresas privadas, constante do n° 3 do artigo 11° da Lei n° 1/92? Se o não é, o legislador ter-se-á expressado de forma patentemente obscura, ficando ilidida a presunção resultante do artigo 9°, n° 3, do Código Civil angolano.

## DIREITO MINEIRO ANGOLANO

Diverso é, neste domínio, a disciplina da pesquisa e exploração de *diamantes*. A Lei nº 16/94, enquanto regime especial de um específico recurso mineiro, enveredou, volvidos dois anos sobre a data da cessação de vigência da Lei nº 5/79, de 27 de Abril, por um regime de prevalecente *estatização* da actividade de exploração (e, como se verá, de comercialização), traduzido na *gestão directa* da pesquisa, lavra e comercialização das pedras preciosas.

Assim, a lei *reservou* a outorga de direitos mineiros de prospecção (pesquisa e reconhecimento) e exploração de diamantes à *empresa pública ENDIAMA-U.E.E* ou a sociedades comerciais de capitais públicos e privados (*sociedade de economia mista*) [87]. Constituiu-se,

---

[87] Ainda assim usou-se, no art. 2º/1 desta Lei, não só incorrectamente a expressão *empresa mista,* como se efectuou uma remissão vazia de sentido e alcance jurídicos para a Lei nº 1/92 (*nos termos da Lei nº 1/92,...*). Vazia de sentido e alcance jurídicos, na medida em que estoutra Lei nada mais adianta no concernente à estrutura dessa sociedade, à percentagem de participação da empresa pública *ENDIAMA* no seu capital, à realização e oponibilidade à sociedade de acordos parassociais, à sua dissolução, etc. Regime, este, que veio, afinal, a ser suprido, que não através de uma iniciativa legislativa complementadora da Assembleia Nacional, mas através da casuística *autorização* de constituição dessa sociedade e *aprovação* dos respectivos Estatutos, por banda do Governo, nos termos do Decreto nº 22/95, de 25 de Agosto.

Note-se, ademais, que, em bom rigor, em face dos preceitos da Lei nº 1/92 e da Lei nº 16/94, tão pouco é preciso obter-se uma autorização da Administração para a constituição de uma sociedade comercial deste jaez. Na verdade, como há muito vem sendo entendido, para que seja necessária a emissão de um *acto administrativo* deste tipo, é preciso que o particular não disponha de um direito ao exercício de uma actividade ou prática de um certo acto – ou que esse exercício ou prática esteja legalmente condicionados; que, apesar disso, disponha de um interesse legítimo nesse acto ou exercício de actividade; que a prática da actividade ou do acto estejam legalmente vedadas; e que seja através da autorização (ou da autorização-licença), dimanada do acto administrativo permissivo, que se constitui o direito à prática do acto ou ao exercício da actividade. Cfr., **FREITAS DO AMARAL**, *Direito Administrativo, Lições*, Vol. III, Lisboa, 1985, pág. 376-377; **ROGÉRIO SOARES**, *Direito Administrativo, Lições ao Curso Complementar de Ciências Jurídico-Políticas*, Coimbra, policopiado, 1977-1978, pág. 101 e segs., espec. 116-117; **DIAS GARCIA**, *A Autorização Administrativa*, in Boletim do Ministério da Justiça, Lisboa, nº 425, 1993, pág. 5 e segs., espec. pág. 53 e segs. e 71-72.

Ora, tão só no regime anterior, constante da Lei nº 5/79, na redacção dada aos artigos 13º e 14º pela Lei nº 11/87, de 3 de Outubro, é que a constituição de sociedades, associações em participação ou a celebração de contratos de prestação de serviços entre investidores estrangeiros e organismos do Estado (Institutos, empresas públicas) carecia de *autorização*, seja dos Ministros do Plano, das Finanças ou da tutela, seja do próprio Conselho de Ministros.

Carecida, outrossim, de *aprovação,* encontra-se a *subcontratação,* pelo concessionário, de empresas ou quaisquer outras entidades, excepto na fase de implementação da mina – e, quiçá, como veremos –, a *subconcessão* de direitos mineiros de prospecção, pesquisa e exploração, o que é realidade bem diversa da que se leva em exposição.

## A Evolução do Direito...

pois, ao abrigo desta lei um tipo de *reserva dominial*, pela qual o Estado, conquanto usando não raras vezes mecanismos de direito privado [88], *reteve* para si − neste caso, para uma pessoa colectiva pública: a *EN-DIAMA* − o *uso especial* ou *privativo* de bens dominiais, isto é, de jazidas de pedras preciosas, com o escopo de pesquisa, prospecção, reconhecimento e exploração [89], vedando a sua utilização e exploração à generalidade das pessoas − com a excepção da *Sociedade de Desenvolvimento Mineiro de Angola, S.A.R.L.* (S.D.M.), enquanto pessoa colectiva

---

[88] Revelando-se também aqui as novas formas de actuação da Administração, mediante a criação de entes públicos económicos e empresariais ou sociedades de direito privado, nas quais o ente público (*in casu*, a ENDIAMA) tem participação accionária juntamente com os seus restantes parceiros privados. Sobre estas formas de organização jurídico-privadas que têm vindo a ser adoptadas pela Administração Pública e a análise das vinculações jurídico-públicas a que se devem submeter, principalmente os procedimentos administrativos que antecedem a celebração de contratos de direito privado, cfr., **MARIA JOÃO ESTORNINHO**, *A Fuga Para o Direito Privado − Contributo para o estudo da actividade de direito privado da Administração Pública*, Almedina, Coimbra, 1996, pág. 42 e segs., 167 e segs.

[89] Isto não deve significar que a natureza dominial destes bens implique que a Administração possa, sempre, arrogar-se no exercício desta faculdade jurídica: a circunstância de os recursos minerais *pertencerem* ao Estado não legitima que a Administração possa dispor, como lhe aprouver, destas coisas públicas (assim, também, **JOSÉ IGNACIO MORILLO-VELARDE PÉREZ**, *Dominio Público*, (...), cit., [30], pág. 142; contra **BALLBÉ PRUNES**, *Las reservas dominiales*, in Revista de Administración Publica, nº 4, 1951, pág. 75 e segs., espec. pág. 79; **C. PUYUELO**, *Derecho Minero*, Ed. Revista de Derecho Privado, Madrid, 1954, pág. 110 e segs.; **ISIDRO E. de ARCENEGUI**, *El Nuevo Derecho de Minas*, in Revista de Administración Publica, 1975, págs. 143-144; **LUIS MORELL OCAÑA**, *Apuntes de Derecho Administrativo*, (...), cit., [35], pág. 48--49, partindo também, da ideia de que a melhor forma de prosseguir o interesse público, quanto aos bens dominiais, consiste em a Administração, seja permitir o seu *uso comum*, seja facultar o seu *uso privativo*, como *reservar* para si a utilização e aproveitamento deles). Vale isto dizer que o exercício de semelhante poder só será admissível nas hipóteses previstas na lei − a não ser que seja a própria lei a atribuir poderes discricionários à Administração, ou a dar-lhe a faculdade de, interpretando conceitos indeterminados, escolher a melhor solução à luz do interesse público −, afastando-se, destarte, a existência de uma faculdade genérica e livre de a Administração poder reservar qualquer espécie de bem dominial, esteja ele aberto ao *uso comum* ou a um *uso especial ou privativo* (como é o caso das jazidas minerais).

Claro está que esse poder de reserva dominial é − tem de ser − concretamente limitado pela preexistência de direitos subjectivos de terceiros, decorrentes da titularidade do *uso privativo* dos bens que a Administração pretenda *reservar*, quer através de *licença*, quer através de *concessão*. Vidé, em geral, **JAVIER BARCELLONA LLOP**, *La Utilización del Dominio Publico por la Administración: Las Reservas Dominiales*, Arcanzadi Editorial, Madrid, 1996; Cfr., referências a esta figura, não só no quadro dos bens do domínio privado, mas também em sede de bens dominiais em **MARCELLO CAETANO**, *Manual*, (...), cit., [30], Vol. II, respectivamente, pág. 930 e 991-992.

## DIREITO MINEIRO ANGOLANO

privada e *sociedade de economia mista* ou de outras que se venham no futuro a constituir. Acresce que não se trata de uma *reserva dominial* definida segundo *critérios espaciais* ou *geográficos, – v.g.*, áreas cativas, não raro presentes na disciplina do direito mineiro [90] [91] –, outrossim plasmada em atenção à *natureza* de recurso mineiro em causa.

Mas, de todo o modo, não se intuem os motivos que, ao arrepio das demais formas jurídicas de exploração de recursos minerais – excepto a dos hidrocarbonetos [92] –, terão levado o legislador a adoptar, neste particular, as soluções e o quadro jurídico-político cristalizado na legislação de 1979. A única explicação estará na circunstância de existir uma *em-*

---

[90] *V.g.*, artigo 5º da Lei de Minas portuguesa de 1930 e artigo 18º do Decreto de 20 de Dezembro de 1906 (áreas, no dizer do legislador, *vedadas a pesquisas mineiras*), aplicável no território da República de Angola até 1979. E, de facto, ao abrigo desta última disposição, o Governo português usou dessa faculdade inúmeras vezes no Ultramar português, impedindo a outorga de licenças de pesquisa e concessões de exploração, que, não raro, abrangeram o território de várias províncias. Foram exemplos, designadamente: o Decreto-Lei nº 24 481, de 11 de Junho de 1939, as Portarias nº 9268, de 20 de Julho de 1939, 9888, de 8 de Setembro de 1941, 9919, de 23 de Outubro de 1941, 10 098, de 16 de Maio de 1942, 10 478, de 3 de Setembro de 1943, 13 624, de 28 de Julho de 1951, 14 634, de 28 de Novembro de 1953, 15 423, de 15 de Junho de 1955.

[91] *Reservas dominiais* deste tipo – isto é, segundo o critério espacial ou geográfico – encontram-se, igualmente, previstas no artigo 20º da Lei nº 1/92, sem que, contudo, a lei, lamentavelmente, defina o *orgão com competência* para as estabelecer.

[92] Cfr., o artigo 2º, nº 1 da Lei nº 13/78, de 26 de Agosto: *"Os direitos mineiros para a pesquisa e produção de hidrocarbonetos líquidos e gasosos serão concedidos à empresa estatal SONANGOL".*

De todo o modo, esta Lei, coerentemente, não autoriza, sequer – ao contrário da Lei nº 16/94 –, que a outorga dos direitos de pesquisa e produção seja conferida a *sociedades por ela participadas*, mesmo que maioritariamente. Por isso que os investidores estrangeiros só poderão associar-se à *Sonangol*, seja constituindo sociedades comerciais, realizando contratos de associação em participação, partilha da produção ou, juntamente com ela, efectuarem actividades de pesquisa, e produção de hidrocarbonetos no quadro de contratos de prestação de serviços, aí onde a percentagem de participação da *SONANGOL* – a qual inclui a direcção de todas as operações – não pode ser inferior a 51%. Repare-se que em nenhum momento esta Lei permite a atribuição de direitos mineiros a outras entidades.

No pretérito regime instituído pelo Decreto de 9 de Dezembro de 1909 (in *Diário do Governo*, de 13 de Dezembro de 1909) eram aplicáveis, subsidiariamente, as disposições do Decreto de 20 de Setembro de 1906, sobre a pesquisa e lavra de minas no Ultramar. Era, portanto, um regime que se movia no quadro do *sistema do manifesto e da concessão*. Tão-só era preocupação do legislador sujeitar o respectivo regime dos direitos da concessão, incluindo o regime fiscal, a específica disciplina. Cfr. o artigo 9º do citado Decreto, o Decreto nº 41 356, de 11 de Novembro (*Regulamento dos direitos de concessão sobre exploração de petróleos nas Províncias do Ultramar*), o Decreto nº 41 357, de 11 de Novembro de 1957 (*Regulamento do imposto de rendimento sobre petróleos*) – sendo

## A Evolução do Direito...

*presa pública* – a ENDIAMA – a quem, desde 1981, têm sido atribuídos direitos mineiros de prospecção, pesquisa e exploração de diamantes.

Em ambos os diplomas, por outro lado, é patente a distinção entre a *titularidade* dos *direitos de prospecção, pesquisa, reconhecimento* e *exploração* dos recursos minerais e o *exercício* desses direitos ([93]). Ambivalência que, entre outros motivos, poderá encontrar explicação na necessidade de procurar um ponto de equilíbrio entre a escassez dos recursos públicos para fazer face aos encargos e *Know How* decorrentes daquelas actividades, aliada à tendência dirigista e centralizadora de o Estado – através das pessoas colectivas públicas (*v.g.*, *ENDIAMA*) – controlar o seu exercício e a iniciativa empresarial privada, maioritariamente estrangeira, cujos interesses, não raras vezes, se afastam do paradigma da prossecução do interesse público, no que toca ao racional aproveitamento económico das riquezas geológicas angolanas ([94]).

---

que os dois últimos ainda hoje são vigentes na República de Angola, pese embora exista a prática generalizada de, por ocasião da atribuição de direitos sobre hidrocarbonetos à SONANGOL, o respectivo Decreto de concessão incluir anexos com particulares – por que *contratualizados* – aspectos de direito fiscal, a que se subordina não só a concessionária, que desfruta do monopólio legal de outorga dos direitos, mas também as empresas estrangeiras, que a ela se associam, para o efeito de realização das *Operações Petrolíferas*. Já se tentou ultrapassar a ilegalidade destes verdadeiros *contratos fiscais* através da emissão de Lei de autorização da Assembleia Nacional, que habilita o Governo a, mediante Decreto-Lei, atribuir concessões petrolíferas à SONANGOL. Claro está que estes diplomas são verdadeiras *leis-medida*, *rectius*, materialmente, os referidos Decretos-Leis *autorizados* são *actos administrativos*, conquanto revistam, não raras vezes, um *conteúdo misto – regulamentar*, no que toca às entidades que, posteriormente se venham a associar à SONANGOL, e *concreto* e *individual*, posto que a tenha como única *destinatária*.

([93]) *Vide*, arts. 5º/1 e 2 e 11º/2 e 3 da Lei nº 1/92 e art. 2º/2 e 5 da Lei nº 16/94. O mesmo ocorre, apesar de a questão se colocar noutro plano (cfr., *infra*) no que toca ao exercício das faculdades de *comercialização* dos diamantes: se as *empresas mistas*, mencionadas no artigo 2º/1 da Lei nº 16/94, forem titulares de direitos mineiros de exploração, a Lei veda-lhes a *comercialização* dos diamantes extraídos (art. 8º/2).

([94]) De todo o modo, a atribuição de direitos mineiros a *empresas públicas* ou a *sociedades de economia mista* (participadas, em princípio maioritariamente, pelo Estado ou por pessoas colectivas públicas menores e por sociedades comerciais) – e com todo o peso em que importam a *estatização* e *gestão públicas* de bens dominiais – não tem que constituir, necessária e invariavelmente, a única ou melhor forma de conciliar aqueles interesses.
Ultrapassada a pré-compreensão de que estas *coisas públicas dominiais* só podem ser objecto de *uso privativo* por parte de pessoas colectivas públicas ou sociedades comerciais de economia mista – espelho da desconfiança do Estado relativamente aos interesses económicos privados estrangeiros –, não se vê por que é que os direitos mineiros ( títulos legitimadores de desempenho das actividades concedidas) não podem ser *constituídos* ou *transmitidos* a pessoas colectivas privadas. É que, com efeito, apesar

## DIREITO MINEIRO ANGOLANO

Mas, já não é tão líquida a disciplina relativa à *atribuição directa* da concessão dos direitos de exploração, independentemente de já se ser titular de uma *licença de prospecção* (por iniciativa do Governo? A requerimento do interessado? Qual o procedimento administrativo a seguir?). Ou seja: a lei, pelo menos a Lei nº 16/94, não é clara relativamente à obrigatoriedade de o concessionário da exploração dever, ou não, previamente, ser titular de uma licença de prospecção. Será que esta Lei enquadra o aproveitamento das pedras preciosas à luz do princípio clássico mas ultrapassado ([95]), segundo o qual a pesquisa e prospecção eram actividades *forçosamente* prévias à outorga da concessão de exploração? Adiante voltaremos a este assunto.

Para já, importa analisar as formas segundo as quais o Estado angolano permite a descoberta e o aproveitamento dos recursos mineiros.

---

da sua estrutura privada, elas não podem deixar de seguir um *regime administrativo*, legal e contratualmente fixado, no direito constituído e a constituir – ou, se se quiser, um *regime misto*. Além disso, como se verá, são *sociedades de interesse público*, sujeitas a um regime jurídico especial.

Contudo, há certas espécies de recursos minerais, relativamente aos quais o Estado criou propositadamente pessoas colectivas públicas para o efeito de desenvolverem toda a gama de actividades que vão desde a prospecção até à comercialização do minério. É o caso da ENDIAMA – U.E.E. (cujos primeiros estatutos foram aprovados pelo Decreto nº 6/81, de 15 de janeiro).

Neste caso, será mister que o Estado angolano reserve, coerentemente, o monopólio da atribuição de direitos mineiros sobre jazidas de diamantes a esta *empresa pública* – e só a ela – a qual, não deve deixar de desfrutar da faculdade jurídica – ainda que condicionada através da utilização de um esquema de *autorizações* ou *aprovações* pelo Conselho de Ministros – de se associar ou contratar outras entidades – em regime de *contrato de prestação de serviços* ou mesmo de *subconcessão* – para a realização das diversas operações materiais (ou jurídicas : *v.g.*, recurso a crédito de terceiros) coenvolventes da indústria dos diamantes.

([95]) Defendida, é certo, ainda nos anos cinquenta por **C. PUYUELO**, *Derecho Minero*,(…), cit., **[89]**, pág. 76, mas que, à data, já não era princípio inderrogável na legislação da época: veja-se o artigo 16º da, há muito – desde 1973 – revogada Lei de Minas espanhola de 1944 ("*quedarán dispensados de efectuar investigaciones y podrán solicitar directamente la concesión aquellos explotadores de otras concesiones mineras en las quales la marcha de las labores indique con exactitud una continuidad de su criadero, dentro de la nueva concesión que solicita*"). Idêntico regime já se achava previsto para os requerentes de concessões de minas cujos direitos tivessem caducado.

# IV

## As formas de utilização de bens do domínio público mineiro angolano. Caracterização e desenvolvimento do seu regime

É sabido que a maioria das coisas que constituem objecto do domínio público, uma vez que a lei não preveja um qualquer tipo de reserva dominial, originam, segundo um critério subjectivo, uma pluralidade de regimes de uso e aproveitamento por banda dos particulares. Uso e aproveitamento, estes, dos bens dominais que se conformam, já com a *afectação* ou o *destino* principal dos bens a ser consentido a uma ou algumas pessoas determinadas com base em título jurídico individual, já com a compatibilidade ou incompatibilidade de uma *utilização plúrima* desses bens por uma multiplicidade de sujeitos.

Neste enfoque, o uso dos bens dominiais pode ser *comum* ou *privativo* ([96]). Interessa-nos, neste domínio, determo-nos sobre a figura do *uso privativo*. E, a este propósito, relacioná-la com as operações de *pesquisa, prospecção* e *reconhecimento* de jazidas minerais.

### A) As «Licenças de prospecção, pesquisa e reconhecimento». Caracterização. Procedimento de obtenção. Conteúdo. Regime no direito a constituir. Restrições à faculdade de conceder as licenças.

Em matéria de prospecção, pesquisa e reconhecimento de jazidas mineiras, o motivo que explica o desfrute, em princípio individual e excludente, destes direitos ([97]), está na consecução de uma concreta

---

([96]) Cfr., **MARCELLO CAETANO**, *Manual*, (…), cit., **[30]**, Vol. II, pág. 930 e segs., para o uso comum e pág. 937 e segs., para o uso privativo; **FREITAS DO AMARAL**, *A utilização do domínio público pelos particulares*, Lisboa, 1965; **FREITAS DO AMARAL/ JOSÉ PEDRO FERNANDES**, *Comentário à Lei dos Terrenos do Domínio Hídrico*, Coimbra, 1978, espec. pág. 181 e segs.; **JOSÉ IGNÁCIO MORILLO-VELARDE PÉREZ**, *ob. cit.*, **[30]**, pág. 128 e segs.

([97]) Exceptuado o direito de *prospecção* que, por natureza, não tem necessariamente de obedecer a um *regime de exclusividade*, mas que, por força da alínea a) do nº2 do artigo 6º da Lei nº 1/92, integra uma faculdade *exclusiva*.

## Direito Mineiro Angolano

finalidade: estimular o esforço e a iniciativa privada, em benefício do interesse público, visto que a ulterior concessão de direitos de exploração constitui uma espécie de *prémio* – para além do específico prémio, previsto no artigo 8° da Lei n° 1/92, pela comunicação da descoberta de jazidas – para o concessionário, que vai, dessa sorte, desenvolver uma actividade conveniente ou necessária para a economia nacional e o desenvolvimento económico e social.

### 1. As designadas licenças de prospecção e pesquisa.

*a.* Precisamente porque no direito angolano não vigora o *princípio da liberdade de pesquisa e prospecção* de recursos minerais – como era, essencialmente, timbre dos ordenamentos que adoptaram ou ainda adoptam o sistema dominial mineiro da *res nullius* ([98]) –, exige a lei ([99]) que as entidades interessadas neste tipo de actividade se munam de uma *licença*. Corresponde esta exigência, no fundo, à regra geral estabelecida na maioria dos ordenamentos, segundo a qual a utilização e o aproveitamento dos bens ou direitos integrados no domínio público fica, no mínimo, sujeita a um título jurídico denominado *licença*.

A *utilização privativa* de coisas públicas é, desta maneira, ao contrário do *uso comum*, mediatizada pela intervenção, em cada caso concreto, do ente administrativo competente, que funciona como garante da prossecução do interesse público, que justifica e legitima a outorga aos particulares deste gozo privativo e, as mais das vezes, excludente relativamente aos demais sujeitos de direito.

Mas, o que deve entender-se por *licença* – e *licença de prospecção*? Qual é o seu fim, conteúdo e limites?

*b.* Costuma defender-se que a licença é um *acto pelo qual um orgão da Administração atribui a outrém o direito de exercer uma actividade privada que é por lei proibida* ([100]). Trata-se, portanto, de actos que extinguem restrições ou limitações ao exercício de direitos ([101]).

---

([98]) É certo que, ainda assim, neste sistema – parcialmente adoptado pela legislação francesa de 1810 e prussiana de 1865 e seguido, inclusivamente, em alguns países da América do Sul, como é exemplo a Lei de Minas venezuelana de 1944 – não só se acautelam os direitos do proprietário da superfície – a ponto de, naturalmente, se exigir ao pesquisador autorização deste último ou o suprimento dela, por banda do orgão da Administração competente –, como a lei poderá vedar a liberdade de pesquisa em certas áreas.

([99]) Artigo 5°, n° 1 e 3 da Lei n° 1/92.

([100]) Assim, **FREITAS DO AMARAL**, *Direito Administrativo, Lições*, Lisboa, Vol. III, cit., **[87]**, 1989, pág. 130.

([101]) Noutra formulação, como é a do Prof. **ROGÉRIO SOARES** (*Direito Administrativo*, cit., **[87]**, pág. 101 e segs., espec. págs. 109-119), trata-se de uma *concessão constitutiva* – sendo certo que este autor distingue o grupo dos *actos que conferem*

## AS FORMAS DE UTILIZAÇÃO DE BENS DO DOMÍNIO PÚBLICO...

Através desta técnica, a Administração faz nascer um título jurídico, pelo qual tutela o tipo de actividades exercidas pelos particulares em bens dominiais ou por causa deles.

Pelo que respeita à intensidade dos poderes jurídicos conferidos – é dizer, à situação jurídica do usuário ou utente privativo –, costuma, por via de regra, sustentar-se que as licenças são *actos de tolerância*, caracterizados pela *unilateralidade, revogabilidade unilateral* e *discricionariedade*, dando origem, portanto, a uma *situação jurídica precária* ([102]). Tudo para observar que as licenças têm lugar para a atribuição de todos os *usos privativos* que não constituam objecto de *concessão*, sendo outorgadas por menor prazo e a *título precário*, sendo, por isso, revogáveis a todo o tempo, sem que o utente tenha direito a receber qualquer indemnização ([103]).

*c.* Esta ordem de ideias não tem, porém, aplicação no contexto do direito angolano das designadas *licenças de prospecção* de jazidas minerais.

À uma porque o legislador *contratualizou* esta espécie de utilização privativa de bens dominiais ([104]). Quer isto dizer que o título jurídico

---

*direitos ou extinguem obrigações* (aí onde integra os actos pelos quais a Administração cria e transmite direitos cuja disposição lhe está reservada) das *autorizações* (onde, em particular, inclui as autorizações constitutivas) segundo as quais a *autoridade confere a um particular a possibilidade de utilizar em proveito próprio, com compressão dos direitos da Administração, bens pertencentes ao elenco dos bens dominiais.* Além de que, como assinala, nestes casos, os poderes do particular mantêm-se numa *situação de precaridade* (*ob. cit.*, pág. 110).

([102]) É disso exemplo a lição do Prof. **ROGÉRIO SOARES** (*ob. cit.* na nota anterior), tal como a doutrina do Prof. **FREITAS DO AMARAL**, segundo o qual a licença de uso privativo do domínio público (*in casu*, o domínio público hídrico) é o *"acto unilateral e precário pelo qual uma pessoa colectiva de direito público permite a uma ou algumas pessoas determinadas utilizar o domínio público em seu proveito próprio, por um certo tempo e em dadas condições*, mas dizendo que *a unilateralidade e a precaridade são, pois, os caracteres distintivos da licença relativamente à concessão"* (**FREITAS DO AMARAL / JOSÉ PEDRO FERNANDES**, *Comentário à Lei dos Terrenos*, (…), cit., **[96]**, pág. 182). Em termos aproximados, **MARCELLO CAETANO**, *Manual*, (…), cit., **[30]**, Vol. II, pág. 945.

([103]) Nestes termos, **FREITAS DO AMARAL / JOSÉ PEDRO FERNANDES**, *Comentário à Lei dos Terrenos*, (…), cit., **[96]**, pág. 185. Todavia, logo a doutrina adverte que *precaridade* não significa *arbitrariedade*, pois que a cessação dos efeitos desse *acto administrativo* só pode dar-se mediante a prática de um outro *acto administrativo* – a *revogação* – sujeito a impugnação contenciosa, pelos particulares, por *desvio de poder*. Cfr. **JOSÉ IGNÁCIO MORILLO-VELARDE PÉREZ**, *Dominio Público*, cit., **[30]**, pág. 133; **FREITAS DO AMARAL / JOSÉ PEDRO FERNANDES**, *ob cit.*, **[96]**, pág. 193.

([104]) Artigo 6, nº1, da Lei nº 1/92: *"A concessão da licença de prospecção será feita mediante contrato com o organismo competente (…)"*.

## DIREITO MINEIRO ANGOLANO

*precário* – cuja génese estava num *acto administrativo* ([105]), marcado pelo exercício de poderes discricionários e cujos limites de *revogabilidade unilateral* eram os do *desvio de poder* – deu lugar a um *contrato administrativo*, celebrado entre o orgão competente (?) da Administração angolana e o particular, pelo qual a *situação precária* de uso (privativo) de bens dominiais foi substituída por uma situação jurídica caracterizada por uma *tendencial estabilidade* ([106]), por cujo respeito as causas de cessação da eficácia desse uso privativo estão especificamente consignadas na lei ([107]).

Vale isto por dizer que, à face da actual Lei nº 1/92 – e o mesmo vale para o regime da prospecção e pesquisa de diamantes –, o direito de uso privativo não pode extinguir-se, ordinariamente, por razões de *utilidade pública*, invocáveis unilateralmente pela Administração.

Depois, porque esta *contratualização*, tal como sucedeu noutros ordenamentos – principalmente no italiano, de onde proveio –, tendo substituído o regime da *publicização* das relações entre a Administração e os particulares, marcou o decaimento da motivação essencialmente *ideológica* – ligada ao reforço da autoridade e da soberania do Estado

---

([105]) Era, aliás, um regime deste jaez que vigorou na República de Angola até 1979, de harmonia com o disposto na alínea b) do artigo 19º do Decreto de 20 de Setembro de 1906: *"Resolvendo o Governo pelo deferimento, será mandada reservar a área que for julgada conveniente, e será passada uma licença para pesquisas por meio de portaria publicada no Diário do Governo e na Folha Oficial da Província a que pertencer a área reservada (...)"*.

([106]) Cremos até que, contrariamente ao que adiante se dirá no que concerne à extinção dos direitos de exploração das jazidas, não será aconselhável alterar o regime vigente, quanto à prospecção, pesquisa e reconhecimento de jazidas, no sentido de *precarizar* acentuadamente as respectivas licenças, outorgadas por contrato. Haja em vista, não só a *temporalidade limitada* dos direitos decorrentes da licença de prospecção, como a vultuosa mobilização de capitais, próprios e de terceiros, e os demais compromissos que o licenciado suporta.

Porém, é de ponderar a inclusão, na lei, da faculdade de a Administração, por intermédio do Ministério da Tutela ou do Conselho de Ministros e por razões de *interesse nacional*, mandar *suspender*, no todo ou em parte, *proibir parcialmente* a execução ou realização dos trabalhos respeitantes à prospecção e pesquisa, ou *impor condições* que tenha por adequadas, salvaguardando-se, obviamente, o direito à *justa indemnização*, nos termos gerais. É que, a actual lei só parece contemplar esta faculdade no que toca aos direitos mineiros de exploração (cfr., artigo 13º, nº 3 e 4 da Lei nº 1/92).

([107]) A licença de prospecção, segundo o artigo 7º da Lei nº 1/92, cessará os seus efeitos por *mútuo acordo, caducidade* do contrato, ocorrendo o termo do prazo, ou por *denúncia* de uma das partes, sendo que a denúncia por parte do Estado só pode validamente dar-se se e quando o titular da licença não cumprir as obrigações, que, para esse efeito, forem consignadas no contrato e desde que esse incumprimento, não solucionado por mútuo acordo, lhe seja imputável.

# AS FORMAS DE UTILIZAÇÃO DE BENS DO DOMÍNIO PÚBLICO...

(e dos Estados nascentes, como o angolano, à semelhança da ideologia que marcou, até aos anos cinquenta, os doutrinadores italianos e cuja génese se encontra na unificação do Estado italiano em meados do século passado) ([108]) – a favor de razões de tipo *económico*, que propiciem, em face da prossecução do interesse público, a adequada protecção do investimento privado, o equilíbrio e a equidade das relações entre a Administração e os administrados.

Está-se, pois, perante um *contrato administrativo com objecto passível de acto administrativo* ([109]). Em vez de uma estatuição unilateral e autoritária de remoção de limites ou restrições à actividade dos particulares, temos uma *relação contratual* subordinada, é certo, a determinados poderes de *fiscalização, direcção* e de *imposição de sanções* ([110]) e, quiçá no direito a constituir, de *suspensão, modificação* ou *extinção unilateral* do contrato ([111]). Por conseguinte, o direito de exercer temporariamente as actividade de prospecção, pesquisa e reconhecimento de jazidas minerais é conferido aos interessados mediante

---

([108]) Sobre isto, cfr. **MARCO D'ALBERTI**, *Le Concessioni Amministrative, aspetti della contratualità delle pubbliche amministrazioni*, Jovene, Napoli, 1981, págs. 138-145.

([109]) *Vidé* esta classificação em **SÉRVULO CORREIA**, *Legalidade e Autonomia Contratual*, (...), cit., **[83]**, pág. 401. Todavia, esta nomenclatura foi inicialmente utilizada para qualificar como administrativos contratos cujos efeitos se encontram previstos em normas jurídicas de direito administrativo, mas cuja forma ou modelo não aparece descrita na lei: os *contratos administrativos atípicos*.

Só que, também no ordenamento administrativo angolano, dado que inexiste uma regulamentação específica dos contratos administrativos, quer à face da interpretação que se fazia do parágrafo 2° do artigo 815° do Código Administrativo de 1940, quer perante a que, pelos mesmos motivos, se deve fazer do actual artigo 3° da Lei n° 2/94, de 14 de Janeiro (Lei da Impugnação dos Actos Administrativos), o uso privativo de bens do domínio público é, também, um *contrato administrativo por natureza* (já assim, **FREITAS DO AMARAL**, *A Utilização do Domínio Público*, (...), cit., **[96]**, pág. 190). Pelo que, além do mais, tanto para a dita *licença de prospecção e pesquisa* como para a atribuição de direitos de exploração sobre as jazidas, a lei angolana impõe que a manifestação de vontade dos interessados na obtenção dos direitos (sejam eles entidades particulares ou outras pessoas colectivas públicas, como é o caso da ENDIAMA) apareça como requisito de existência e da determinação do conteúdo da relação jurídica constituída, que é dizer, surja externada na forma de um *contrato*. E, portanto, de um *contrato administrativo nominado*.

([110]) Cfr., as várias alíneas do n° 2 do artigo 6° da Lei n° 1/92.

([111]) Sobre os caracteres típicos dos contratos administrativos, *vidé*, por exemplo, mas numa visão crítica, **MARIA JOÃO ESTORNINHO**, *Requiem Pelo Contrato Administrativo*, Almedina, Coimbra, 1990, pág. 120 e segs.; ainda, **FREITAS DO AMARAL**, *Lições*, (...), Vol. III, cit. **[87]**, pág. 440 e segs.; **MARCELLO CAETANO**, *Manual*, (...), cit. **[30]**, 10ª edição, Vol. I, reimpressão, Coimbra, 1980, pág. 615 e segs.

## DIREITO MINEIRO ANGOLANO

a celebração de um verdadeiro *contrato de concessão* com o Estado angolano ([112]).

Temos, pois, com a outorga da designada *licença de prospecção*, um *contrato administrativo*, segundo o qual o outro contraente fica legitimado não só a exercer uma actividade tendente à descoberta ou localização de ocorrências minerais ([113]), quanto, uma vez revelada, à

---

([112]) Cremos, por isso, que, *ab initio*, este contrato se inclui, mas só na hipótese de já terem sido reveladas ocorrências minerais – e na construção do Prof. ROGÉRIO SOARES – na categoria das *concessões translativas*, através das quais a Administração transmite poderes de uso especial sobre – que não ainda de utilização ou aproveitamento em proveito próprio – bens públicos (*ob. cit.*, [87], pág. 108; já, também, no mesmo sentido, G. ABBATE, *Corso*, (…), cit. [5], pág. 234).

No caso de não terem sido descobertas ocorrências minerais, o contrato administrativo é o meio de outorgar uma *autorização constitutiva* (visto que os particulares não detêm o direito originário de prospecção de jazidas minerais), que inclui, sob condição suspensiva – a que é, justamente, traduzida na ocorrência do facto futuro da descoberta da jazida –, uma *concessão translativa*. Sobre este complexo problema da delimitação, quanto ao conteúdo, entre as *licenças* e as *autorizações*, *vidé*, DIAS GARCIA, *A Autorização Administrativa*, (…), cit., [87], pág. 31-35, autor que autonomiza, qualifica e preenche os vários momentos procedimentais autorizativos, pelos quais os particulares vão adquirindo ou acedem ao exercício do direito (ou da actividade) *autorizado*.

Como quer que seja, noutros ordenamentos, não há muito, ainda era corrente na doutrina a posição segundo a qual, tal como nas concessões de exploração (cfr., *infra* IV, B)), as licenças de prospecção e pesquisa eram, ora actos administrativos, em princípio discricionários, constitutivos de *direitos* – cfr., C. ZANOBINI, *Corso di Diritto Amministrativo*, Vol. III, Milano, 1959, pág. 293-294; ISIDRO E. DE ARCENEGUI, *El nuevo derecho de minas*, (…), cit. [89], pág. 159: *"El* permiso (de prospecção e pesquisa) *es comunmente un acto administrativo unilateral y constitutivo, lo que le assimila a las autorizaciones genéricas, pero que no tiene su motor en la existencia de un derecho subjetivo previo del solicitante, lo que le difencia de aquellas"* –, ora actos administrativos precários, revogáveis *ad nutum* (com ou sem indemnização, conforme os casos) – cfr. VILLAR PALASÍ, *Naturaleza y Regulación de La Concessión Minera*, cit., [5], pág. 91: *"las autorizaciones non son contratos, sino negocios jurídicos de tolerancia o permisión, para los quales basta el título o documento expedido por la autoridad administrativa (...) La autorización es a título precario, revocable y provisional (...) La autorización queda definida como el acto administrativo mediante el cual se consiente al sujeto hacer algo que antes no le era consentido"*.

Note-se que se utiliza a clássica formulação, que distingue entre actos administrativos com carácter negocial – *i.e.*, que carecem de uma manifestação de vontade do particular – e actos nos quais é irrelevante a declaração de vontade para a produção dos efeitos jurídicos a que naturalmente esse acto tende (esta distinção era comum, na doutrina italiana, sendo aplicável no domínio do direito mineiro. Cfr. G. ABBATE, *Corso*, (…), cit., [5], pág. 221).

([113]) Note-se que, se fosse só este o *conteúdo* contratual da designada *licença de prospecção*, ao fim e ao cabo, tal não envolveria, necessariamente o *uso privativo de bens dominiais* – a não ser que essa actividade carecesse da utilização de outros bens integrados

54

## AS FORMAS DE UTILIZAÇÃO DE BENS DO DOMÍNIO PÚBLICO...

determinação das suas características e, bem assim, ao seu dimensionamento e avaliação das respectivas reservas ([114]).

Na hipótese de os direitos de prospecção e pesquisa – e, obviamente, de exploração – serem concedidos pelo Estado a uma pessoa colectiva pública, *maxime*, no caso previsto no n° 2 do artigo 2° da Lei n° 16/94 à *ENDIAMA*, tal efeito jurídico opera, de igual modo, por *contrato administrativo*. E aqui um *contrato administrativo entre pessoas colectivas públicas* ([115]): a lei previu, no fundo, também nesta sede, um *contrato administrativo substitutivo de um acto administrativo*, pelo qual o destinatário dos efeitos de um acto administrativo de outorga de direitos mineiros, transforma-se em co-contratante do Estado, acordando com ele o modo de compor eventuais interesses conflituantes.

Só não se compreende o afastamento que, contraditoriamente, o n° 4 desse mesmo artigo 2° da *Lei dos Diamantes*, faz deste esquema (contratual) de produção de efeitos jurídicos, ao prever que, tratando-se de *projectos próprios* da *ENDIAMA*, no que toca à prospecção, pesquisa ou exploração de jazidas, será ele *aprovado* pelo Conselho de Ministros – surpreendendo-se, justamente, aqui o *acto administrativo* que exprime o juízo de conformidade deste orgão relativamente à conveniência e oportunidade de um acto jurídico praticado pela *ENDIAMA*.

Para além de não ser muito clara a expressão *projectos próprios* – a apontar, talvez, para um horizonte em que esteja ausente ou, pelo menos, assuma importância secundária a participação e iniciativa de entidades privadas estrangeiras na operações de prospecção, pesquisa e exploração –, há um claro desvio em relação à regra da homogeneidade de utilização de instrumentos jurídicos tendentes a possibilitar a *utilização privativa* de bens dominiais, quando as situações são juridicamente idên-

---

no *domínio público* (*v.g.*, estradas, outros recursos minerais existentes no solo ou subsolo, diferentes daqueles cuja possibilidade de descoberta é objecto da licença de prospecção) – visto que, antes de a jazida ser descoberta, ou até ser descoberta, o outro contraente nenhum uso faz de bens dominiais.

([114]) Não distinguiu o legislador angolano entre *pesquisa de base* – a implicar a recolha de dados, documentação e bibliografia mineira, o estudo geológico-estrutural e minerológico – e a *pesquisa operativa* – estoutra a impor a execução de estudos geofísicos, geoquímicos e geológicos de detalhe, traduzidos na realização de operações de índole mineira tais como sanjas, trincheiras, poços, perfurações, tendentes ao dimensionamento das jazidas e à avaliação das respectivas reservas. Esta distinção acha-se prevista no ordenamento italiano. Cfr., art. 8 da Lei n° 752, de 6/10/1982 (*Norme per l'attuazione della politica mineraria*), a actividade traduzida na pesquisa de base não carece de licença de prospecção. Cfr., **PIER GIORGIO LIGNANI**, *Miniere*, in Enciclopedia Giuridica, Vol. XX, pág. 2.

([115]) A figura dos contratos administrativos entre pessoas colectivas públicas é prática frequente no direito comparado, principalmente nos ordenamentos com estruturas administrativas largamente descentralizadas ou federais. Cfr., **SÉRVULO CORREIA**, *Legalidade e Autonomia Contratual*, (…), cit., **[83]**, págs. 406-408.

# Direito Mineiro Angolano

ticas. Afinal, *quando os projectos não são próprios* da *ENDIAMA* o efeito jurídico pretendido – o uso e/ou aproveitamento privativo das jazidas – é obtido através de *contrato administrativo* (quase sugerindo que, afinal e na prática, a atribuição de direitos mineiros à *ENDIAMA* é uma desnecessária formalidade, cujos efeitos jurídicos práticos se projectam na entidade investidora), mas, quando sucede a inversa – e, note-se, não se atinge muito claramente qual seja o significado daquela expressão –, é o Estado angolano que exerce *unilateralmente* essa competência, por *acto administrativo* – precedido de solicitação da *ENDIAMA* –, por via da *aprovação* ou *rejeição* dos ditos *projectos próprios.*

Não se alcança, repete-se, a razoabilidade e a justeza desta solução: fazer depender a conformação desta situação jurídica (uso e exploração privativos de bens dominiais) ora de uma conjugação de vontades, ora da manifestação unilateral de uma delas, quando, afinal, a situação jurídica é a mesma, justamente, a atribuição de faculdades jurídicas de utilização daqueles bens a uma e à mesma pessoa colectiva pública. A haver diferenças, tinham elas que resultar claramente do regime da lei e, todavia, não se atingem, dada a equivocidade da expressão *projectos próprios.* Para mais, ao passo que a aprovação, pelo Conselho de Ministros, dos designados *projectos próprios* da *ENDIAMA* cria, tendencialmente, uma situação jurídica *precária* do ponto de vista da *concessionária ENDIAMA* ([116]), a outorga *por contrato* de direitos mineiros não deixa, como veremos, de reforçar exponencialmente a situação jurídica desta última, não só em termos de estabilização das expectativas de actuação futura por parte de ambos os contraentes – *v.g.*, estipulação de *prazo certo* ou concessões perpétuas ou por *termo incerto* –, mas também no que diz respeito aos poderes e faculdades jurídicas inerentes ao estatuto de parceiro contratual do Estado concedente (*v.g.*, indemnizações em caso de expropriação dos direitos, alienação e oneração destes, etc.).

## 1.1. O procedimento de outorga

*a.* Uma vez que a actividade administrativa se deve pautar pelos princípios da *igualdade, imparcialidade e proporcionalidade* (na

---

([116]) Isto deve-se à circunstância de, dado que os *actos administrativos constitutivos de direitos* – como o seriam aqueles pelos quais se atribuíssem direitos de prospecção e pesquisa – só são revogáveis quando ilegais e, neste caso, apenas dentro do prazo fixado na lei para o recurso contencioso ou até à sua interposição (*vide*, arts. 83º, 357º e 411º do *Código Administrativo* português de 1940; artigo 417º do *Estatuto do Funcionalismo Ultramarino* e art. 460 da Reforma Administrativa Ultramarina), o legislador, não raro, enquadrou as *licenças de uso privativo* a serem outorgadas por menor prazo e a *título precário*, o que significava que eram, destarte, *revogáveis a todo o tempo*, sem prejuízo de o titular delas ficar livre, como se sabe, de impugnar contenciosamente o acto de revogação.

## AS FORMAS DE UTILIZAÇÃO DE BENS DO DOMÍNIO PÚBLICO...

vertente da *proibição do excesso*)([117]), cumpre, por isso, desenvolver, no direito a constituir, a *procedimentalização* do *acordo contratual* de que é, afinal, objecto a concessão de direitos de prospecção, pesquisa e reconhecimento. Acresce que já o disposto no nº 4 do artigo 5º da Lei nº 1/92, por que insuficiente e lacunoso, aponta para esse desenvolvimento.

Em primeiro lugar, nada obsta – ou melhor, tudo aconselha à luz da flexibilidade e celeridade por que se deve pautar a actuação da Administração na prossecução do interesse público – a que se discipline, por um lado, um procedimento de *iniciativa das entidades interessadas*, tendente à atribuição, por contrato, dos referidos direitos e, por outro, um procedimento sob *proposta* ou *iniciativa do Conselho de Ministros ou do Ministério da tutela*, tendente à atribuição por *concurso público* – mesmo que limitado – ou por *ajuste directo* ([118]).

Relativamente ao procedimento de *iniciativa provocada*, deve ele iniciar-se com a formulação de *propostas contratuais pelos interessados* na atribuição dos ditos direitos ([119]).

---

([117]) Princípios estes de actuação da Administração que podem, sem esforço, retirar-se do disposto nos artigos 21º/1, 43º, todos da Constituição da República de Angola (na redacção da Lei nº 23/92, de 16 de Setembro, in *Diário da República*, Iª série, nº 38, de 16 de Setembro de 1992).

([118]) Precedido de consulta a, pelo menos, duas entidades. Quer-nos, contudo, parecer que, de harmonia com os referidos princípios que devem presidir à actividade administrativa em matéria de uso e aproveitamento privativo de bens dominiais, o Estado deve, de *iure constituendo*, se a iniciativa lhe pertencer, outorgar sempre os referidos direitos através de *concurso público* ou *limitado*.

([119]) Propostas estas a fazer, por exemplo, ao Ministério de Geologia e Minas (que, desse modo, organizaria o procedimento administrativo), que devem incluir a menção de, digamos, certos *requisitos extrínsecos*, designadamente: a indicação das substâncias minerais que se pretende fiquem abrangidas, a indicação da área pretendida, a indicação do eventual proprietário do prédio onde se pretende exercitar os direitos de prospecção e pesquisa, o compromisso relativo às garantias a prestar, as contrapartidas oferecidas, o plano geral dos trabalhos a efectuar, com a estimativa dos custos e a sua cobertura financeira para o período correspondente à validade da licença; e a menção de certos *requisitos intrínsecos*, como sejam, por exemplo, a identificação do requerente ou a certidão comprovativa da sua existência legal, os elementos comprovativos de que o requerente dispõe de idoneidade e capacidade técnica e financeira (incluindo, se for caso disso, os relatórios e as contas correspondentes aos três últimos exercícios) e o volume do investimento previsto.

Uma vez recebida a proposta ou propostas, poderia abrir-se um breve período de audição do requerente, abrindo-se, logo aí, a possibilidade de a Administração (*v.g.*, o dito Ministério) indeferir, motivadamente, a pretensão, alegando razões de interesse público ou considerando não estarem garantidas as condições mínimas de viabilidade do projecto ou da sua conveniente execução. Indeferimento este que será, naturalmente, recorrível contenciosamente, nos termos gerais, com fundamento em *violação da lei* ou *desvio de poder* (já que se trata, como a doutrina assinala, de um acto produzido num horizonte de

## DIREITO MINEIRO ANGOLANO

No que toca ao procedimento de *iniciativa da Administração* – independentemente da apresentação de requerimento por qualquer entidade legalmente interessada –, começaria ele por uma proposta da Direcção-Geral de Geologia e Minas ao Ministro da tutela, no sentido de este determinar a *formulação de convite para a apresentação de propostas* (ou, tratando-se de *ajuste directo*, convite para contratar com determinada entidade, uma vez instruído o processo com a junção de relatório atinente às condições das entidades obrigatoriamente consultadas), em área e para recursos minerais especificamente definidos. Convite, este, a *publicar*, no mínimo, em Diário da República, nele se fixando o prazo para a apresentação de propostas e eventuais reclamações, abrindo-se, depois, uma fase de *instrução* (*v.g.*, solicitação de esclarecimentos aos candidatos) e de *oposição* (consideração de eventuais reclamações), a correr, por exemplo, nos serviços do dito Ministério, os quais, no final, apresentariam o seu *parecer* ao ministro da tutela, que *decidiria* dessa atribuição, o qual, seguidamente, encaminharia as condições acordadas para o Conselho de Ministros, para o efeito de *aprovação prévia* ([120]) do contrato

---

*discricionaridade* ; cfr., G. ABBATE, *Corso*, (…), cit., [5], pág. 227; **JOSÉ IGNÁCIO MORILLO VELARDE-PÉREZ**, *ob. cit.*, [30], pág. 133; **ISIDRO E. DE ARCENEGUI**, *ob. cit.* [89], pág. 160; **ALDO M. SANDULLI**, *Manuale di Diritto Amministrativo*, 9 ª edição, Jovene, Napoli, 1968, pág. 97 e segs. e 344 ). Poderá, por outro lado, exigir-se ao requerente uma *caução provisória*, cujo escopo – de dissuasão, por um lado e de responsabilização, por outro – seja o de garantir ao Estado a disposição de o requerente se vincular ao exercício das referidas actividades, nos termos propostos ou acordados, devendo ser, obviamente, *restituída* ao requerente logo que se verifique a outorga dos direitos em causa ou *cobrada* se o requerente aceitar os direitos e obrigações que lhe venham a ser outorgados.

Deverá, no mais, esta proposta ser publicitada, ao menos no Diário da República, por forma a dar conhecimento público do conteúdo do requerimento e convidar os eventuais interessados a apresentar reclamações, num prazo a fixar. Após o que, concluído o processo, seria mister que o referido Ministério, num prazo razoável a fixar na lei, submetesse a decisão do Conselho de Ministros a pretensão formulada, instruída, desde logo, com o seu próprio *parecer*.

([120]) Trata-se, portanto, de um daqueles casos típicos, referidos na doutrina (cfr., **ROGÉRIO SOARES**, *ob. cit.*, [87], *passim*) em que *"uma autoridade que goza de competência normal para praticar um dado tipo de actos, só pode, todavia, exercitá-la depois de se ter manifestado favoravelmente uma outra autoridade, que aprecia a legalidade e o mérito do conteúdo escolhido"*, sendo, portanto, para este autor, um *acto que legitima a capacidade de agir*, aproximando-se, desta forma, a figura da *autorização* (que para ele não tem, necessariamente, de preceder o acto, *in casu*, o contrato) da figura da *aprovação*. Já para **FREITAS DO AMARAL**, (*ob. cit.* [87], Vol. III, pág. 125 e segs.) enquanto o escopo da *autorização* é a apreciação da conveniência e oportunidade da solução proposta (condição de validade do acto) o da *aprovação* resolve-se num controlo da legalidade (condição de eficácia do acto) do acto aprovado.

## AS FORMAS DE UTILIZAÇÃO DE BENS DO DOMÍNIO PÚBLICO...

de atribuição desses direitos de prospecção. Com o que se compatibilizaria este procedimento com o disposto no nº 1 do artigo 6º da Lei nº 1/92 ([121]).

***b.*** Em segundo lugar, uma vez decidida, de uma ou doutra forma, a atribuição dos direitos de prospecção e pesquisa, há que curar do *conteúdo formal* do contrato.

Assim, uma vez decidida essa atribuição – *acto administrativo* este que se integra na fase de formação do acordo negocial –, deve o Ministério de Geologia e Minas notificar o interessado para a celebração do respectivo *contrato*. *Partes* no contrato serão o Estado, representado pelo ministro da tutela e a entidade interessada. Contrato que deverá ser publicado no Diário da República.

Em terceiro lugar, pelo que respeita ao *conteúdo material* do contrato, para além das menções referidas nas várias alíneas do nº 2 do artigo 6º da Lei nº 1/92, deve ele incluir:

a) a *periodicidade* da apresentação de planos e relatórios de actividade;

b) o valor da *caução definitiva*; os fundamentos de *rescisão* (note--se que o artigo 7º, alíneas c) e d) fala de *denúncia*) do contrato, seja por parte do Estado, seja por iniciativa do outro contraente;

c) o eventual *prémio* a pagar ao Estado;

d) o programa de emprego de mão-de-obra e a sua formação profissional; eventual autorização, na hipótese de a licença não ser *exclusiva*, para a atribuição de direitos da mesma natureza e sobre o mesmo tipo de jazidas, a outros requerentes da mesma área ou, sendo a licença exclusiva, a eventual autorização para a atribuição de direitos da mesma natureza ou de natureza diferente sobre outro tipo e depósitos;

e) a menção de *cláusulas contratuais essenciais*, relativas a eventuais futuras concessões de exploração, designadamente, o prazo dessa concessão, o regime fiscal, cambial e aduaneiro e as condições de reversão, se for caso disso, de bens e direitos para o Estado, obrigações relativas à produção de minério, beneficiação ou tratamento e comercialização, direitos do interessado; e

f) a *delimitação* ou *demarcação* da área concedida para prospecção e pesquisas ([122]).

---

([121]) O qual reza: "*A concessão da licença de prospecção será feita mediante contrato com o organismo competente do Estado, após autorização prévia do Conselho de Ministros*".

([122]) Cabe, no entanto, observar que a Lei nº 1/92 não contém o *modus operandi* procedimental, pelo qual se realiza essa demarcação.

Sugere-se, por conseguinte, que essa *demarcação* (extrajudicial, *rectius*, uma demarcação por via administrativa) seja referida a pontos fixos do terreno, definidos por coordenadas, de molde a permitir, seja as melhores condições para a *descoberta* e *avaliação*

## DIREITO MINEIRO ANGOLANO

Em particular, no que respeita à *área abrangida* na atribuição dos direitos de prospecção e pesquisa, não impõe a lei angolana qualquer limite.

No direito anterior, exemplificadamente, no tocante à pesquisa e exploração de *diamantes em aluvião*, podem referir-se os artigos 3° e 5° do Decreto n° 720 de 1914 ([123]), segundo os quais as ditas licenças abrangiam um troço do curso do rio em que se pretendia pesquisar, com a extensão de 50 quilómetros, contados no sentido geral do curso da água, sendo que a área de cada *claim* não podia ser superior a 2500 hectares ([124]).

Julga-se que, tendo em conta a promoção do interesse em propiciar uma racional prospecção e pesquisa dos recursos – e evitando tanto quanto possível, a *monopolização territorial* (*v.g.*, a abranger a área total de uma província) de direitos deste jaez, *salvo casos excepcionais de especial relevância para o exercício da actividade* –, será conveniente e oportuno ponderar a circunstância de a lei passar a fixar *áreas máximas* de exercício de direitos mineiros de prospecção e pesquisa (10 000 – 20 000 Km2) ([125]).

---

da jazida, seja, para o efeito da *concessão de direitos de exploração*, o melhor aproveitamento do depósito. Daí que o técnico do Ministério de Geologia e Minas, responsável para proceder a essa demarcação – posto que não se reputa seja aconselhável deixar-se ao livre talante dos concessionários a realização desta operação – deverá verificar no terreno a exactidão da planta apresentada pelo requerente dos direitos, devendo lavrar auto, acaso a aceite. Se não – isto é, se a planta não contiver o rigor suficiente – deverá fixar-se um prazo para a apresentação de nova pelo interessado.

Por outro lado, se a demarcação proposta não merecer a aceitação daquele técnico, este modificá-la-á, por forma a satisfazer as melhores condições de descoberta, avaliação ou aproveitamento, lavrando auto, assinado por ambos.

Só a partir desse momento deve o interessado, uma vez celebrado o contrato, ficar livre de iniciar a prospecção ou pesquisa – ou, mais tarde, a exploração (cfr., *infra*, onde se observa que, ainda assim, a exploração só se poderá iniciar após a aprovação do respectivo plano de lavra, de harmonia com o n° 3 do artigo 9° da Lei n° 1/92).

Quanto às despesas com a verificação e reconhecimento das demarcações pelos serviços competentes, deverão elas constituir *encargo* a suportar pelos interessados.

([123]) In Diário do Governo n° 132 e 136, 1ª série, de 1914.

([124]) No que toca aos jazigos de pedras preciosas, a licença ordinária de pesquisa só permitia o manifesto até um máximo de 10 *claims*, sendo que a área de cada *claim* era fixada por um quadrado de 10 metros de lado (artigo 7°, parágrafo 1°, alínea a) do Decreto de 20 e Setembro de 1906).

([125]) Observe-se, igualmente, que, por força da disposição excepcional do artigo 19° do dito Decreto de 20 de Setembro de 1906, complementada pelo Decreto n.° 81, de 21 de Agosto de 1913, estabeleceu-se que a porção de território abrangido pelas licenças de pesquisa e exploração em caso algum podia abarcar, de uma só vez e para o mesmo concessionário, toda uma província, ou região cuja extensão, em qualquer sentido, excedesse 200 milhas geográficas.

AS FORMAS DE UTILIZAÇÃO DE BENS DO DOMÍNIO PÚBLICO...

## 1.2. Obrigações dos titulares dos direitos de prospecção e pesquisa

Os titulares dos direitos de prospecção e pesquisa estão, naturalmente, sujeitos a um acervo de *obrigações* – *maxime*, de *facere, non facere* e de tolerar (obrigações *de pati*) – as quais, mesmo que não constem do conteúdo do contrato, devem estar plasmadas na lei, com o que isso representa para efeitos de regulamentação das Leis n° 1/92 e 16/94.

Faz-se, pois, mister sugerir – ao arrimo dos *poderes de fiscalização* e *inspecção,* que aproveitam à Administração, na execução dos contratos administrativos – que, em primeiro lugar, os titulares das licenças de prospecção e pesquisa fiquem *obrigados a submeter ao Ministério de Geologia e Minas os programas e relatórios atinentes ao andamento dos trabalhos*, de harmonia com os prazos e demais especificações estabelecidas no contrato ou estabelecidos por aquela entidade; em segundo lugar, em reforço do preceituado no n° 3 do artigo 4° da Lei n° 1/92, é oportuno impor-lhes uma *obrigação de comunicação ou informação*, cumprida tempestivamente, ao dito Ministério, relativamente a todos os factos relevantes para o conhecimento geológico da área abrangida, designadamente, a descoberta de qualquer outra ocorrência mineral, a despeito de abranger substâncias que estejam fora do objecto do contrato; além disso, reputa-se conveniente que os titulares fiquem adstritos a uma *obrigação de conservação* dos testemunhos de sondagens e de entrega dos mesmos – uma vez classificados e devidamente acondicionados – ao referido Ministério, no termo da vigência do contrato, todavia, só na eventualidade de não serem, posteriormente, concedidos direitos de exploração – caso contrário, o concessionário da exploração deverá ficar *fiel depositário* desses testemunhos; depois, impõe-se que os titulares destes direitos devam ficar *obrigados a contabilizar todas as despesas*, em escrita apropriada, de molde a habilitar a correcta apreciação, por parte da Administração, dos investimentos realizados; a mais disso, dado que, neste domínio, são valores adquiridos os da *regularidade* e *continuidade* das actividades de prospecção (e, obviamente, de exploração), não deixa de ser oportuno fixar-se um *termo inicial* – *v.g.*, seis meses –, durante o qual o titular se obriga a *iniciar os trabalhos*, sob pena de *caducidade da licença* de prospecção, ressalvando-se, obviamente, os *casos de força maior*; e bem assim, fixar-se um período máximo durante o qual os trabalhos se poderão achar *suspensos,* sob cominação de *caducidade da licença*, salvo os casos de *força maior*.

Pode, ainda, nesta sede, tornar-se mais dúctil o exercício das actividades, acaso se passe a prever a faculdade de o titular dos direitos poder *interromper, reduzir* (a não ser nas hipóteses em que estes actos tenham carácter *ocasional* ou *sazonal*) ou *suspender* a prospecção, pesquisa ou reconhecimento; ponto é que, pelos menos nos casos de *suspensão*

## DIREITO MINEIRO ANGOLANO

dos trabalhos, esta fique na dependência de *autorização* do ministro da tutela ([126]).

### 1.3. A transmissão da posição contratual. Referência à eventual transmissão «mortis causa».

Há, ainda, que fazer uma expressa menção ao problema, consignado, aliás, mas com pouca clareza e desenvolvimento, no nº 3 do artigo 7º da Lei nº 1/92, qual seja o do regime da *transmissibilidade dos direitos de prospecção e pesquisa* ([127]).

---

([126]) *Autorização* esta que será denegada ou concedida consoante a ponderação que a Administração faça em concreto, e motivadamente, do *interesse público*.

([127]) Sobre o enquadramento clássico deste problema, cfr., **C. MARTIN-RETOR-TILLO**, *Transmissión de minas. Necessidad de autorización administrativa*, in Anuario de Derecho Civil, Tomo XII, fasc. I, 1959, pág. 235 e segs., sustentando que – por mor da utilização plena da riqueza nacional, a qual impõe restrições ou limitações à contratação privada – a emissão do acto autorizativo, enquanto *conditio iuris* (e, portanto, *condição imprópria*, inderrogável por vontade das partes: transmitente e transmissário dos direitos mineiros), possui eficácia *ex nunc*; que o mesmo é dizer: o contrato de cessão da posição contratual de direitos mineiros não é um acordo condicionado a uma eventual *convalidação* superveniente, com *efeitos retroactivos*. O transmissário só adquire, destarte, os direitos mineiros se e quando ocorra esta *condictio*, que mais não é, no enfoque do direito privado, do que uma circunstância *externa* e preexistente ao acordo negocial de cessão, mas de cuja verificação está dependente a sua *eficácia* – para alguns autores – ou, mesmo (para outros autores) a *validade*. *Vide*, em tese geral, a já aludida posição do Prof. FREITAS DO AMARAL, que sustenta constituir a autorização uma condição de validade da prática do acto (cfr., ainda, **FREITAS DO AMARAL / JOSÉ PEDRO FERNANDES**, *Comentário à Lei dos Terrenos*, (…), cit., [96], pág. 212, para quem a transmissão não autorizada origina, especificamente, uma nulidade; sustentando a tese da invalidade, *vide*, também, **MARTIN-RETORTILLO**, *ob. cit.* [127], pág. 254: *"el negocio juridico ideado no es válido, quedando convertido en una mera convencióm preparatoria o más exactamente en un mero antecedente del negócio jurídico intentado. sin la autorización administrativa la transmissión o gravamen ideado se convierte en mera tentativa sin eficácia jurídica alguna. Solamente cuando (…) la Administración pública, valorando las circunstacias del caso, otorga la autorización o, como dicen los autores alemanes, «asiente» a que se realice dicha transmissión, ésta se tendrá por efectuada a contar de la fecha en que tras dicha autorización se otorgue la escritura correspondente"*; mas, já o Prof. **ALBA-LADEJO**, *Condición, término y modo*, in Revista de Derecho Notarial, Julho-Dezembro, 1957, defende que se trata de um requisito legal de *eficácia* do negócio; **G. ABBATE**, *Corso*, (…), cit., [5], pág. 257, entende que *"è un requisito per la sua efficacia e valità* (…) *è, secondo noi, nullo di insanabile invalità"* ).

Acresce, por outro lado, que, aqui como noutros lugares, é de ponderar o alargamento dos casos de *deferimento tácito* relativamente aos pedidos de autorização administrativa, feitos pelo concessionário de direitos mineiros. Todavia, uma vez que o princípio – a ser assumido – do *deferimento tácito* não constitui uma *sanção* para o silêncio da Administração, outrossim visa facilitar a vida dos particulares e aligeirar a actuação da Administração,

## AS FORMAS DE UTILIZAÇÃO DE BENS DO DOMÍNIO PÚBLICO...

Precisamente porque a *concessão-contrato dos direitos de prospecção e pesquisa* se perfecciona com o acordo de vontades dos contraentes, aí onde um deles – o Estado, através do orgão da competente Administração – assume uma posição de proeminência, decorrente do clássico *regime de exorbitância* (traduzido, não raro, no *exercício unilateral* e *executório* dos seus poderes, segundo um regime de direito público; contudo, também não raro, na contratação privada se assiste a semelhante regime de exorbitância) que se topa nos contratos administrativos, é natural que o jaez *intuitus personae*, que presidiu às prévias ponderações da Administração relativas à escolha do outro contraente, desemboque na *proibição da transmissibilidade* dos referidos direitos mineiros. Todavia, é justo que, depois de realizar uma ulterior ponderação acerca da conveniência e oportunidade da dita transmissão, seja lógico que o ente administrativo deva poder *autorizá-la*.

É que, assim como o Estado outorgou os direitos mineiros em função da melhor prossecução do interesse público, isto é, segundo a lei, em função da *idoneidade técnica* e *financeira* do pesquisador, assim é justo que volte a *acertar* ou *controlar* a verificação dessa ordem de motivações nas hipóteses em que o titular dos direitos resolva transmiti-los a terceiros. Ou seja: o que, perante a ponderação da *melhor prossecução do interesse público* em retirar o mais adequado e profícuo conhecimento, estudo e aproveitamento dos recursos geológicos do país (isto é, todo um conjunto de situações pessoais e materiais), *entrou pela porta* – através da outorga dos direitos – *não pode, agora, sair pela janela*, sem que (para o efeito da transmissão dos ditos direitos) se faça uma nova reponderação dele ([128]). Por isso é que deve a lei concretizar os termos e procedimento mediante os quais seja possível obter a dita *autorização*.

---

nunca deverá ser admitido um deferimento tácito *contra legem*. Dito de outro modo: acaso se preveja – como nos parece aconselhável – situações de *deferimento tácito*, para o efeito de obtenção de autorizações várias, cuja necessidade se pode tornar premente na perspectiva do concessionário, ele só poderá produzir os seus efeitos se e quando o concessionário tenha cumprido todos os requisitos legais que se situem a montante da autorização – se os houver, pois pode suceder que a lei atribua um *poder discricionário* à Administração – e encontrar-se numa posição em que pode receber a referida autorização. Cfr., **DIAS GARCIA**, *A Autorização Administrativa*, cit., [87], págs. 43-45.

([128]) Esta ordem de ideias irá, como se verá adiante, pôr em crise a liberdade que, não só na Lei nº 1/92, mas, fundamentalmente, na Lei nº 16/94, rege em matéria de *transmissão de direitos de exploração*, sendo certo, contraditoriamente, que, no domínio das concessões de pedras preciosas, aquela lei limita extraordinariamente o *âmbito pessoal* de outorga (*inicial*, passe a redundância) de *direitos mineiros de exploração*: restringe-o à *ENDIAMA* ou a uma *empresa mista* em que ela participe.

Neste sentido, deve estatuir-se que, quando o titular dos direitos de prospecção e pesquisa pretender transmitir a sua posição contratual ([129]), deverá solicitar *autorização*, em requerimento dirigido ao ministro da tutela, do qual constarão: a entidade à qual pretende transmitir a sua *posição contratual* e os motivos que subjazem à sua pretensão e, bem assim, as condições de transmissão.

Será útil exigir-se a junção, ao requerimento, da declaração, do futuro *transmissário*, de aceitação de todas as condições contratuais no entretanto vigentes; declaração esta que deverá ser acompanhada dos elementos que esclareçam e comprovem a capacidade técnica e financeira dele.

De seguida, os serviços do referido Ministério deverão abrir *instrução* para, designadamente, requerer ao *transmitente* os documentos e os esclarecimentos que se reputem necessários, indo o processo concluso a Conselho de Ministros, com parecer do ministro da tutela, para *decisão*. Depois, uma via se perspectiva: se o requerimento for deferido, impor-se, tão só, a notificação dele ao requerente e ao *transmissário*, para que eles celebrem o *contrato de cessão da posição contratual*.

No mais, e uma vez que é conveniente impedir que o requerente da autorização fique habilitado, sem mais, a realizar o negócio de cessão *quando queira*, será aconselhável, pois, criar uma espécie de *autorização ad tempus*; ou seja: a *autorização caducará* automaticamente se não for apresentado, ao ministro da tutela, por exemplo, nos noventa dias seguintes à notificação daquela autorização, o acordo de cessão devidamente celebrado e em vigor.

Regras especiais – que não existem – se impõem estatuir em relação ao destino da posição contratual, nas fases de prospecção e pesquisa, nas hipóteses de *morte* da pessoa singular ou *extinção da pessoa colectiva* – ou, até, se se reputar conveniente, nos casos de *declaração de falência* desta – que dela seja titular.

Neste particular, em consonância com as considerações que atrás foram expendidas, não podem estas eventualidades envolver a transmissão daquela posição contratual. Daí que seja aconselhável prever – tal-qualmente sucede, *v.g.*, nos casos de amortização de quotas em sociedades por quotas – que o que, eventualmente, se transmite (aos herdeiros ou à pessoa colectiva ou humana a quem tenha aproveitado a liquidação da sociedade) não é essa posição jurídica, outrossim a *contra-*

---

([129]) A Lei nº 1/92 refere, ambiguamente, as eventualidades por cujo respeito é exigida a *autorização, alienação, transmissão* ou *negociação* das licenças de prospecção. Fica-se sem saber qual a diferença entre cada uma delas, tudo apontando, apesar de tudo, para uma ideia de que se trata de transmissão definitiva (e onerosa) *inter vivos* da posição jurídico-contratual de pesquisador de jazidas minerais e, caso tenha sido revelada, a transmissão da posição de *utente* ou *usuário privativo* de bens dominiais, para fins de pesquisa e reconhecimento, com todos os direitos e expectativas jurídicas que nela se encerram.

## AS FORMAS DE UTILIZAÇÃO DE BENS DO DOMÍNIO PÚBLICO...

*partida patrimonial* que corresponda a à referida posição jurídico-
-contratual.

Para tanto, deverá prever-se a abertura de um *concurso* ([130]) (ou
seja, mediante convite para apresentação de propostas), no sentido de
essas posições contratuais serem atribuídas à entidade que, segundo idêntico juízo de oportunidade e conveniência, reuna as melhores condições
técnicas e financeiras. Ora, uma vez fixado previamente o valor económico
base dessa posição contratual, a entidade concorrente – ou adjudicatária
directa – irá, ao cabo e ao resto, entregar ao Estado uma quantia que
este, de seguida, colocará à disposição do sucessores ou do(s) liquida-
tário(s) adjudicatário(s) do património da extinta sociedade.

É curial, enfim, e uma vez que é conveniente evitar que o transmitente
adopte uma menor lisura de processos (*v.g.*, não solvendo os impostos
em dívida, as *multas* que tenham eventualmente sido aplicadas, as obrigações que se hajam, entretanto, constituído relativamente a terceiros,
financiadores ou outros), estabelecer-se que a transmissão desta posição
contratual envolve não só a *sub-rogação* do *transmissário* em todos os
créditos, mas, no que concerne aos *débitos*, a *co-assunção* de todos os
que (devidos ao Estado ou, ainda, se se julgar oportuno, aos demais
terceiros) sejam decorrentes do exercício das actividades de prospecção
e pesquisa realizadas até ao momento da cessão.

Vale isto por dizer que a transmissão, ainda que autorizada, não exonera
o anterior titular da responsabilidade pelo cumprimento de obrigações
contraídas para com o Estado (ou, também, se assim se entender, para
com terceiros), no domínio da sua titularidade.

O novo adquirente dos direitos fica, desta forma, obrigado, *conjuntamente* com o anterior titular, pelas dívidas inerentes ao exercício das
ditas actividades e que sejam, naturalmente, anteriores à data em que a
cessão tenha produzido efeitos ([131]). Quanto à *forma legal* do contrato
de cessão – e dada a sua não total ou completa natureza imobiliária –
temos dúvidas que se deva passar a exigir a realização de *escritura
pública*.

**1.4. Direitos do titular. O «acesso» ao contrato de concessão da
exploração. A posição jurídica das associadas da ENDIAMA
na fase de prospecção e pesquisa.**

*a.* Ao titular da licença de prospecção não deixa de aproveitar,

---

([130]) E, quiçá, a título excepcional, adjudicar-se essa posição contratual através de
*ajuste directo*.

([131]) Propõe-se, por isso, que não a substituição do antigo devedor (*transmitente*)
pelo novo (*transmissário*), outrossim uma *co-assunção de dívida*, ficando ambos a
responder (*solidariamente*) por elas. Sobre este instituto, cfr., **VAZ SERRA**, in *Revista de
Legislação e Jurisprudência*, ano 106º, pág. 356 e segs.

## DIREITO MINEIRO ANGOLANO

contratualmente, um conjunto de *direitos* que cumpre enunciar e verificar, de seguida, se estão coerentemente plasmados no ordenamento angolano.

Assim, o titular dos direitos – se a licença de prospecção e pesquisa for *exclusiva* – tem a faculdade de proceder, com exclusão de outros, à descoberta, pesquisa e reconhecimento de todas as jazidas minerais para as quais obteve um título jurídico, durante o *prazo* e na *área* nele fixado (até a um máximo de cinco anos ([132]): n° 5 do artigo 5° da Lei n° 1/92).

Assiste-lhe, igualmente, nas condições expostas, o direito de *transmitir a sua posição contratual* a terceiros ([133]).

Assim como lhe aproveita o direito de *subcontratar* empresas especializadas em actividades de prospecção e pesquisa restritas (n° 5 do artigo 6° da mesma Lei). A despeito da falta de clareza do texto da lei, crê-se que a lei não está, por essa via – e bem – a permitir uma espécie de *subconcessão parcial* dos direitos de prospecção e pesquisa. Está, sim, a *autorizar* que – e ao abrigo do disposto no artigo 800° do Código Civil angolano – o titular dos direitos possa socorrer-se de terceiros, *auxiliares* ou *substitutos materiais*, para o cumprimento das obrigações a que contratualmente está adstrito para com o Estado angolano. Que é dizer: o direito de contratar terceiros para a execução de trabalhos especiais ou prestação de assistência técnica, contanto que tais contratos não envolvam uma transferência de responsabilidades inerentes à sua condição de concessionário dos direitos de prospecção e pesquisa ([134]). E daí que deva responder não apenas pelos factos danosos das pessoas ou entidades sob a sua autoridade, mas pelos de quaisquer outras que especialmente utilize para o cumprimento dessas obrigações ([135]).

De todo o modo, daqui perpassa, sem dúvida, a ideia de que o *intuitus personae*, que preside à outorga do contrato pode e deve ser visto de uma forma mais dúctil e flexível, atenta a complexidade técnica e os

---

([132]) Este prazo é o *máximo*: a Administração é livre de estabelecer prazos menores sempre que as circunstâncias o aconselhem.

([133]) Cremos, aliás, que, nesta sede, não se deverá equacionar o problema da eventual possibilidade de *oneração* dos direitos resultantes desta licença de prospecção por via da constituição de *hipoteca* e de um eventual e posterior acto judicial de *penhora* e *venda judicial* deste direito. A questão será, ao invés, equacionada no domínio das *concessões-contrato* de *exploração* de jazidas. Aqui, sim, já parece conveniente facultar a constituição de hipoteca.

([134]) Regime que deve valer, do mesmo modo e com base nos mesmos motivos, para a *concessão de direitos de exploração*.

([135]) Cfr., **VAZ SERRA**, *Responsabilidade do devedor pelos factos dos auxiliares, dos representantes legais ou dos substitutos*, in Boletim do Ministério da Justiça, Lisboa, n° 72, pág. 259 e segs.; **PINTO MONTEIRO**, *Cláusulas Limitativas e de Exclusão da Responsabilidade*, Coimbra, 1985, pág.257 e segs.; **ANA PRATA**, *Cláusulas de Exclusão e Limitação da Responsabilidade Contratual*, Coimbra, 1985, pág. 675 e segs.; **ALMEIDA COSTA**, *Direito das Obrigações*, 6ª edição, Coimbra, 1994, págs. 911-913.

AS FORMAS DE UTILIZAÇÃO DE BENS DO DOMÍNIO PÚBLICO...

recursos financeiros mobilizados para o exerício de actividades deste jaez.

*b.* Mas, um problema de articulação se levanta, neste particular, entre, por um lado, o disposto no n° 5 do artigo 6° e o n° 6 do artigo 11°, ambos da Lei n° 1/92 e, por outro, o preceituado no n° 5 do artigo 2° da Lei n° 16/94, a saber: poderá a *ENDIAMA*, a quem tenham sido concedidos direitos de prospecção, pesquisa e exploração de direitos sobre pedras preciosas, *subcontratar*, livremente, outras empresas nacionais ou estrangeiras no âmbito do exercício desses direitos mineiros? Cremos que não.

De facto, a Lei n° 16/94 é *especial* relativamente à Lei n° 1/92, que disciplinou, *em geral*, o regime jurídico a que ficou sujeito o exercício das actividades de prospecção, pesquisa, reconhecimento e exploração dos recursos geológicos – à excepção dos hidrocarbonetos líquidos e gasosos ([136]).

Ora, quanto a este ponto, nenhuma disciplina específica se topa na dita *Lei dos Diamantes*. Unicamente se preceitua que a *"ENDIAMA poderá ainda exercer os direitos que lhe forem atribuídos através de associações em participação ou mediante outros contratos a celebrar com empresas nacionais ou estrangeiras, que poderão revestir qualquer das modalidades utilizadas internacionalmente na actividade mineira"*.

*Prima facie*, julgamos que não terá havido *revogação expressa* ou *tácita* do disposto, quanto a este ponto, na Lei n° 1/92, visto que nem as novas disposições do n° 5 do artigo 2° da Lei n° 16/94 são *incompatíveis* com aqueloutras da Lei n° 1/92, nem elas estabelecem um novo *regime completo e contrário*, nessa mesma matéria, em contraste com o regulado por esta última lei ([137]).

Por outro lado, não estará aqui a lei a pensar nem nas hipóteses de os direitos mineiros serem exercidos pelo titular mediante *associação em participação*, nem, tão pouco, nos casos de *transmissão da posição contratual* (hoc sensu, o *trespasse da concessão*) do titular dos direitos mineiros – pois que esta última vicissitude jurídica aparece referida, através de uma solução no mínimo controversa, no n° 8 do artigo 11° da Lei n° 1/92, mas só no que respeita aos *direitos de exploração* ([138]).

Estará, ainda que nos fiquem dúvidas – dada a *deficiente* e *obscura* redacção da lei –, o legislador a abarcar nessa expressão as eventualidades

---

([136]) Cujo regime ainda se contém na Lei n° 13/78, de 26 de Agosto.

([137]) Sobre estes postulados hermenêuticos da *revogação tácita* das leis, cfr., **BAPTISTA MACHADO**, *Introdução ao Direito e ao Discurso Legitimador*, Coimbra, 3ª reimpressão, 1989, págs. 165-166.

([138]) A qual, bem ou mal, sem prejuízo dos aperfeiçoamentos a que deva ser sujeita no direito a constituir, se deve tornar extensível à transmissão da posição contratual dos direitos de prospecção, visto que não faria sentido algum a lei vedar a possibilidade – na

## DIREITO MINEIRO ANGOLANO

traduzidas na *subconcessão* de direitos mineiros, isto é na transferência de uma parte dos poderes de uso e aproveitamento (após o início da exploração) desses bens dominiais nas condições acordadas entre o *concessionário* e o *subconcessionário* ([139]).

Como quer que seja, esta *subconcessão* prescinde de autorização do Estado concedente se os *subconcessionários* forem *empresas especializadas em operações restritas*, seja na primeira fase de prospecção e pesquisa, seja na subsequente fase de implantação da mina, após o início da fase de exploração (1ª parte do n° 5 do artigo 6° e 1ª parte do n° 6 do artigo 11°, ambos da Lei n° 1/92). Mas já dela carece relativamente ao exercício das demais operações mineiras. Ponto é que se esclareça – o que não foi feito – o sentido e alcance de cada uma destas operações.

Acham-se, igualmente, nela contemplados os demais contratos ([140]) – cujo desenvolvimento e regime legal cumpre suprir – mediante os quais o concessionário se socorre de terceiros para a realização das operações de mineração, tanto na fase da prospecção e pesquisa quanto na de exploração: prestação de serviços ([141]) (aí incluída a *empreitada* como uma sua modalidade), *engeneering, transferência de tecnologia, licença de patente*, etc. Relativamente a todos eles, a lei

---

primeira fase das operações de mineração – de transmissão, tão só, dos direitos de prospecção e pesquisa. Uma vez que esses direitos são também outorgados por contrato (administrativo), no limite, e de harmonia com as regras gerais vigentes na contratação (artigo 424, n° 1 do Código Civil angolano), a transmissão deles impõe a *autorização* do outro contraente, que é dizer, o Estado angolano.

([139]) Cfr., o conceito de *subconcessão* que nos oferece o Prof. **MARCELLO CAETANO**, *Manual*, (…), cit., **[30]**, Vol. II, págs. 1128-1129, o qual, na economia do autor, vai referido à *subconcessão de serviços públicos* e não à *subconcessão do uso privativo de bens dominiais*.

([140]) Note-se que a expressão *subcontratar* não é, neste contexto, inteiramente rigorosa, posto que o *subcontrato* é aquele negócio jurídico em que a posição de um dos contraentes – *in casu*, o concessionário dos direitos mineiros – assenta num outro contrato da mesma natureza. O concessionário, aproveitando a posição jurídica de que é titular por um contrato anterior, celebra com outra entidade um contrato *da mesma natureza*. Neste sentido, *vide*, **VAZ SERRA**, in *Revista de Legislação e Jurisprudência*, ano 113°, pág. 79; **ANTUNES VARELA**, *Das Obrigações em Geral*, Vol. II, 5ª edição, Coimbra, 1992, págs. 487-488. Por isso que, em rigor, o sector normativo da expressão utilizada na lei só deveria referir-se à modalidade contratual acima referida no texto.

([141]) No que toca a este contrato, tem ele sido em particular utilizado no direito estrangeiro para, enquanto alternativa ao contrato de concessão de direitos de prospecção, pesquisa e exploração, permitir que o Estado utilize uma outra entidade, que se obriga, por um prazo limitado, à sua custa e risco exclusivos, a prestar-lhe serviços de prospecção, pesquisa e exploração, devendo este, por seu turno, remunerá-la em espécie com uma quota-parte dos recursos extraídos ou em dinheiro. Cfr., o regime previsto no ordenamento jurídico português pelo Decreto-Lei n° 168/77, de 23 de Abril, mas só aplicável no domínio dos hidrocarbonetos.

# AS FORMAS DE UTILIZAÇÃO DE BENS DO DOMÍNIO PÚBLICO...

geral sobre recursos geológicos requer a sua *aprovação pelo organismo competente* ([142]).

*c.* Ademais, pese embora a lei não o refira, deve reconhecer-se a faculdade de os titulares destes direitos poderem, com restrições, *dispor juridicamente das amostras de minério* que forem extraídas durante a execução das actividades de prospecção e pesquisa ([143]). Restrições, essas, que, para além da autorização genericamente prevista no nº 3 do artigo 18º da Lei nº 1/92, poderão passar pelo registo das amostras em boletins apropriados, passagem de licenças de exportação dos lotes para fins de avaliação, após *prévio parecer* (art. 18º, nº 4, *idem*) do organismo a quem compete o controlo da actividade mineira, etc. ([144]).

*d.* Por outro lado, os titulares destes *direitos de prospecção, pesquisa e reconhecimento* devem, como é óbvio, beneficiar da possibilidade de *ocupar* terrenos de terceiros – e ,bem assim, quanto a estes, da faculdade de requerer a sua expropriação ou a constituição de servidões adminis-trativas – estejam eles na titularidade de particulares ([145]), integrem o domínio privado ou o domínio público do Estado angolano ou de pessoas

---

([142]) Volta o legislador a não definir qual é o orgão da pessoa colectiva Estado, a quem se atribuiu este poder funcional. Sugere-se que seja o Ministério de Geologia e Minas ou, até, o Conselho de Ministros.

([143]) É certo que, em rigor, o produto dessas amostras, posto que já destacadas do depósito ou da massa mineral, ainda se integra no *domínio público* – e, portanto, é *inalienável* –, porquanto, nesse momento, ainda não assiste ao titular da licença de prospecção e pesquisa o *direito de exploração* das ditas jazidas, mas somente uma mera *expectativa jurídica.*

([144]) Contudo, apresenta-se mais problemática a *comercialização* das amostras de *pedras preciosas* por parte do titular dos direitos de prospecção e pesquisa, de harmonia com o preceituado no artigo 8º, nº 2 da Lei nº 16/94, que não distingue, quanto à manutenção do *monopólio de comercialização,* por banda da *ENDIAMA,* entre as fases de prospecção/ / pesquisa / reconhecimento e a fase de exploração das jazidas. Para mais, o art. 11º é claro ao permitir, tão só, a *livre comercialização* dos *minerais acessórios*, que ocorrerem nos *jazigos de diamantes em exploração.*

([145]) Quer sejam ainda terrenos do Estado angolano, cujo *uso e aproveitamento* tenha sido *concedido* a terceiros, seja por intermédio de *venda,* de *concessão por aforamento,* seja através de *concessão por arrendamento* – todas previstas no Decreto nº 43 894, de 6 de Setembro de 1961 (Regime de Ocupação de Terrenos Vagos, cujos títulos de uso e aproveitamento foram mantidos válidos, de harmonia com o disposto no artigo 66º, nº 2 do Decreto nº 32/95, de 8 de Dezembro) – seja, ainda mediante a constituição de *direito de superfície,* por força do regime instituído, após a independência da República de Angola, pela Lei nº 21-C/92, de 28 de Agosto (nº 2 do artigo 5º). Neste último caso, posto que o uso e fruição do subsolo pertencem ao Estado, preceitua o nº 3 do citado artigo 5º que este *é responsável perante o concessionário por prejuízos que lhe cause em con-sequência da exploração que fizer do subsolo* (idêntica responsabilização aparece repetida no Decreto nº 32/95, de 8 de Dezembro, que regulamentou aquela lei).

colectivas públicas. Este regime da *ocupação, expropriação* e *servidão* – uma vez que apresenta problemas e soluções comuns a todas as formas de uso e utilização de recursos minerais – será adiante analisado.

*e.* Enfim, o titular dos direitos de prospecção e pesquisa desfruta, numa primeira fase, pelo menos, de uma expectativa – inicialmente *vã,* se nenhum recurso for descoberto ou revelado – que pode, porventura, transformar-se numa *expectativa jurídica,* que investe o seu titular na forte probabilidade de vir a ser titular, agora, de um *direito subjectivo*: o direito ao gozo e aproveitamento das jazidas reveladas e reconhecidas.

Sendo a *expectativa jurídica* uma situação jurídica complexa, reveladora, por vezes, de verdadeiros direitos subjectivos, ainda que prévios ou intercalares ([146]), o titular dos direitos de prospecção e pesquisa, no mais de ter direito ao uso privativo – *v.g.,* extracção dos recursos, para efeitos de avaliação e estudo, eventual comercialização do minério e dos minerais acessórios extraídos –, desfruta, uma vez revelados recursos economicamente aproveitáveis e cumpridas as demais condições ([147]) – *v.g.,* relativas ao plano de lavra, *estudo de viabilidade técnico-económico* ([148]) –, de um *direito de crédito* de exigir, contanto que requerido, a celebração do contrato de concessão de exploração.

O titular destes direitos não desfruta, no nosso entendimento, e ao arrepio do que já se entendeu ([149]), de um *direito real de aquisição* ([150]),

---

([146]) Assim, **MENEZES CORDEIRO**, *Teoria Geral do Direito Civil,* AAFD, Vol. I, Lisboa, 1989, pág.165; **MARIA RAQUEL ALEIXO ANTUNES REI**, *Da Expectativa Jurídica,* in Revista da Ordem dos Advogados, Lisboa, Abril 1994, pág. 176;

([147]) A que adiante nos referiremos.

([148]) *Vide,* artigo 11º, nº 3, alíneas a) e b), da Lei nº 1/92.

([149]) Cfr., **JOSÉ LUÍS BONIFÁCIO RAMOS**, *O Regime e a Natureza,* (…), cit. **[1]**, pág. 188: *"Nestes termos, o direito de revelação ou de prospecção e pesquisa deve integrar-se na categoria dos direitos reais de aquisição da coisa-objecto, pois o exercício desse direito tem por fim a exploração dos recursos geológicos, que significa exactamente a aquisição da coisa, os recursos geológicos, que são objecto do direito".*

([150]) Não são rigorosamente direitos reais de aquisição, visto que do exercício dos direitos mineiros de prospecção e pesquisa não se adquire automaticamente – seja por via da lei, seja através do exercício unilateral da vontade do titular deles – um direito real de gozo sobre a jazida (cfr. **HENRIQUE MESQUITA**, *Obrigações Reais e Ónus Reais,* Almedina, Coimbra, 1990, pág. 188, nota 109*: "De direitos reais de aquisição só poderá falar-se em relação a direitos através de cujo exercício se adquira um direito real de gozo ou de garantia (…) Se a aquisição de um ius in re resultar do exercício de um mero poder legal que a lei atribui indiscriminadamente a todas as pessoas (…) ou se resultar do exercício de uma simples faculdade incluída no conteúdo inderrogável de um certo direito (…) não deve falar-se de direito real de aquisição"*). Aliás, para serem direitos reais de aquisição era preciso que ao titular dos direitos de prospecção e pesquisa coubesse um *poder autónomo de afectação* da jazida revelada e avaliada (assim, **MENEZES CORDEIRO**, *Direitos Reais,* cit., **[69]**, Vol. II, nº 243, IV).

## AS FORMAS DE UTILIZAÇÃO DE BENS DO DOMÍNIO PÚBLICO...

visto que, sendo os direitos deste jaez aqueles que vão dirigidos à aquisição de um direito real, outrossim a posição jurídica do titular dos direitos de prospecção e pesquisa ([151]) é que inclui – ou pode incluir – o direito (potestativo) de obter a celebração de um outro contrato, de que aquele era *instrumental* ou ancilar: o contrato de concessão de exploração.

De facto, o direito do concessionário na fase de prospecção e pesquisa é, tão-só, um direito que *pode permitir a aquisição dos direitos reais de gozo* (se é que são verdadeiros direitos reais de gozo, como veremos) e não *direitos reais de aquisição*, posto que a outorga do direito subjectivo de exploração não é *automática*. Está condicionada pela actuação da Administração, reflectida nas ponderações que lhe cumpre efectuar para o efeito de, à luz do *interesse público, aprovação* do Plano de Exploração e, no caso das jazidas de diamantes, do Estudo de Viabilidade Técnica e Económica.

Portanto, só *indirecta* ou *mediatamente* é que assiste ao titular destes direitos a aquisição de uma outra *posição real*: a de *gozo* das jazidas. Se é que de verdadeira e pura *posição real* se pode falar (cfr. *infra*).

De modo imediato, isto é, descobertas e reconhecidas as jazidas – e cumpridas as demais obrigações –, o titular daqueles direitos só dispõe, no máximo, da faculdade de *exigir* a celebração do contrato administrativo de concessão de exploração ([152]). O direito dele incide, afinal, sobre a realização de um *contrato futuro* em que a contraparte é o Estado angolano, o qual, se não for concluído, uma vez que estejam verificadas todas as condições, habilita o titular dos direitos de prospecção e pesquisa a *recorrer contenciosamente* do *acto administrativo* de indeferimento do seu pedido de atribuição de concessão de exploração ([153]).

---

([151]) Independentemente de se tratar de uma posição jurídica real ou obrigacional. Cfr., *infra*.

([152]) E, ainda assim, sem prejuízo da obediência ao *princípio da legalidade* – que não deixa de se reflectir na autonomia contratual da Administração – por via do qual a celebração desse contrato pode ficar na dependência, ainda *de iure constituendo*, de um procedimento administrativo de outorga (*v.g.*, a incluir a publicação de anúncios, para efeitos de oposição e reclamações de terceiros, instrução do requerimento com outros elementos, decisão, publicação do contrato).

([153]) Conquanto os direitos de prospecção e pesquisa não confiram qualquer *direito de preferência* ao titular, a posição deste, quanto à natureza jurídica, é análoga à do preferente, na esteira do entendimento que dela tem o Prof. **HENRIQUE MESQUITA**, *Obrigações Reais*, (...), cit., [150], pág. 225 e segs.

Todavia, topam-se algumas diferenças: enquanto que o direito do preferente incide sobre um contrato de alienação, eventualmente, já realizado, sub-rogando-se ele ao adquirente da coisa, o titular dos direitos de prospecção e pesquisa pode ter, por hipótese, o *direito de exigir a realização de um contrato* (que é o mesmo: o direito à emissão – condicionada é certo – de uma das declarações de vontade que o integram). O *direito* dele

## Direito Mineiro Angolano

Mas, para melhor se perceber de que forma o titular da licença de prospecção e pesquisa ou a entidade associada daquele titular pode *aceder* ao exercício das subsequentes operações de exploração, tratamento e comerciallização das jazidas descobertas e avaliadas, cumpre esclarecer este ponto no tocante às associadas da ENDIAMA, na fase de prospecção e pesquisa de jazidas de diamantes.

De facto, este problema só se coloca na actividade mineira desenvolvida a duas fases: uma mesma área do solo ou subsolo do território angolano ser, inicialmente, objecto de *licença* de prospecção e pesquisa, sendo que, ultimada a descoberta e avaliação das jazidas, se cura posteriormente de atribuir os direitos de exploração.

Como é sabido, os direitos mineiros de prospecção e pesquisa de diamantes só podem ser atribuídos à ENDIAMA – U.E.E ou a empresa mista em que ela participe (art. 2º/1, da Lei nº 16/94). Porém, as *operações* de prospecção, pesquisa e avaliação (bem como, depois, as de exploração, tratamento e comercialização) não têm necessariamente que ser levadas a cabo pelo titular dos direitos mineiros, por isso que são *actividades*

---

à *celebração do contrato* permite-lhe, *ultima ratio*, destruir os efeitos de eventuais actos administrativos denegatórios da sua pretensão.

Assim, os eventuais contratos administrativos de concessão de exploração realizados – para a mesma área e para a mesma substância mineral desse depósito revelado e reconhecido – entre o Estado e terceiros, em detrimento da posição jurídica do titular de direitos de prospecção e pesquisa, não serão automaticamente impugnáveis ou destruídos, acaso não padeçam, eles mesmos – ou o acto administrativo de autorização da minuta – de algum vício. Se isso acontecer, poderão estes outros contratos constituir *causa legítima de inexecução de acórdão* do Tribunal Supremo anulatório do acto administrativo de indeferimento do requerimento daquele titular para a outorga dos direitos de exploração – se e na medida em que se entender que a execução do acórdão anulatório daquele acto administrativo de indeferimento consiste na prática, pela Administração dos actos e operações materiais necessárias à reintegração da ordem jurídica violada, de forma a restabelecer a situação que o titular dos direitos de prospecção e pesquisa tinha à data do acto ilegal e a reconstituir, se for caso disso, a situação que o mesmo teria se o acto não tivesse sido praticado.

Ao invés, se se entender que ao titular dos direitos de pesquisa e prospecção assiste um verdadeiro *direito de exigir a celebração do contrato de concessão de exploração*, a procedência da impugnação contenciosa do acto administrativo de indeferimento da pretensão – que fora dirigida ao orgão competente (*v.g.*, Ministério de Geologia e Minas ou Conselho de Ministros), no sentido de este autorizar a celebração – impede que, posteriormente, a mesma Administração outorgue esses direitos a um outro concessionário: os *actos administrativos consequentes* e o eventual contrato de concessão dominial serão nulos. Todavia, isto só é assim, se a lei expressamente o prever – o que não nos parece o mais aconselhável, de *iure constituendo* (posto que entendemos que a Administração em caso algum deve estar *obrigada a contratar* a concessão dominial), ainda que, ao contrário, de uma forma ainda algo nebulosa, as alíneas a) e b) do nº 3 do artigo 11º da Lei nº 1/92 já

## AS FORMAS DE UTILIZAÇÃO DE BENS DO DOMÍNIO PÚBLICO...

que importam a disponibilidade de vultuosos meios financeiros, técnicos e tecnológicos e bem assim o correspondente *Know How*. Daí que as referidas *operações* sejam, as mais das vezes, realizadas por sociedades comerciais que, não sendo titulares da *posição jurídica de vantagem* decorrente da concessão dos referidos direitos, auferem as vantagens económicas que são a contrapartida do investimento feito no estudo, revelação e aproveitamento dos recursos geológicos angolanos.

Dado que a actividade mineira de prospecção, pequisa e reconhecimento implica a existência ou a formação de uma onerosa *organização de factores de produção*, à qual se associa o normal *risco empresarial*, não pode pensar-se que a actividade do titular destes direitos e a do terceiro associado, com quem divide – em maior ou menor medida – os encargos organizacionais e o referido *risco*, deva ser considerada *altruística* ou *desinteressada*. Não é legítimo supor que estes entes ajam *às cegas*.

Por outro lado, a actividade do titular dos direitos mineiros – e concomitantemente, da empresa associada – reveste-se de *interesse público* e *social*, nos termos dos artigos 9°, 11°/2 e 12°/2, da Constituição da República de Angola (¹⁵⁴). Mas, se assim é, a actividade daqueles entes

---

apontem nesse sentido – que o preenchimento de certas condições (*v.g.*, termos de responsabilidade, plano de lavra, estudos de pré-viabilidade da exploração, caracterização do depósito, indicação da delimitação proposta, etc.) habilita o titular dos direitos de prospecção a obter a concessão de exploração. Nestes casos, o acto administrativo que decida favoravelmente o pedido de atribuição da concessão, mediante contrato, é um *acto vinculado.*

Se a lei reservar a *última palavra* à Administração, reconhecendo-lhe uma *folga de apreciação* e lhe atribuir o poder de celebrar o dito contrato somente sob condição de ulterior ponderação, segundo juízos de oportunidade e mérito dos interesse públicos – designadamente através de conceitos indeterminados, tais como idoneidade e capacidade técnica e financeira – ao titular dos direitos de prospecção e pesquisa só assiste – uma vez anulado o acto administrativo de indeferimento, *v.g.*, por *desvio de poder* – o direito a peticionar uma indemnização, cuja fonte é a *responsabilidade civil extracontratual* do Estado angolano, *por actos* (ilícitos, por que violadores da lei : artigo 11°/3, a,b, da Lei n° 1/92 ) de *gestão pública*, nos termos dos artigos 464° e 465° do Decreto-Lei n° 23 229, publicado em Suplemento ao Diário do Governo, de 15/11/1933 (*Reforma Administrativa Ultramarina*).

No regime constante do Decreto de 20 de Setembro de 1906, o titular de uma licença de pesquisa, logo que arvorasse o aviso de pesquisa, o aviso de descoberta e *manifestasse* o jazigo encontrado, beneficiava de prioridade na outorga dos direitos de concessão de exploração, excepto se sobre ele preexistissem direitos de terceiros (cfr., arts. 45°, alínea e) e parágrafo 2°, 49° e 56° desse Decreto).

(¹⁵⁴) Cfr., o artigo 9°: "*O Estado orienta o desenvolvimento da economia nacional, com vista a garantir (...) a utilização racional e eficiente de todas as capacidades produtivas e recursos naturais*".

## Direito Mineiro Angolano

não pode, desta sorte, desenvolver-se *desinteressadamente*, em atenção a objectivos e *fins extrapatrimoniais*. Bem pelo contrário: estes sujeitos perseguem um interesse pessoal concreto e *relativamente egoístico* (mesmo no que concerne à ENDIAMA, enquanto empresa pública), qual seja o de verem, por um lado, concretizada a expectativa de os direitos mineiros de prospecção e pesquisa poder dar origem a um contrato de concessão de exploração e, por outro, assegurada a *continuidade* das operações mineiras com o que isso representa em termos de *amortização dos custos* do investimento e auferimento de *lucros* que essa exploração há-de propiciar ([155]).

O mesmo se passa em relação às associadas da ENDIAMA, na fase de prospecção e pesquisa: a despeito de não serem titulares dos direitos mineiros, o ordenamento mineiro angolano tutela a sua legítima expectativa de, na sequência das operações de prospecção, pesquisa, reconhecimento e avaliação, uma vez descobertas ocorrências economicamente exploráveis, celebrar um novo contrato (de associação em participação ou de sociedade) com a ENDIAMA – cujos termos essenciais já devem constar do inicial contrato de associação em participação –, pois que, doutro modo, se estaria a violar a lei, na medida em que não se asseguravam as condições de reembolso do investimento, mobilizado pelas associadas, a partir dos rendimentos da posterior exploração, ao invés do que, precisamente, dispõem as alíneas n) e p) do nº 2 do artigo 6º da Lei nº 1/92.

O interesse precípuo do titular dos direitos mineiros de prospecção, pesquisa e reconhecimento de diamantes traduz-se, como se observou, na *expectativa legítima* (e *juridicamente tutelada*, como veremos) de obter a concessão da exploração, contanto que as jazidas estejam reconhecidas e avaliadas e o *interesse público* no melhor aproveitamento delas não se oponha ao seu desfrute económico.

De igual sorte, a tutela dos interesses das associadas da ENDIAMA na fase prodrómica de prospecção, pesquisa e reconhecimento das jazidas, reclama *a não cessação* das relações jurídicas contratuais duradouras e o seu *prosseguimento* na posterior fase de exploração. Numa palavra:

---

Dispõe, por sua vez, o artigo 11º/2 que: "*Na utilização e exploração da propriedade pública, o Estado deve garantir a sua eficiência e rentabilidade, de acordo com os fins e objectivos que se propõe*".

Por fim, reza o artigo 12º/2 que: "*O Estado promove a defesa e conservação dos recursos naturais, orientando a sua exploração e aproveitamento em benefício de toda a comunidade*".

([155]) Cfr., artigo 14º/1, da Lei nº 1/92: "*É assegurado aos detentores das licenças de prospecção o reembolso dos investimentos realizados no cumprimento dos respectivos planos de prospecção, pesquisa e reconhecimento, apenas a partir dos lucros de exploração das jazidas que forem descobertas ou valorizadas com esses planos*".

## AS FORMAS DE UTILIZAÇÃO DE BENS DO DOMÍNIO PÚBLICO...

também às associadas assiste a *expectativa juridicamente tutelada* de empreender o ulterior exercício das *operações de exploração*. Resta, porém, dilucidar de que forma o ordenamento jurídico angolano tutela o interesse da concessionária e das associadas ao prosseguimento das actividades mineiras na subsequente fase de exploração ([156]).

Os contratos de concessão de direitos de prospecção e pesquisa devem incluir as *condições* da *concessão* da ulterior exploração, tratamento e comercialização dos recursos geológicos. Dí-lo a alínea n) do nº 2 do artigo 6º da Lei nº 1/92. Supõe-se, por isso, que a concessão da exploração deve ser outorgada, via de regra, ao anterior titular dos direitos de prospecção e pesquisa.

Muito embora as associadas da ENDIAMA – *maxime*, sociedades com sede fora do território da República de Angola – não estabeleçam, por princípio, relações jurídicas directas com o Estado angolano, não raras vezes os contratos celebrados entre elas e a ENDIAMA – cujo escopo seja dirigido ao *exercício* dos direitos mineiros – carecem de ser *aprovados* pelo organismo governamental competente. Note-se que, estranhamente, a lei parece não o impor de modo explícito ([157]), pese embora na prática se faça depender a eficácia do contrato de associação em participação da aprovação do Governo ([158]).

---

([156]) Que o Estado angolano nunca poderá ser obrigado a contratar a ulterior concessão dominial (de exploração), dada a ineliminável *folga de apreciação* que subjaz à *autonomia contratual pública* na ponderação da prossecução do *interesse público*, parece ser um dado constante no ordenamento jurídico angolano actual.

Ao invés, no regime jurídico constante do Decreto de 20 de Setembro de 1906 (Legislação Mineira Ultramarina) – cfr., **J. DE PAIVA MANSO SERRANO**, *Legislação Mineira da Metróple e do Ultramar*, cit. [63], pág. 423 e segs. –, o titular de uma licença de pesquisa, logo que arvorasse o *aviso de pesquisa*, o *aviso de descoberta* e *manifestasse* o jazigo, beneficiava de prioridade na outorga dos direitos de concessão da exploração, salvo se sobre ele preexistissem direitos de terceiro (art. 45º, alínea *e)* e parágrafo 2º, art. 49º e 56º, do citado Decreto). Não se esqueça que vigorava, ao tempo, o *regime do manifesto e da concessão*.

([157]) Ao invés do que acontecia no domínio do anterior regime sobre revelação e aproveitamento de recursos geológicos (art. 14º/2, da Lei nº 5/79, de 27 de Abril, que dispunha: *"A natureza, composição e funcionamento da associação, bem como os direitos e obrigações das associadas deverão figurar em título contratual aprovado pelo Conselho de Ministros"*).

De toda a maneira, sempre se poderá entender que, mau grado a sua imperfeita redacção, da conjugação das alíneas f) e g) do artigo 4º da Lei nº 16/94 resulta que a celebração dos contratos através dos quais se faculta o *exercício* dos direitos mineiros concedidos à ENDIAMA, carece sempre de *aprovação* governamental.

([158]) Sobre as vinculações jurídico-públicas de certas relações jurídicas privadas, no que toca ao momento da formação do contrato de direito privado, *maxime* as que se

## DIREITO MINEIRO ANGOLANO

Como quer que seja, é bem de ver que a protecção jurídica do investidor (estrangeiro) é uma coordenada axial subjacente ao entendimento que se venha a ter no que concerne à densidade do seu direito ao acesso às operações de exploração da jazida revelada e avaliada ([159]).

Vem isto para dizer que as relações jurídicas concessórias estabelecidas, *no domínio do direito público*, entre a ENDIAMA e o Estado angolano, cujo conteúdo tenha por escopo a exploração das jazidas descobertas, reconhecidas e avaliadas na sequência do cumprimento da anterior *licença* de prospecção e pesquisa, há-de projectar-se nas *relações contratuais de direito privado* que aquela tenha anteriormente estabelecido com investidores (*maxime*, estrangeiros), na fase de prospecção e pesquisa.

Com efeito, o legislador angolano ao afirmar que os direitos mineiros sobre diamantes são outorgados à empresa pública ENDIAMA (ou a empresas mistas, cujo capital social seja parcialmente detido por aquela) não está seguramente a pensar que o titular deles é que vai exercer isoladamente as operações mineiras. Outrossim, pressuposto do contrato de concessão de direitos mineiros – e, por conseguinte, da titularidade dos poderes concessórios – é precisamente a *escolha prévia* da entidade que se irá associar, *segundo as formas do direito privado*, à ENDIAMA para o exercício em conjunto da actividade mineira, exactamente em atenção à sua idoneidade técnica, tecnológica e financeira.

Assim, tal como as *relações jurídicas concessórias de direito público* estabelecidas entre a ENDIAMA e o Estado angolano se projectam no conteúdo e no destino das *relações jurídicas contratuais de direito privado* entretecidas entre esta última e a a respectiva associada, assim também, na actividade mineira diamantífera a duas fases, é em função da idoneidade técnica, tecnológica e financeira da associada da ENDIAMA que, ulteriormente, são concedidos os direitos mineiros de exploração a esta última. Logo, o *conteúdo* e as *vicissitudes* daquelas relações jurídicas privadas estão ligados *jurídico-geneticamente* ao *conteúdo* e *às vicissitudes* das relações jurídicas estabelecidas e a estabelecer entre o Estado angolano e a ENDIAMA.

De facto, se alguns contratos celebrados pela Administração angolana são essencialmente idênticos aos celebrados entre particulares (*v.g.*, quanto à gestão de bens do domínio privado, aquisição de mobiliário para os serviços, etc.), outros há que são celebrados no exercício das funções

---

traduzem em autorizações ou aprovações, cfr., **MARIA JOÃO ESTORNINHO**, *A Fuga Para o Direito Privado – Contributo (...)*, cit., [88], pág. 241 e segs.; **HENRI SAVOIE**, *L'acte détachable d'un contrat de droit privé*, in Revue Française de Droit Administratif, 1996, pág. 429 e segs.

([159]) Cfr. o artigo 4º da Lei nº 16/94, atinente ao *procedimento especial* a que se encontram sujeitos os investimentos estrangeiros no sector diamantífero.

## AS FORMAS DE UTILIZAÇÃO DE BENS DO DOMÍNIO PÚBLICO...

de Administração, *para fins de utilidade pública* ([160]). Estes são os *contratos administrativos*, cujas cláusulas revelam que existe uma regulação de uma situação de exercício típico da função administrativa (a que vão associados os poderes de fiscalização, de controlo e de sanção, por parte do concedente), pautada pelo direito público.

Ainda que não haja uma acentuada descontinuidade entre os contratos administrativos e os contratos de direito privado (*v.g.*, quanto à expressão da autonomia privada e da liberdade de contratar, as quais também sofrem algumas restrições no direito privado; ou quanto ao poder de imposição unilateral de consequências jurídicas no curso da execução do contrato, de que é exemplo a modificação do contrato por alteração de circunstâncias ([161])), a Administração angolana, ao conceder, por contrato, a exploração das jazidas não é dotada de uma autonomia privada idêntica à dos particulares. Se assim fosse, as regras sobre a *capacidade jurídica contratual*, sobre o *processo de formação da vontade negocial* e a *escolha do outro contraente* (concessionário) em nada diferiam das formas e *vinculações jurídicas privadas*. Mas não é assim. Ou não é necessariamente assim.

A Administração angolana não é dotada de autonomia privada idêntica à dos particulares no que diz respeito à protecção e aproveitamento dos recursos geológicos, por isso que está vinculada (e limitada) à *prossecução do interesse público*.

Que o mesmo é dizer: até na escolha do contraente, a quem irá outorgar os poderes jurídicos de fruição e aproveitamento das jazidas está obrigada a prosseguir o interesse público. Dever, este, que a vincula a obedecer a critérios objectivos e legais, *in casu* ao manifestar a sua declaração de

---

([160]) Cfr., a noção de *contrato administrativo* constante da Lei nº 2/94, de 14 de Janeiro (*Lei da Impugnação dos Actos Administrativos*): "*São contratos administrativos os celebrados pelos orgãos e organismos referidos no nº 1, no exercício das suas funções de administração, para fins de utilidade pública*" (o sublinhado é nosso).

Privilegiou-se, destarte, um critério (legal e apenas isso) de qualificação do contrato baseado na natureza jurídica do seu objecto mediato, qual seja o critério do fim de utilidade pública. Sobre este critério, aliás já ultrapassado na doutrina, cfr., **ESTEVES DE OLIVEIRA**, *Direito Administrativo*, Vol. I, Coimbra, 1984, pág. 647 e segs.; **SÉRVULO CORREIA**, *Legalidade e Autonomia Contratual*, (...), cit., [83], pág. 381 e segs.; **MARIA JOÃO ESTORNINHO**, *Requiem pelo Contrato Administrativo*, cit. [111], pág. 83 e segs.; **MARIA JOÃO ESTORNINHO**, *A Fuga Para o Direito Privado, Contributo* (...), cit. [88], pág. 121 e segs.; **ESTEVES DE OLIVEIRA / PEDRO GONÇALVES / J. PACHECO DE AMORIM**, *Código de Procedimento Administrativo*, 2ª edição, Almedina, Coimbra, 1997, pág. 805 e segs.; **HANS JOACHIM KNACK**, *Verwaltungsverfahrengesetz (VwVfG), Kommentar*, 3ª edição, Carl Heymans Verlag KG, Koln, Berlin, Bonn, Munchen, 1989, pág. 661 e segs.

([161]) Assim, **MARIA JOÃO ESTORNINHO**, *Requiem pelo Contrato Administrativo*, (...), cit., [111], pág. 140 e segs.

# Direito Mineiro Angolano

vontade de contratar (seja com a ENDIAMA, seja com a empresa mista, seja, em sede de recursos geológicos que não sejam diamantes, com qualquer outra entidade privada). Mesmo que a determinação do interesse público seja relativamente imprecisa, a Administração angolana não deixa de receber um *poder discricionário*, que se traduz na liberdade de determinar a *oportunidade de contratar* e de *fixar* (unilateralmente) *o conteúdo do contrato* ([162]), face a uma avaliação livre dos imperativos de interesse público.

Porém, uma vez definido o *interesse público* pela lei, a Administração está adstrita a prossegui-lo ([163]). Tem, em suma, o *dever de agir* (*v.g.*, de aprovar o contrato de concessão, de aprovar o *Estudo de Viabilidade Técnica e Económica* ou o Plano de Exploração), estando-lhe vedada a escolha de um fim diferente daquele a que está vinculada, sob pena de *desvio de poder*, quer se trate de *actos de regime administrativo mas com efeitos negociais privados* ([164]), quer se trate de uma sua actuação em termos de *gestão pública*.

Numa palavra: a *autonomia pública* de contratar ou não contratar move-se num horizonte de *discricionaridade*, cuja liberdade de decisão é conformada pela apreciação de um ou mais interesses públicos ([165]), em termos de o contrato de concessão da exploração não poder ser celebrado – e celebrado com o anterior titular dos direitos de prospecção e pesquisa e com um determinado conteúdo, porventura já pré-fixado, total ou parcialmente –, senão em vista do *interesse público no melhor aproveitamento da jazida* revelada e avaliada. Daí que o eventual *dever* de celebrar o ulterior contrato de concessão de exploração esteja condicionado (por força do *princípio da legalidade*) pela natureza do fim visado que confere ao Estado angolano o poder de outorgar os referidos direitos mineiros de exploração (vinculação do agir da Administração

---

([162]) Tal como acontece em sede de *clásulas contratuais gerais*, no campo das relações jurídicas privadas.

([163]) Nestes termos, **SÉRVULO CORREIA**, *Os Princípios Constitucionais da Administração Pública*, in «Estudos sobre a Constituição», Vol. III, Livraria Petrony, Lisboa, 1979, pág. 664.

([164]) De que é exemplo o acto de *aprovação* do contrato de associação em participação entre a ENDIAMA e o investidor estrangeiro; já o acto (*administrativo*) de aprovação do *Estudo de Viabilidade Técnica e Económica*, porque se destina a integrar o contrato administrativo de concessão de direitos de exploração à ENDIAMA (ou a empresa mista, adrede a constituir), é um momento necessário (ou um *iter*) do *procedimento de formação de um contrato* que se insere na *actividade de direito público* da Administração angolana. Sobre isto, cfr., **MARIA JOÃO ESTORNINHO**, *A Fuga Para o Direito Privado*, (…), cit., **[88]**, pág. 223 e segs.

([165]) Neste sentido, **SÉRVULO CORREIA**, *Legalidade e Autonomia Contratual*, (…), cit., **[83]**, págs. 506-507.

## AS FORMAS DE UTILIZAÇÃO DE BENS DO DOMÍNIO PÚBLICO...

pelo fim). Só que esta *discricionaridade de escolha* está limitada teleologicamente, por isso que o Estado não pode escolher arbitrariamente a entidade a quem outorga os mencionados direitos mineiras.

Deve, antes, racionalizar a utilização dos meios escassos para a melhor prossecução do interesse público no aproveitamento daquelas riquezas. Assim se intui o motivo por que o titular dos direitos de prospecção e pesquisa é, ou deve ser, por via de regra, o futuro contraente escolhido no contrato de concessão de direitos de exploração. Mais não seja em atenção à idoneidade técnica, tecnológica e financeira da entidade estrangeira a quem a ENDIAMA se associara na fase de prospecção e pesquisa. Assim se compreende, também, por que é que o concessionário dos direitos de prospecção e pesquisa – ou o investidor estrangeiro, que se associara à ENDIAMA –, findo o contrato de concessão, na primeira fase, vê o seu direito à outorga da concessão da exploração ficar condicionado pela *aprovação* do Plano de Exploração e do *Estudo de Viabilidade Técnica e Económica.*

Não obstante ser dever da Administração angolana controlar a *adequação, oportunidade, indispensabilidade* e *razoabilidade* do contrato de concessão de exploração, a vinculação dela ao *princípio da legalidade* pode vinculá-la ao *contrato administrativo em formação* e impor-lhe um contrato contrário à sua *actual vontade de contratar* ([166]), mas que se afigura como sendo o único que, no caso, corresponda ao melhor aproveitamento da jazida. Nesta eventualidade, a *recusa em contratar* – ou mesmo em *aprovar* o *Estudo de Viabilidade Técnica e Económica*, apresentado pela associada da ENDIAMA – imporá à Administração angolana o dever de indemnizar, para além da possível *invalidade* (consequente) dos *actos administrativos* emitidos no sentido de *formular a decisão de contratar* a concessão da exploração com terceiros ou de aprovar o referido Estudo a terceiras entidades, que no entretanto tenham sido contratadas pela ENDIAMA, para o efeito do exercício dos direitos mineiros na fase de exploração.

Vale isto por dizer que a outorga do direito subjectivo de exploração dos diamantes não é *automática*. Ela está condicionada não só pela actuação do titular dos direitos de prospecção e pesquisa – no sentido em que este tem de revelar a existência de recursos susceptíveis de exploração rendível e manifestar a vontade de obter o direito de exploração –, como pela actuação da entidade associada da ENDIAMA, a quem incumbe apresentar o *Estudo de Viabilidade Técnica e Económica* (art. 4º alínea *c*), da Lei nº 16/94), como ainda pela actuação do Estado angolano, para efeitos de apreciação do *interesse público* da

---

([166]) Assim, **ESTEVES DE OLIVEIRA / PEDRO GONÇALVES / J. PACHECO DE AMORIM**, *Código do Procedimento Administrativo*, (...), cit. **[83]**, 2ª edição, pág. 810.

# DIREITO MINEIRO ANGOLANO

exploração da jazida, reflectido na discricionaridade técnica que o ordenamento não pode deixar de lhe atribuir.

Uma vez reveladas e avaliadas as jazidas de diamantes, à ENDIAMA está vedado associar-se a outra entidade na subsequente fase de exploração, salvo se não for aprovado, pelo organismo governamental competente, o *Estudo de Viabilidade Técnica e Económica*, cuja feitura e colocação à aprovação cabe à associada da ENDIAMA na fase de prospecção e pesquisa – sob pena de *responsabilidade contratual* por incumprimento, fonte de obrigação de indemnizar a respectiva associada pelo interesse contratual positivo. Trata-se, de resto, de *responsabilidade contratual*, posto que na actividade mineira a duas fases, existe a previsão nas Leis nº 16/94 e 1/92, *pelo baixo*, de um *contrato-quadro*, através do qual a ENDIAMA e a associada se comprometem a contratar de determinada maneira, na ulterior fase de exploração, desde que o referido *Estudo de Viabilidade* seja aprovado.

É estultícia, por isso, observar-se que a concessionária dos direitos de prospecção e pesquisa (sobre ocorrências de diamantes) desfruta de um *direito de preferência* (legal ([167]), *right of pre-emption* ([168])) ou de um

---

([167]) De direito de preferência pode falar-se quando, por lei ou negócio jurídico, se atribui primazia ou prioridade ao respectivo titular na celebração de um negócio jurídico, contanto que exista a vontade de o realizar nas mesmas condições (tanto por tanto) que foram acordadas entre o sujeito adstrito ou vinculado à preferência e um terceiro (neste sentido **HENRIQUE MESQUITA**, *Obrigações Reais e Ónus Reais*, Almedina, Coimbra, 1990, pág. 189; *idem*, *Direito de preferência – parecer*, in Colectânea de Jurisprudência, ano XI, 1979, Tomo V, pág. 49 e segs.; **ANTUNES VARELA**, *Das Obrigações em Geral*, Vol. I, 9ª edição, Coimbra, 1996, pág. 386 e segs.; **ALMEIDA COSTA**, *Direito das Obrigações*, 6ª edição, Almedina, Coimbra, 1994, pág. 367; **VAZ SERRA**, *Obrigação de Preferência (Pacto de preferência ou de opção)*, in Boletim do Ministério da Justiça, Lisboa, nº 76, pág. 131 e segs.; **MANUEL DE ANDRADE**, *Pactos de Preferência*, in Scientia Iuridica, 1952, Tomo II, nº 6, pág. 141 e segs.; **I. GALVÃO TELLES**, *Direito das Obrigações*, 6ª edição, Coimbra Editora, Coimbra, 1989, pág. 145 e segs.; **CARLOS LACERDA BARATA**, *Da obrigação de Preferência – Contributo para o Estudo do Artigo 416º do Código Civil*, Coimbra Editora, Coimbra, 1990, págs. 11-12).

Preferir é, destarte, *passar à frente de alguém, em igualdade de circunstâncias* (assim, **ANTUNES VARELA**, in Revista de Legislação e Jurisprudência, ano 121º, pág. 359, em nota).

Este direito tanto pode ser criado *directamente por lei* ou por *negócio jurídico* (contrato ou testamento) e tanto pode ter por objecto um futuro contrato de compra e venda como qualquer outro contrato (v.g., de sociedade de associação em participação) em que faça sentido atribuir-se essa primazia ou prioridade sobre quaisquer outros concorrentes – ou a que pressuponha ou, mesmo, que não seja incompatível com ela.

Transposto o esquema da obrigação de preferência – quer ela resultasse da Lei nº 1/92 ou da Lei nº 16/94, quer emergisse das cláusulas do contrato administrativo de concessão dos direitos de prospecção e pesquisa –, teríamos que, ultimada esta fase da actividade mineira, ao Estado angolano, se decidisse atribuir a uma terceira entidade os direitos mineiros de exploração, cumpriria *notificar* o titular dos direitos de prospecção

## AS FORMAS DE UTILIZAÇÃO DE BENS DO DOMÍNIO PÚBLICO...

*direito de opção* na obtenção da concessão de exploração, porquanto, sendo este um contrato administrativo, a autonomia contratual, modelada pela vinculação do Estado angolano à prossecução do interesse público nunca o pode *amarrar de antemão* ao dever de outorgar a dita concessão à ENDIAMA.

e pesquisa dos termos essenciais do projecto do referido contrato administrativo de concessão. De seguida, àquele titular aproveitaria o direito potestativo de preferir (tanto por tanto). Daí que se o Estado angolano celebrasse o contrato administrativo de concessão com outra entidade, sem possibilitar ao titular do direito de preferência a faculdade de, em igualdade de condições, se tornar parte, ele mesmo, nesse contrato, ao preferente passaria a caber o direito potestativo de – por via judicial – se substituir ao concessionário da exploração. Isto, se o direito de preferência resultasse da lei. Se resultasse do contrato de concessão dos direitos de prospecção e pesquisa, somente revestiria eficácia *inter partes* (a não ser que se entenda que, respeitando a *imóveis* – e as jazidas devessem ser vistas como *partes integrantes* de bens *imóveis*, nos termos do artigo 204º/1, do Código Civil angolano, objecto de propriedade pública nos termos do artigo 12º da Constituição da República –, pudesse revestir eficácia *erga omnes*, contanto que observados os requisitos do artigo 421º do referido Código Civil, sendo, portanto, oponível a quaisquer terceiros que celebrassem com o Estado contratos de concessão de exploração das jazidas).

Porém, um esquema deste jaez é, de todo em todo, impensável nas relações entre a concessionária dos direitos de prospecção e pesquisa de diamantes (a ENDIAMA) e o Estado angolano.

*Primo conspectu,* o esquema da obrigação de preferência só existe quando o obrigado à preferência tem *liberdade total* de escolher a pessoa do outro contraente, a quem pretenda entregar a exploração e aproveitamento económico das jazidas, se o *beneficiário da preferência* não quiser realizá-lo nas mesmas condições (tanto por tanto). Ora, em sede de concessão dominial de exploração sobre jazidas de diamantes (já não é exactamente assim em geral, quanto à exploração dos demais recursos geológicos), os outorgantes dos poderes jurídicos para prospectar, revelar e explorar as jazidas estão previamente identificados – são conhecidos *à partida* –, quais sejam a ENDIAMA e, eventualmente, empresas mistas em que ela participe como accionista (art. 2º/1, da Lei nº 16/94).

Em segundo lugar, um modelo de acesso ao contrato de concessão de exploração com estes contornos esquece os aspectos subjectivo-qualitativos atinentes à pessoa do futuro titular dos direitos de exploração e da entidade (associada) com quem já partilha o exercício das operações de prospecção e pesquisa. De facto, nos termos da lei geral sobre actividades geológicas e mineiras – que partirá, porventura, do pressuposto de a actividade mineira se desenvolver, as mais das vezes, em duas fases –, o titular dos direitos deve oferecer garantias de idoneidade técnica e financeira para a execução das operações (art. 5º/3, da Lei nº 1/92). Por outro lado, dado que o início da fase de exploração está sempre condicionada pela *aprovação* de um *Plano de Exploração* (que inclui um *Estudo de Viabilidade Técnica e Económica*), nunca são exacta e precisamente determináveis, do ponto de vista qualitativo, as condições de contratação oferecidas por terceiro. Ademais, mesmo que o beneficiário da preferência – titular, portanto, de uma posição de prioridade na atribuição dos direitos mineiros – pudesse socorrer-se da *execução específica* e *substituir-se* ao terceiro no contrato de concessão por este celebrado com o Estado ou obrigar este último a, na sequência da declaração que pretende preferir, celebrar o contrato prometido, ainda assim, como dizíamos, mesmo que isso sucedesse violar-se-ia o poder-dever de o Estado

81

De igual sorte, não pode falar-se da titularidade, na pessoa do concessionário dos direitos de prospecção e pesquisa de um *direito de opção*. Com efeito, a *opção* – ou *pacto de opção*, se a fonte for um contrato – é o acordo segundo o qual as partes estabelecem que uma delas ficará vinculada à sua própria declaração negocial, ficando a outra parte com o direito (potestativo ([169])) de a aceitar ([170]).

_____

angolano só outorgar a concessão da exploração a determinadas entidades, contanto que essa seja a melhor maneira de prosseguir o *interesse público* da comunidade no melhor aproveitamento e afectação das substâncias reveladas.

Em suma, no enfoque dos concessionários de direitos mineiros – incluindo os direitos sobre jazidas de diamantes –, não é possível transpor, *qua tale*, o esquema da obrigação de preferência para o domínio dos contratos administrativos de concessão de direitos de exploração sobre recursos geológicos. Só se as regras de *formação da vontade de contratar*, de *escolha do outro contraente* e da *capacidade jurídica contratual* em sede do contrato administrativo fossem iguais às *vinculações* resultantes das *relações jurídicas privadas* é que seria, nessa medida, possível importar para estas zonas do ordenamento o esquema privatístico da obrigação de preferência.

([168]) Esta figura é, de facto, conhecida no direito anglo-saxónico. No dizer de **G. H. TREITEL** (in *Chitty on Contracts, General Principles*, Vol. I, 27ª edição, Sweet & Maxwell, London, 1994, pág. 142): "*A right of pre-emption is not itself an offer but an undertaking to make an offer in certain specified future circumstances. An agreement conferring such a right is therefore, not void for uncertainty merely because it fails to specify the price. It obliges the landowner to offer the land to the purchaser at a price at which he is in fact prepared to sell; and if the purchaser accepts that offer is no uncertainty as to price. This is so even though the parties have described the right as an 'option' when its true legal nature is that right of pre-emption*".

([169]) Cfr. **P. FORCHIELLI**, *Patto d'opzione e condizione potestativa*, in Rivista Trimmestrale di Diritto e Procedura Civile, 1948, pág. 801; **TAMBURRINO**, *Patto di opzione*, in Novissimo Digesto Italiano, Vol. II, Torino, 1965, pág. 725; **BAPTISTA MACHADO**, in *Revista de Legislação e Jurisprudência*, ano 17º, pág. 203; **VAZ SERRA** *Obrigação de Preferência*, cit. [167], pág. 147: "*O direito de preferência não é a mesma coisa que o direito de opção (…) Neste, uma das partes emite uma declaração, a que fica vinculada, conferindo-se à outra a faculdade de a aceitar ou não, de modo que, aceitando-a, se forma um novo contrato*".

([170]) Cfr., na doutrina italiana, em cujo ordenamento o *pacto de opção* tem expresso acolhimento no artigo 1333 do *Codice*, **TAMBURRINO**, *Patto di opzione*, cit. [169], pág. 725; **GENOVESE**, *Il contratto e l'opzione, nuovo strumento per la formazione dei contratti*, in Rivista di Diritto Commerciale, I, 1965, pág. 175; **E. CÉSARO**, *Opzione*, in Enciclopedia del Diritto, Vol. XXX, 1980, pág. 561-562; **G. CIAN / A. TRABUCCHI**, *Commentario breve al Codice Civile*, 4ª edição, Cedam, Padova, 1994, pág. 1051-1052, anotação ao art. 1331 do *Codice Civile*; **A. TRABUCCHI**, *Istituzione di Diritto Civile*, 33ª edição, Cedam, Padova, 1992, pág. 603, 694; **M. BIANCA**, *Diritto civile, 3, Il Contratto*, Giufré, Milano, 1984, pág. 270.

Na doutrina portuguesa, cfr., **BAPTISTA MACHADO**, in *Revista de Legislação e Jurisprudência*, ano 117º, pág. 2020, nota 1 e 2; **PIRES DE LIMA / ANTUNES VARELA**, *Código Civil* anotado, Vol. I, 4ª edição (com a colaboração de **HENRIQUE MESQUITA**),

## AS FORMAS DE UTILIZAÇÃO DE BENS DO DOMÍNIO PÚBLICO...

Coimbra Editora, Coimbra, 1987, pág. 379; **ALMEIDA COSTA**, *Direito das Obrigações*, (...), cit. **[167]**, pág. 320 e 367, nota; **HEINRICH EWALD HORSTER**, *A Parte Geral do Código Civil Português, Teoria Geral do Direito Civil*, Almedina, Coimbra, 1992, pág. 225: "(...) *Aqui, o contrato (regularmente um contrato de compra e venda) está perfeitamente concluído, dependendo a produção dos seus efeitos do exercício unilateral do direito de opção (de adquirir ou de alienar, conforme os casos) por parte de um dos intervenientes no contrato dentro de certo prazo* ".

Na doutrina alemã, o direito de opção é visto como o direito conferido por lei ou por contrato (contrato de opção) de, mediante uma declaração unilateral receptícia, dar origem a uma relação contratual. Cfr. **KARL LARENZ**, *Allgemeiner Teil des Burgerlichen Rechts*, 7ª edição, Munchen, 1989, parág. 27, I, c; **DIETER MEDICUS**, *Schuldrecht II, Besonderer Teil*, 6ª edição, CH Beck, Munchen, 1993, pág. 79 (parág. 83,I,6): "*Bei der Option Kann der Berechtigte zwar einseitig einen Vertrag zustande bringen (...) auch wird der Vertragsinhalt schon in der Option selbst bestimmt*"; **W. FIKENTSCHER**, *Shuldrecht*, 8ª edição, de Gruyter, Berlin, New York, 1992, pág. 92-93 (nota marginal nº 105).

No direito inglês esta figura é, também, conhecida. O proponente pode privar-se da faculdade de *revogar a proposta contratual*, em face do oferecimento de uma determinada contraprestação, que se entrega ou se promete entregar (*consideration*), convencionada num contrato bilateral. Aí, a *opção* (distinguida da preferência – *right of pre-emption*) reveste algumas das características da proposta contratual, que se transforma num contrato (de compra e venda), se e quando o comprador a aceitar, tudo se passando, portanto, no *processo formativo* de um contrato. Pode ser vista como uma proposta contratual irrevogável, pese embora não revista todas as suas características. Cfr. **G.H. TREITEL**, in *Chitty on Contracts*, (...), cit. **[168]**, Vol. I, 133 (§ 2-077); **ANSON'S**, *Law of Contract*, 26ª edição, Clarendon Press, Oxford, 1986, pág. 46: "*It is a rule of English law that a promise to keep an offer open needs consideration to make it binding and would thus only become so if the offeror gets some benefit, or the offeror incurs some detriment, in respect of the promise to keep the offer open. The offeree in such a case is said to 'purchase an option*"; **CHESHIRE / FIFOOT**, *Law of Contract*, 10º Edição, London, 1981, pág. 50; **G. H. TREITEL**, *Law of Contract*, 8ª edição, Sweet & maxwell, London, 1991, pág. 140, nota 98: "*An option supported by consideration is a contract even if it is not a contract of purchase*" (dando no texto vários exemplos de *firm offer*, irrevogável durante um certo prazo, a saber: numa proposta para comprar acções, o beneficiário pode entregar uma contraprestação em termos de a proposta não poder ser revogada durante certo período, comprometendo-se o obrigado a não alienar as acções durante esse termo; o vendedor que mantém a proposta irrevogável durante certa dilação, se o comprador conseguir dispor da quantia necessária).

No ordenamento francês, o *direito de opção* – que se distingue do direito de preferência (*droit de préemption* ), que autoriza o *retrait*, isto é, a substituição do titular da preferência ao terceiro adquirente do bem (cfr. **TALLON**, *Préemption*, in Enciclopédie Dalloz – Repertoire de Droit Civile, Tome VI, 2ª edição, Dalloz, Paris, 1977) – resulta de um contrato inominado, cuja estrutura se analisa numa promessa unilateral (*promesse unilatérale de contrat* ou *promesse de option*). Cfr. **P. BONASSIE**, in R. SCHLESINGER, *Formation of Contracts*, Vol. I, Dobs Ferry, London, 1968, pág. 777 e segs.; **JÉRÔME HUET**, *Traité de Droit Civile, Les Principaux Contrats Spéciaux*, LJDJ, Paris, 1996, pág. 120: "*celui qui s'engage est le promettant, celui qui se voit conférer la possibilité d'acheter est le bénéficiaire, le droit concédé est une option*" (sublinhado nosso).

Ou seja: através da declaração unilateral do titular do direito de opção cria-se uma relação negocial, cujo conteúdo (pelo menos, o conteúdo essencial) fora de *antemão* contratualmente convencionado (ou pode ser determinado por outra via), ou dispõe-se do direito de prolongar uma relação contratual já existente.

Ora, do exercício do direito de opção tanto pode resultar a conclusão de um contrato promessa (*contract to make a contract*) como a conclusão de um contrato definitivo, tendente, designadamente, à transmissão do domínio sobre coisas ou à aquisição de direitos de crédito ou posições jurídicas creditórias (*v.g.*, constituição de uma sociedade comercial, aquisição de novas acções, etc.).

Essencial é que o beneficiário da opção possa unilateralmente desencadear a constituição de uma *relação jurídica nova*, ainda que, por vezes, careça da *cooperação* da outra parte (*v.g.*, se o exercício do direito de opção deu origem a um contrato promessa, o qual, não sendo cumprido, poderá implicar a execução específica: art. 830° do Código Civil angolano) ou o *prolongamento* da mesma relação jurídica. Distingue-se da *promessa unilateral*, pois que nesta subsiste, tão-só, a obrigação de o promitente concluir o contrato definitivo mediante *nova* declaração de vontade ([171]).

Ao invés, o funcionamento do pacto de opção não implica a realização de qualquer comportamento por parte do sujeito obrigado, o qual, de resto, nada pode fazer para impedir que a contraparte satisfaça no futuro, através do exercício do direito potestativo que lhe assiste, o seu interesse no prolongamento de uma relação contratual preexistente ou na criação de uma relação jurídica nova ([172]).

Tão-pouco se assimila ao *contrato promessa bilateral*, uma vez que neste há uma obrigação recíproca de contratar – e contratar segundo cláusulas já previamente acordadas.

Distingue-se, também, do *pacto de preferência*, posto que neste o promitente conserva a liberdade de escolher a pessoa do outro contraente, com ele acordando todas as condições contratuais. Só quando tal suceder é que o beneficiário do pacto de preferência adquire o direito a que lhe sejam notificados os termos essenciais do projecto de alienação, para o efeito de, na sequência dessa notificação (*denuntiatio*), declarar que pretende preferir nas mesmas condições. Se e enquanto o obrigado à preferência não quiser realizar o contrato, o beneficiário nada pode exigir. Aquele conserva, pois, a liberdade de só contratar *quando quiser*, mas

---

([171]) **F. GALGANO**, *In negozio giuridico*, in Trattato di Diritto Civile e Commerciale, org. por CICU e MESSINEO e continuado por MENGONI, Milano, 1988, pág. 81 e segs.; **A. GENOVESE**, *Il contratto d'opzione*, (…), cit. **[170]**, pág. 169 e segs.

([172]) Se o obrigado fica vinculado a ter de suportar o poder jurídico conformador do *beneficiário do direito de opção*, tal sucede porque, por via de regra, obtém uma contraprestação deste último. Ora, este sinalagma não se surpreende nas *promessas unilaterais*.

# AS FORMAS DE UTILIZAÇÃO DE BENS DO DOMÍNIO PÚBLICO...

já não *com quem quiser*, acaso o beneficiário não *renuncie* ao direito que lhe assiste.

Enquanto que o *direito de preferência* se predispõe à celebração de um novo e eventual contrato, relativamente ao qual funciona, no *pacto de opção* existe uma convenção autónoma que se insere num contrato em formação, cujo escopo não é tanto o de tornar *irrevogável* uma determinada proposta contratual (atento o regime regra do artigo 230º do Código Civil angolano), mas o de outorgar um *direito potestativo* ao beneficiário dele de, mediante acto unilateral, constituir uma situação jurídica nova (modificá-la, prolongá-la ou, mesmo, extingui-la), cujo conteúdo ou consequência se encontra de antemão fixado ([173]).

Deflui do exposto não poder conceber-se na esfera jurídica do titular dos direitos de prospecção e pesquisa um verdadeiro *direito de opção na celebração do subsequente contrato de concessão da exploração*. Nem da lei decorre tal prerrogativa – *direito de opção de origem legal* –, nem a *autonomia da vontade* e a *liberdade contratual* consentem, neste domínio, uma vinculação de semelhante jaez por parte do Estado angolano – *pacto de opção*.

---

([173]) A violação do pacto de preferência pode ser corrigida mediante uma *sentença judicial substitutiva*. Neste sentido, cfr., **BAPTISTA MACHADO**, *ob. cit.*, [170], pág. 204, nota 2. Isto dito, no pressuposto de, tratando-se de um *iter* preparatório ou formativo de um negócio translativo de direitos, o sujeito passivo não ter já alienado a coisa a terceiro, pois que o direito de opção não pode revestir *eficácia real*, sendo, por conseguinte, insusceptível de ser inscrito no registo (*v.g.*, predial, comercial) – também, assim, **R. NICOLÓ**, *La transcrizione*, Vol. I, Milano, 1973, pág. 125.

Solução diversa acolhe-se no direito anglo-saxónico, aí onde, tratando-se de transferência de *real property* (equivalente à transmissão de imóveis dos direitos continentais), se coloca o obrigado na posição de *trustee* e o beneficiário da opção na posição, precisamente, de *beneficiary*, atribuindo-se-lhe um *equitable interest*, tutelado segundo as regras dos *trusts* – e, por via disso, susceptível de ser inscrito nos livros fundiários, enquanto *land charge* (cfr. **J. G RIDALL**, *The Law of Trusts*, 3ª edição, Butterworths, London, 1987, pág. 325 e segs.; **MEGARRY / WADE**, *The Law of Real Property*, 5ª edição, London, 1984, pág. 570 e segs.).

Também no direito italiano se discute a possibilidade de levar a registo o pacto de opção, do qual possa resultar a sua eficácia *erga omnes*. Prevalece a doutrina que sustenta a não sujeição a registo destes pactos, ao arrimo da eficácia *inter partes* e, portanto, da inoponibilidade do direito de opção a terceiros, que entretanto tenham adquirido direitos incompatíveis ou conflituantes com aquele (cfr. **R. NICOLÒ**, *ob. cit.* [173], *passim*; **E. PEREGNO**, *I vincoli preliminari e il contratto*, Milano, 1974, pág. 57 e segs.; **GABRIELLI**, *Opzione*, in Enciclopedia Giuridica, Vol. XXI, Roma, 1990, pág. 5; **SCOGNAMIGLIO**, *Dei contratti in generale*, in Commentario del codice civile, org. por A. SCIALOJA e G. BRANCA, *Libro quarto. Delle obbligazioni*, Bologna-Roma, 1970, pág. 150); em sentido contrário, sustentando a admissibilidade de registo do pacto de opção, cfr., **E. CÉSARO**, *Opzione*, cit. [170], pág. 571; **G. TAMBURRINO**, *Patto di Opzione*, cit. [169], pág. 715.

## DIREITO MINEIRO ANGOLANO

Na verdade, atenta a delimitação que se procurou fazer do instituto em causa, não pode dizer-se que a inserção, no *contrato de concessão para a prospecção e pesquisa*, de cláusulas contratuais cujo alcance é o de prover à futura relação jurídica entre as mesmas partes no *contrato de concessão da exploração* configura uma relação contratual cujo conteúdo já esteja pré-fixado e para cuja conclusão baste, tão-só, uma *declaração unilateral* do anterior concessionário dos direitos de prospecção.

Também não parece autorizado defender-se que, uma vez inscritas as referidas condições contratuais no contrato de outorga dos direitos de prospecção e pesquisa, se tenha como convencionada uma opção relativa à conclusão de um contrato promessa de concessão dos direitos de exploração que obriga as partes (ambas as partes, note-se) – posto que o direito potestativo predisposto a favor do concessionário seja por ele actuado – à celebração de um futuro contrato (o contrato prometido) de concessão dos direitos de exploração.

Isto porque o Estado angolano – enquanto concedente dos direitos de prospecção e pesquisa – nunca poderia ficar *unilateralmente vinculado* a ter de suportar o poder jurídico conformador do concessionário *se* e *quando* este, na sequência da descoberta e avaliação de jazidas, quisesse fazer actuar o direito de opção e, por via dessa actuação, fazer nascer uma relação jurídica nova, cujo conteúdo essencial já ficara de antemão estabelecido. Haja em vista a autonomia contratual pública da Administração angolana, que se encontra, porém, condicionada pelo exercício de poderes discricionários vinculados a um fim especial visado pelo legislador ao conceder ao orgão administrativo competente a faculdade de outorgar os poderes jurídicos necessários ao aproveitamento económico privativo das jazidas.

Jamais o Estado angolano poderia ser sujeito passivo de um *direito potestativo de opção*, quer o exercício dele desembocasse na perfeição do contrato de concessão da exploração, quer originasse somente um contrato promessa de concessão da exploração. Se assim fosse, ficava a Administração angolana privada de avaliar, para o efeito de dar início à fase de exploração, e de poder cumprir o dever de observância da melhor prossecução do *interesse público* ([174]) na exploração da jazida. Que o mesmo é dizer: ficaria impedida de, sendo obrigada a contratar, obedecer ao *princípio da legalidade* e ao *princípio da proporcionalidade*, uma vez que não poderia controlar a *adequação*, a *indispensabilidade* e a

---

([174]) Visto que nem sempre o concessionário dos direitos de prospecção e pesquisa possuirá idoneidade técnica, tecnológica e financeira para empreender – associado ou não a outra entidade, cujo *perfil técnico, tecnológico* e *financeiro* deverá, igualmente, ser ponderado, *maxime*, para o efeito da exploração de jazidas de diamantes – as operações de exploração, tratamento e comercialização.

# AS FORMAS DE UTILIZAÇÃO DE BENS DO DOMÍNIO PÚBLICO...

*razoabilidade* ([175]) do contrato (de concessão da exploração) de *antemão predisposto*, perante as exigências posteriormente surgidas aquando do momento da revelação e avaliação dos recursos geológicos.

Mas, como se afirmou, a inversa também é verdadeira: pode a Administração angolana achar-se *vinculada ao dever de contratar*, a despeito de isso já não corresponder à sua *actual vontade* ([176]), se e na medida em que as exigências do princípio da legalidade, que delimitam em maior ou menor grau o exercício dos poderes discricionários, lhe imponham a celebração de um contrato de concessão da exploração que se apresenta como o único que, no caso concreto, corresponda ao melhor aproveitamento das jazidas.

Se é verdade que aos concessionários dos direitos de prospecção e pesquisa de recursos geológicos – aí incluída a ENDIAMA, no tocante à revelação e avaliação de jazidas de diamantes – não assiste qualquer *direito legal de preferência* ou de *opção* quanto à celebração do ulterior contrato de concessão da exploração, não é menos certo que a lei angolana não proíbe a celebração, entre a ENDIAMA e as associadas na fase de prospecção e pesquisa, de convenções deste jaez, inseridas no contrato de associação em participação, a vigorar na fase de prospecção e pesquisa.

Assim, estão estas entidade livres de inserir um *pacto de preferência* no contrato de associação em participação, segundo o qual a ENDIAMA se obrigue a dar preferência à associada, na eventual conclusão futura de um contrato de associação em participação (ou de sociedade), caso aquela venha de facto a celebrá-lo e esta queira contratar em iguais condições do ponto de vista pecuniário às que um terceiro aceita. *Pacto de preferência* este cujos efeitos – ou seja, a perfeição do referido contrato de associação ou de sociedade – ficam dependentes da *aprovação* governamental do referido *Estudo de Viabilidade Técnica e Económica*. Isto sem prejuízo de o referido pacto de preferência poder ficar submetido à condição resolutiva de esse Estudo não ser aprovado.

De igual modo, pode convencionar-se no próprio contrato de associação em participação, para a fase de prospecção e pesquisa – ou em documento posterior –, um *pacto de opção* tendo em vista ou: a posterior conclusão de um outro contrato de associação em participação (ou de sociedade) para a fase de exploração; ou a imediata conclusão dele, no futuro, por força de uma *declaração unilateral* adrede a emitir pela associada. Mister é que o *conteúdo mínimo ou essencial* (ou seja, as cláusulas de

---

([175]) **SÉRVULO CORREIA**, *Legalidade e Autonomia Contratual*, (…), cit., [83], págs. 670-671.

([176]) **ESTEVES DE OLIVEIRA / PEDRO GONÇALVES / J. PACHECO DE AMORIM**, *Código de Procedimento Administrativo* (…), cit., [83], *passim*.

DIREITO MINEIRO ANGOLANO

que não pode prescindir-se para a sua ulterior execução) desse outro contrato conste, desde logo ou de *antemão*, do contrato de associação em participação concluído para a fase de prospecção e pesquisa. Como é bom de ver, esse *pacto de opção* – segundo o qual a ENDIAMA ou outro concessionário dos direitos de prospecção se obriga, de forma *irrevogável*, a ter de suportar a celebração de um novo contrato, na hipótese de a associada pretender exercer o *direito potestativo de opção* – ficará condicionado pela *aprovação* governamental do *Estudo de Viabilidade Técnica e Económica.*

Uma vez aprovado o referido Estudo (que, no fundo, integra o *Plano de Exploração*), à associada fica salva a faculdade de, mediante uma declaração negocial convergente, fazer *nascer* o referido contrato ou impor a celebração dele à ENDIAMA, cuja eficácia fica, igualmente, condicionada pela *aprovação* da respectiva minuta por parte do organismo da Administração Pública angolana competente – o que pode, aliás, ser feito no próprio Decreto do Conselho de Ministros que outorgue os direitos mineiros de exploração.

Estando vedado que a ENDIAMA ou a Administração angolana condicionem a aprovação do mencionado *Estudo de Viabilidade Técnica e Económica* à inserção, no ulterior contrato de associação em participação (ou de sociedade) entre aquela e a associada, de condições contratuais *desnecessárias, desproporcionadas, injustificadas* e *irrazoáveis* (que nada tenham a ver com o fim visado pela lei ao fazer depender o início da fase de exploração da *aprovação* do referido *Estudo de Viabilidade*), o direito privado angolano dispõe de diversos mecanismos susceptíveis de serem introduzidos no contrato de associação em participação a vigorar na fase de prospecção e pesquisa, que tutelam, na prática, a referida expectativa jurídica da associada do concessionário do referidos direitos mineiros. Instrumentos ([177]) estes que constituem um eficaz esquema dissuasor da vontade de a ENDIAMA ou da Administração angolana pretenderem impor condições *desproporcionadas, injustificadas* e *irrazoáveis* – cujo pressuposto não seja a idoneidade técnica, tecnológica e financeira dessa associada –, com o intuito de remover a vontade daquela associada em proceder às operações mineiras de exploração.

---

([177]) Para além destes, outros instrumentos existem que podem ser susceptíveis de prevenir essa eventualidade: v.g., contratos promessa de associação em participação tendo em vista a fase de exploração; *fixação de cláusulas penais*, a suportar pela ENDIAMA (ou por outro concessionário na fase de prospecção e pesquisa), em caso de incumprimento do dever de celebrar o ulterior contrato para a fase de exploração das jazidas ou das condições nele constantes, no entretanto já pré-fixadas (v.g., percentagens de participação da associada no capital social da futura sociedade comercial a constituir; montante dos encargos a suportar; repartição dos proventos entre as associadas, regime de gestão da futura *joint venture*, etc.).

AS FORMAS DE UTILIZAÇÃO DE BENS DO DOMÍNIO PÚBLICO...

## 1.5. A extinção dos direitos de prospecção e pesquisa. Formas. Desenvolvimento de *iure constituendo*.

Importa, seguidamente, determo-nos um pouco acerca da *extinção dos direitos* de prospecção, pesquisa e reconhecimento de recursos geológicos.

Os factos que provocam a extinção dos direitos de prospecção e pesquisa podem ser *naturais* ou *voluntários*. Incluem-se no primeiro caso os eventos da natureza capazes de produzir o dito efeito jurídico extintivo. Constituem o segundo grupo todas as *acções humanas* (ou de pessoas colectivas) devidas a actos de vontade, susceptíveis de, segundo a lei, desencadearem a produção de semelhante efeito jurídico.

A epígrafe do artigo 7º da Lei nº 1/92 – disposição esta aplicável no domínio da Lei nº 16/94 – anuncia incorrectamente o regime da *cessação da licença de prospecção*. Melhor seria falar da *extinção do contrato de prospecção e pesquisa* (e reconhecimento).

Prevê a lei vigente três modalidades de extinção: a *caducidade*, o *acordo das partes* e a *denúncia*.

Em rigor, *denúncia* de um contrato é um negócio jurídico unilateral receptício (ou recipiendo), pelo qual um dos contraentes declara ao outro, com um pré-aviso razoável, que considera extinta ou cessada, *ex nunc*, a relação contratual (duradoura) ([178]) não se exigindo, por via de regra, um *pressuposto* ou uma *justa causa* da denúncia. Daí que, naqueles casos em que há a lesão de um interesse próprio de um dos contraentes, estando o outro em falta, posto que não tenha cumprido, culposamente, o programa contratual, fica o contraente adimplente habilitado a *rescindir* o contrato ([179]). Em resumo: deverá utilizar-se, em vez da figura da *denúncia*, a figura da *rescisão* para o efeito de atribuir eficácia extintiva (*ex nunc*, visto que se trata de uma relação contratual duradoura) a um contrato de prospecção e pesquisa sempre que ocorra um facto posterior à celebração do negócio (culposo ou não culposo), por cujo respeito a lei, justamente, preveja esse poder unilateral extintivo.

---

([178]) Cfr., **BAPTISTA MACHADO**, in *Revista de Legislação e Jurisprudência*, ano 120º, pág. 187; **MOTA PINTO**, *Teoria Geral do Direito Civil*, 3ª edição, 3ª reimpressão, Coimbra, 1989, pág. 622.

([179]) Melhor seria, nestes casos, utilizar a expressão *resolução*, por isso que representa a destruição da relação contratual – validamente constituída – operada por um dos contraentes, com base num facto posterior à celebração do contrato. Todavia, há muito que se vulgarizou, também, nas concessões de bens dominiais a expressão *rescisão*.

# DIREITO MINEIRO ANGOLANO

Desta maneira, as eventualidades referidas nas alíneas c) e d) do artigo 7º da Lei nº 1/92, devem ser havidas como causas de *rescisão* ([180]) do contrato.

Como quer que seja, a lei é omissa em relação ao *iter* ou procedimento tendente à sua produção de efeitos.

Neste sentido, deverá distinguir-se: a declaração de rescisão por *iniciativa do Estado* e a declaração de rescisão por *iniciativa do titular dos direitos*.

Na primeira hipótese, deverá mandar-se instaurar um *inquérito* (sob proposta do Ministro da tutela ou do Conselho de Ministros), *instruído*, após notificação ao interessado, com a indicação das *obrigações contratuais violadas* e fixação de prazo – *v.g.*, 30 dias – para apresentação da sua defesa, com a contestação escrita deste. A *rescisão*, uma vez que se conclua não assistirem razões ao titular dos direitos, far-se-á formalmente por Resolução do Conselho de Ministros, *fundamentada*, a qual será comunicada ao respectivo titular e *publicada* no Diário da República ([181]).

---

([180]) Melhor seria, em vez de *rescisão*, adoptar a expressão *resolução* do contrato. Todavia, como adverte o Prof. MARCELLO CAETANO (*Manual*,(...), edição, cit. **[111]**, pág. 635), a expressão *rescisão* goza de uma tradição jurídica já consolidada nas leis administrativas reguladoras de situações contratuais.

([181]) Acaso o titular dos direitos a queira *impugnar*, ficará sempre salva a possibilidade de o fazer, que não para a Câmara do Cível e do Administrativo do Tribunal Supremo (alíneas *a)* e *b)* do artigo 18º da Lei nº 2/94, de 14 de Janeiro – Lei da Impugnação dos Actos Administrativos), mas através do recurso à *arbitragem*, nos termos do artigo 23º da Lei nº 1/92.

Porém, esta norma do referido artigo 23º merece-nos objecções de tomo. Repare-se que, à primeira vista, a alínea *c)* do artigo 7º da mesma lei tem a ver com a *impugnação* de um *acto administrativo* (isto é, aquele pelo qual se exterioriza a vontade da Administração e que toma, nesta lei, o nome de denúncia) respeitante à *extinção* do contrato administrativo, praticado no exercício de competências que, para esse efeito, lhe foram conferidas pela lei. Porém, o recurso à via arbitral, previsto no artigo 23º, só abarca divergências sobre a *interpretação, validade ou execução das cláusulas contratuais*. Só essas, portanto, é que poderão ser dirimidas, na falta de comum acordo – ou, como diz a lei –, por via do tribunal arbitral. Sendo assim – como nos parece – a *impugnação do acto administrativo* respeitante à extinção do contrato é insusceptível de submissão à arbitragem, de harmonia com o entendimento mais adequado do *princípio da indisponibilidade dos interesses contenciosos* em matéria de actos e regulamentos administrativos (assim, **ESTEVES DE OLIVEIRA /
/PEDRO COSTA GONÇALVES / JOÃO PACHECO DE AMORIM**, *Código do Procedimento Administrativo Comentado*, (…), cit., **[83]**, pág. 383).

Ora, dado o princípio de que a vontade dos contraentes não pode criar, modificar ou extinguir relações jurídicas indisponíveis, o recurso à arbitragem apenas parece ser possível em sede de *contencioso dos contratos administrativos* (que não, note-se, dos *actos administrativos*, que, não raro, têm lugar por ocasião da celebração, execução e extinção de contratos administrativos: *v.g.*, as *autorizações prévias* para a celebração dos

## AS FORMAS DE UTILIZAÇÃO DE BENS DO DOMÍNIO PÚBLICO...

No segundo caso, uma vez constatada, com base nos trabalhos efectuados, a *inviabilidade prática* ou *técnica* da revelação de *recursos com interesse económico* na área abrangida ou a verificação de qualquer facto que, por motivos de *força maior, impossibilite, total ou definitivamente* o cumprimento das obrigações assumidas, *o titular dos direitos de prospecção e pesquisa declarará*, perante o Ministério da tutela, a *rescisão* do contrato, oferecendo, para tanto e simultaneamente, os elementos que, no seu entender, demonstrem a existência dessa inviabilidade.

Por se tratar de uma relação jurídica que integra elementos de direito público, a relação da Administração para com a prossecução do *interesse público* leva-nos a sugerir que esta *declaração de rescisão* careça de ser aceita ou *aprovada* pela Administração. Daí que esta (*v.g.*, os serviços do referido Ministério) deva apreciar os elementos oferecidos e outros que entenda considerar, para o efeito de ajuizar acerca da existência dos invocados fundamentos. Se entender não se encontrar provado esse ou esses fundamentos, comunicará tal entendimento ao titular dos direitos ([182]), sendo, no mais, conveniente plasmar na lei que a falta de qualquer declaração por parte da Administração (digamos que, *v.g.*, num prazo de 45 dias) equivale a *aceitação tácita* da prova oferecida.

Pelo que concerne à *caducidade* do contrato ([183]), não refere a Lei nº 1/92 quais os eventos que a desencadeiam.

Daí que, em face do *princípio da legalidade* – que, já o sabemos, é, além de limite, também *fundamento* da acção da Administração – se julgue conveniente prevê-los, o que deverá verificar-se nos seguintes

---

contratos, para a transmissão dos direitos deles decorrentes) e da responsabilidade administrativa.

Daqui decorre que é, no mínimo, de duvidosa constitucionalidade a referida disposição da alínea *c)* do artigo 7º da Lei nº 1/92, por força do artigo 81º, 1º parágrafo da Constituição da República de Angola.

([182]) Ora, este titular deverá, em vez de impugnar a falta de aceitação da rescisão no tribunal arbitral – atentas as dúvidas há pouco por nós levantadas, relativamente à (in)disponibilidade da impugnação de actos administrativos perante tribunais outros que não sejam os tribunais administrativos – deverá, se entender que lhe assiste razão, proceder em conformidade, *v.g.*, deixando de cumprir as obrigações contratuais (posto que no seu entendimento o contrato já findou). Caberá, então, ao tribunal arbitral, não chegando as partes a uma solução *autocompositiva*, dirimir o litígio; litígio este, cuja *causa de pedir* não é, por conseguinte, a invalidade de qualquer *acto administrativo*, mas, ao invés, a *execução* ou *inexecução* do contrato administrativo.

([183]) A lei fixa já um limite máximo de vigência do contrato, incluindo as eventuais prorrogações (melhor seria dizer renovações) – nº 5 do artigo 5º: 5 anos. Ainda assim, como a *caducidade* tem eficácia *ex nunc*, o *ex-titular dos direitos* conserva os poderes, fixados na lei, de dispor (*v.g.*, vender, analisar) das eventuais amostras extraídas até essa data, bem como de eventuais indemnizações ou outras quantias de que seja, nesse momento, credor ou devedor.

DIREITO MINEIRO ANGOLANO

casos: **a)** *decurso do prazo* de vigência do contrato; **b)** *morte da pessoa singular ou extinção da pessoa colectiva* ([184]) titular desses direitos; **c)** a *suspensão* ou *abandono* dos trabalhos.

Quanto à outra modalidade de cessação prevista – a *extinção por acordo* (*mutus disensus*) – só cabe referir que deve ela obedecer à mesma forma legal da que presidiu à celebração do contrato: *proposta* do titular ou *iniciativa* da Administração (Ministério da tutela); consenso quanto ao efeito extintivo; *publicação* dele em Diário da República.

Pode, contudo, suceder que, adentro do período de vigência do contrato, não ocorra nenhuma eventualidade susceptível de fundar uma declaração de rescisão por parte do titular dos direitos, nem a Administração esteja disposta a anuir a cessação dele por mútuo consentimento. Pense-se, por exemplo, na circunstância de o já titular dos direitos desejar abandonar os trabalhos que, entretanto, iniciara ou nem sequer empreendera. Se nenhum outro mecanismo for considerado, ao titular só resta, em manifesto prejuízo do interesse público, abandonar (ou não iniciar) os trabalhos de prospecção e pesquisa. À Administração só aproveita, em casos destes, o mecanismo da dita *rescisão* (a *denúncia* prevista na actual redacção da alínea *c)* do artigo 7º da Lei nº 1/92). É bem de ver que a eventual reutilização da infra-estrutura já instalada ou a atribuição de novos direitos de prospecção e pesquisa se irão achar, dessa forma, temporalmente prejudicados.

Em face do exposto, parece-nos oportuno e legítimo consagrar uma

---

([184]) Poderá ponderar-se a conveniência em prever como causa de *caducidade*, que não a extinção da pessoa colectiva titular dos direitos, mas, também, tratando-se de uma empresa privada, a *declaração de falência* dela. Repare-se que, como o contrato administrativo de outorga dos direitos de prospecção e pesquisa é celebrado em atenção às condições pessoais do outro contraente (*intuitus personae*), deve ser natural, *de iure constituendo*, que se preveja a *caducidade* dos direitos, uma vez verificada a *morte* ou a *declaração falência* deste último.

De resto, a bondade desta proposta está, também, no facto de, por esta via se evitarem certos efeitos jurídicos perversos que, inevitavelmente, se projectariam no normal aproveitamento da própria coisa pública, desvirtuando, por consequência, os *fins de utilidade pública* que, igualmente, terão presidido à outorga do seu desfrute em proveito próprio do concessionário. Como melhor veremos adiante – ao recolocarmos este problema em sede de concessão de exploração – a *declaração de falência* do titular conduz não só à execução colectiva dos bens do titular falido (aí onde são admitidos a *reclamar créditos* inclusivamente os credores que não disponibilizaram quaisquer bens ou direitos a favor do titular, no quadro do exercício das actividades de mineração), como o priva da administração, entre outros, dos bens afectos às operações de prospecção e pesquisa, independentemente de autorização do Estado co-contratante – em flagrante oposição ao regime estabelecido na Lei nº 1/92, segundo o qual estas actividades tendentes à descoberta e avaliação de jazidas minerais só podem ser realizadas por entidades titulares de licenças de prospecção.

## AS FORMAS DE UTILIZAÇÃO DE BENS DO DOMÍNIO PÚBLICO...

outra forma de cessação dos direitos de prospecção e pesquisa: a *renúncia*. Figura pela qual, e mediante manifestação de vontade – irrevogável – do interessado, se procura produzir efeitos que tendam à perda voluntária dos referidos direitos ([185]). O titular dos direitos visa, através dela, perdê-los ou deles se demitir, sem os atribuir ou ceder a outrém. Só que, uma vez que o *interesse público*, que preside a qualquer forma de utilização privativa de bens dominiais – ou a qualquer actividade que os vise pôr a descoberto – não está na inteira disponibilidade dos contraentes, é preciso que a Administração *aceite* essa manifestação de vontade ([186]).

Ora, sugere-se que, a partir do momento em que o titular comunique essa vontade à Administração (*v.g.*, Ministério da tutela), comece a correr um prazo de, *v.g.*, três meses, findo o qual se considerará *tacitamente* aceita a referida declaração, tornando-se, pois, *eficaz* a partir desse momento ([187]). Nesse interim, fica o titular dos direitos, como quer que seja, obrigado a assegurar o cumprimento de todas as suas obrigações para com o Estado e terceiros ([188]). Assim como habilita o Estado a, publicada a declaração de renúncia, *promover nova atribuição de direitos* de prospecção e pesquisa ou decidir sobre requerimentos que, nesse sentido, lhe sejam feitos ([189]).

---

([185]) *Renúncia* que deve, naturalmente, respeitar a totalidade da área abrangida pelo contrato de prospecção e pesquisa: não se deve admitir, pois, a *renúncia parcial*.

([186]) Em geral, neste sentido, **ROGÉRIO SOARES**, *Direito Administrativo*, (…), cit., **[87]**, pág. 109.

([187]) Na eventualidade de não ser aceita seria de aplicar o regime atrás proposto: só restaria, em princípio, ao titular o *recorrer contenciosamente* do acto de recusa, ou continuar a cumprir o programa contratual ou, ainda, abandonar as operações de prospecção e pesquisa, discutindo, depois, em tribunal arbitral as questões relativas à execução ou inexecução do contrato.

([188]) E, designadamente, obras de segurança e resguardo que se reputem indicadas.

([189]) Mas um outro problema logo se surpreende: que destino dar a eventuais instalações – fixas e desmontáveis – e demais bens móveis utilizados pelo renunciante nas operações de prospecção e pesquisa?

Pode suceder que, quer as instalações fixas e desmontáveis, quer as obras tenham *utilidade pública*. Se a administração entender que não têm, é justo que se passe a exigir ao renunciante que as desmonte ou proceda à sua demolição, a fim de o solo ou o subsolo ser recebido nas mesmas condições – pelo Estado ou pelo proprietário dele – em que se encontrava à data da outorga dos direitos de prospecção.

Mas, se as obras, instalações fixas e desmontáveis interessam ao Estado, é legítimo que este deva poder proceder à sua *reversão*. *Reversão* esta que, naturalmente, deve ser *onerosa* – pois, doutro modo, dado que o titular renunciante não amortizou, por certo, tais bens, o Estado enriqueceria sem causa – devendo aplicar-se, para o efeito de se apurar o montante da *indemnização*, o disposto em matéria de *expropriações por utilidade pública*, designadamente, o artigo 26º da Lei nº 2030, de 22 de Junho de 1948. Este pagamento poderá ser suportado pelo eventual novo titular a quem for atribuída a totalidade da área de prospecção e pesquisa cujos direitos foram objecto de renúncia.

# DIREITO MINEIRO ANGOLANO

## 1.6. Eventuais restrições à faculdade de conceder licenças de prospecção e pesquisa

Nem a *Lei das Actividades Geológicas e Mineiras* nem a *Lei dos Diamantes* prevêem casos em que seja vedada, em razão da proximidade de obras do homem ou ocorrências naturais, a actividade de pesquisa e prospecção. Todavia, não será estultícia ponderar a possibilidade de introduzir algumas restrições neste domínio. Lembre-se, a jeito de exemplo que, no quadro do Decreto de 20 de Setembro de 1906 – artigo 44°, alínea *c)* – eram proibidas pesquisas a distância inferior a 100 metros de qualquer edifício público, estrada, caminho-de-ferro, canal, cemitério ou fonte pública, e a menos de 2000 metros das esplanadas dos portos fortificados ([190]).

## B) As concessões de direitos mineiros de exploração. Natureza. Direito real. Direito obrigacional. Referência à forma legal, ao regime da publicidade, hipoteca e expropriação. Actos ou negócios que o concessionário está inibido de praticar. Necessidade de o concessionário obter autorização do concedente para a prática de determinados actos. Conteúdo.

Tanto a Lei n°1/92 ([191]) – art. 11° e 12° – como a Lei n° 16/94 – art. 2° – se referem à *concessão dos direitos de exploração*.

---

([190]) De igual, nos termos dos artigos 25° e 26° do Decreto-Lei n° 18713, de 1 de Agosto de 1930, vigente em Portugal até 1990, eram proibidos trabalhos de pesquisa dentro da zona de defesa de fortificações a menos de 600 metros de distância da raíz da esplanada da obra mais avançada, bem como a distância inferior a 30 metros de qualquer edifício, monumento nacional, ponte, linha férrea, estrada, canal, fonte, nascente ou encanamento de águas. O regime jurídico que sucedeu a este, cujo regime geral, relativo a todos os recursos geológicos, passou a constar do Decreto-Lei n° 90/90 só previu *zonas de defesa* no tocante à exploração de pedreiras, impedindo que esta seja realizada em zonas de terreno que circundem edifícios, obras, instalações, monumentos, acidentes naturais, área ou locais classificados de interesse científico ou paisagístico (artigo 38°). Visa-se, no fundo, com estas restrições acautelar os interesses da integridade de outros bens ou coisas ou pessoas, que sairiam potencialmente afectados com a exploração de pedreiras.

([191]) Nota-se, porém, uma não correspondência entre aquilo que se diz ser – e bem – o conteúdo dos direitos de exploração (n° 1 do artigo 12°) e as definições n° 8 e 12, constantes no preâmbulo da referida Lei. Já a Lei n° 16/94 fala indistintamente, no n° 1 do artigo 2°, em direitos mineiros de prospecção, pesquisa, reconhecimento, exploração, tratamento e comercialização de diamantes, como se fosse necessário ou conveniente – antes pelo contrário – autonomizar dos *direitos de exploração* os direitos de *tratamento* e *comercialização*. Compreende-se, até certo ponto, a preocupação do legislador: na medida em que, mais à frente, sujeita a regras muito restritivas a faculdade de comercialização das pedras preciosas. Todavia, era mister que se tivesse expressado em termos mais rigorosos.

## AS FORMAS DE UTILIZAÇÃO DE BENS DO DOMÍNIO PÚBLICO...

Trata-se, como modernamente se vem entendendo, de um negócio jurídico – se é, inteiramente, de direito público ou de direito privado, é o que, de seguida, se verá – segundo o qual o Estado, a quem pertence, originariamente o domínio, a exploração e a gestão dos jazigos minerais ([192]), transfere para uma entidade privada (ou pública, *v.g.*, empresa pública) esses direitos de fruição e aproveitamento, satisfazendo, não só interesses particulares como o interesse público do aproveitamento dessas riquezas pela forma económica e socialmente mais racional. Negócio cuja forma de externação das declarações negociais é um contrato administrativo. Um *contrato administrativo de atribuição*, sem finalidades marcantes de intervenção económica ([193]).

Precisamente porque o Estado angolano reservou para si – ou para pessoas colectivas públicas – a *propriedade pública* e o aproveitamento sobre as jazidas, tem ele o poder de, querendo – e quando o quiser –, devolver o exercício dessas actividades e as vantagens económicas que delas resultam para certas entidades privadas ([194]), que reputa como sendo as mais aptas ou idóneas. São, por conseguinte, desta maneira, trans-

---

([192]) Assim não entenderá quem continue a sustentar que pertence ao Estado ou à Nação, tão só, o *domínio eminente* das coisas públicas, as quais se destinam, por um lado, a ser utilizadas por todos ou, por outro, a serem utilizadas, aproveitadas ou exploradas por certos sujeitos, através da constituição de verdadeiras *propriedades*, reflexos da visão enfitêutica da constituição de um *domínio útil* sobre as jazidas.

Este paradigma de ordenação dominial é patente na legislação mineira que vigorou, até 1979, na República de Angola, concretamente no Decreto de 20 de Setembro de 1906: art. 10º ("*A propriedade mineira, bem como os direitos resultantes do título do manifesto são transmissíveis ...*"), 105º ("*todos os concessionários de minas deverão adquirir e ter sempre em cada propriedade mineira*"), 109º ("*Em cada propriedade mineira haverá um livro de registo, ...*"), etc. (sublinhados nossos).

([193]) Vai aqui adoptada a classificação que, em geral, é proposta por **SÉRVULO CORREIA**, *Legalidade e Autonomia Contratual*, (...), cit., **[83]**, págs. 421-422. *Cfr.*, *infra*, mais desenvolvimentos.

([194]) O enquadramento será diferente para quem entenda que, através da concessão, a Administração não *transfere* nada, no sentido em que, nem as faculdades jurídicas adquiridas pelos particulares se encontram no património do Estado – não se podendo, portanto, transferir coisas que previamente não estejam no património do disponente – nem, tão pouco, está autorizada a usar e fruir estes bens, cuja finalidade é, precisamente, o uso privativo pelos particulares. Sendo assim, para esta doutrina, a Administração cria *ex novo*, um título que permite o uso privativo de bens dominiais; o que, nesta perspectiva, se intui na medida em que se sustente que à Administração não interessa a titularidade dos bens, antes o seu adequado aproveitamento; neste sentido, **JOSÉ IGNÁCIO MORILLO--VELARDE PÉREZ**, *Domínio Público*, (...), cit., **[30]**, pág. 135-136; também o Prof. **ROGÉRIO SOARES** inclui na espécie das *concessões constitutivas* a exploração de jazigos minerais, segundo as quais a Administração confere a um particular a possibilidade de utilizar em proveito próprio, com compressão dos direitos da Administração, bens dominiais (*ob. cit.*, **[87]**, pág. 110).

DIREITO MINEIRO ANGOLANO

feridos *direitos de exploração* ([195]) para estas entidades, as quais gerem as jazidas e as fruem, de acordo com a sua natureza e destino.

## 1. Natureza jurídica da concessão. Direito real. Direito obrigacional.

Mas, qual é a *natureza* dos direitos que emergem do designado *contrato de concessão* (de direitos mineiros)? Revestirão a natureza de um *ius in re*, ou seja, poderão qualificar-se como *reais* os direitos que dele decorrem? Ou, diversamente, estamos perante uma *relação creditória, obrigacional* ou de outra índole?

É, portanto, um problema de enquadramento conceitual de uma determinada relação jurídica. Pelo que a respectiva solução tem, naturalmente, de buscar-se apenas no regime a que a lei angolana sobre concessões mineiras subordina tal relação no *direito constituído*, indagando-se, depois, se é preciso propor-lhe soluções de regime alternativas que modifiquem o dito enquadramento.

Antes disso, porém, é mister abordar uma *questão*, obviamente, *prévia*, qual seja a de saber qual a perspectiva ou noção de *direito real* que vai, neste estudo, adoptada. A *pré-compreensão* que for, deste modo sucinto, obtida ou assumida é que se assume como ponto de partida para a análise do regime jurídico angolano, de *lege data* e de *lege ferenda*, relativo ao aproveitamento das jazidas minerais.

Precisamente porque existem *relações jurídicas de atribuição* e *relações jurídicas de cooperação* – ou de reparação e de sancionamento, em sede de responsabilidade delitual –, nas primeiras o ordenamento jurídico, tem a função primeva e essencial de delimitar o poder que cada sujeito de direito exerce sobre os ditos bens *coisificáveis* – entidades do

---

Como quer que seja, no direito mineiro angolano, se, antes da independência, o Estado português já tinha criado *áreas cativas, vedadas a pesquisas* (artigo 18º do Decreto de 20 de Setembro de 1906 e a profusa legislação avulsa que veio impedir a outorga de concessões mineiras em extensas áreas do território angolano) depois dela, assistiu-se, como vimos, a uma quase completa *estatização* do aproveitamento dos recursos geológicos (cfr., o art. 8º, nº 1 da Lei nº 5/79, aí onde o Estado reservou a faculdade de somente conceder *direitos de exploração* a empresas estatais, pese embora estas se pudessem associar a sociedades ou entidades estrangeiras, todavia com *participação maioritária* da parte angolana), sendo que, hoje, o Estado não se demitiu de, através das suas empresas públicas – as designadas *empresas estatais* – efectuar *operações de exploração* (art. 11º, nº 3 da Lei nº 1/92), *maxime*, em matéria de pesquisa, prospecção e exploração de pedras preciosas (art. 2, nº 1 e 2 da Lei nº 16/94).

([195]) **MANUEL RODRIGUES**, *A Indústria Mineira em Portugal*, Coimbra, 1921, pág. 152 e segs.; **MARCELLO CAETANO**, *Manual*, (…), cit., **[30]**, Vol. II, pág.950; **MARQUES GUEDES**, *Desafectação dos Anexos*, (…), cit., **[45]**, pág. 109.

96

## AS FORMAS DE UTILIZAÇÃO DE BENS DO DOMÍNIO PÚBLICO...

mundo externo, a que o ordenamento atribui autonomia suficiente para ser objecto de domínio ou de soberania; nas segundas, o ordenamento disciplina, *prima facie*, as prestações – de *dare*, *facere* e de *non facere* ([196]) – entre duas ou mais pessoas, devedores e credores, preocupando--se, outrossim, com a sorte da relação intersubjectiva que entre elas se entretece, em termos de sancionar, por várias formas, a falta de cooperação do devedor da prestação na satisfação do interesse do credor.

As *situações jurídicas reais* traduzem-se, por isso, na subordina-ção das coisas à *soberania* ([197]) ou ao *senhorio* das pessoas, cuja conse-quência é o surgimento de um *poder directo* e *imediato*, com as carac-terísticas de *autonomia* e *independência*, posto que não pressupõe, para a sua actuação e reconhecimento, a *cooperação* de quem quer que seja ([198]).

### 1.1. A alegada posição de soberania do concessionário.

Pelo que respeita aos direitos do concessionário, há quem entenda que ele se encontra investido numa *posição de soberania* sobre o objecto – as jazidas – *concedido*, isto é, na titularidade de direitos que lhe permitem usar, fruir *directa* e *autonomamente* (*i.e.,* no sentido em que a sua posição jurídica não se fundamenta, a não ser aquando do seu nascimento, em qualquer relação obrigacional) essa coisa e afastar toda e qualquer ingerência ou pretensão de terceiros.

---

([196]) **I. GALVÃO TELLES**, *Direito das Obrigações*, 6ª edição, Coimbra, 1989, pág. 9-10, 14 e segs.; **ANTUNES VARELA**, *Das Obrigações em Geral*, 7ª edição, Vol. I, Almedina, Coimbra, 1991, pág. 61 e segs. = *Das Obrigações em Geral*, Vol. I, 9ª edição, Almedina, Coimbra, 1996,pág. 83 e ss.; **ALMEIDA COSTA**, *Direito das Obrigações*, 6ª edição, Coimbra, 1994, pág. 51 e segs.; **J. CALVÃO DA SILVA**, *Cumprimento e Sanção Pecuniária Compulsória*, Coimbra, 1987, pág. 358, nota 642; **MENEZES CORDEIRO**, *Teoria Geral do Direito Civil*, AAFDL, Vol. I, Lisboa, 1988, pág. 278; **PESSOA JORGE**, *Lições de Direito das Obrigações*, Lisboa, 1966, pág. 26.

([197]) Adopta-se, neste domínio, a concepção de direito real ultimamente exposta pelo Prof. **HENRIQUE MESQUITA**, *Obrigações Reais e Ónus Reais*, (…), cit., **[150]**, pág. 54 e segs., espec. págs. 70-74, o qual recupera, de novo, com outra roupagem, a teoria clássica (*teoria realista*) de direito real, por oposição à *teoria personalista*. E sem que se esqueça que, como este autor salienta, sob o pano de fundo da *intersubjectividade* – presente em todos os contextos da prático-normativa realização do direito, quiçá o seu fundamento último, transcorrida a época das fundamentações *ontologistas imanentistas* e, no anverso, dos *sociologismos jurídico-políticos* – o que, em primeiro lugar avulta, ou é essencial, é a própria relação de *domínio* (*ob. cit.*, pág. 62).

([198]) **HENRIQUE MESQUITA**, *ob. cit.*, **[150]**, pág. 73.

# DIREITO MINEIRO ANGOLANO

De facto, afastada como está, hoje, a ideia de que o concessionário adquire uma *propriedade* ([199]), ainda assim a questão assume relevo no que toca aos *direitos reais menores* ([200]) em que ele, eventualmente, possa, por causa desse seu *estatuto*, estar investido.

De facto, resulta implicitamente do teor do artigo 12, nº 1 e, *a contrario sensu*, da alínea *a)* do nº 2 do artigo 6º, ambos da Lei nº 1/92, que

---

([199]) **MARTÍN-RETORTILLO**, *Transmissión de minas*, (…), cit., **[127]**, pág. 260 ("… *actos e contractos transmissorios de la propriedad o del uso…*"); **L.G. ARANGO**, *Notas sobre la transmissión y gravamen de la propriedad minera, Derecho hipotecario Minero*, in Revista Crítica de Derecho Inmobiliario, 1956, pág. 51 e segs.; **LUIS GONZALEZ BERTI**, *Compendio*, (…), cit. **[5]**, pág. 216 ("*Es una propriedad sui generis, que sin salir del dominio del Estado, pasa al particular por largo tiempo; en su adquisición privan formalidades especiales como no se encuentran en la adquisición de otros bienes (…) Y así pudiéramos ir señalando muchas normas especiales para esta propriedad …*"); **M. WOLFF**, *Derecho de Cosas*, (…), cit., **[19]**, trad. da 32ª ed. alemã, pág. 585, 587 ("*La propriedad minera se adquiere por concesión (…) La autoridad minera concede la propriedad de la mina (…) La propriedad de minas da un derecho exclusivo al laboreo en el campo concedido (…)*"; todavia, não deixa de afirmar, algo confusamente, que ("*la concesión* [que] *funde inmediatamente una propriedad estaría en contradicción tanto con el espíritu de todas las leyes de minas, qui siempre hablan únicamente de un derecho de 'investigación y benefício'…*") Mitigadamente, ainda, em **VILLAR PALASÍ**, *Naturaleza y Regulación*, (…), cit. **[5]**, págs. 89-90, apesar de afirmar que a concessão "*no es propriedad del suelo, ni tampouco propriedad de los minerales objeto de la concessión. No es tampouco un derecho de usufructo sobre el producto de las minas; más bien puede identificarse como un derecho de apropiación de las substancias minerales*".

([200]) A doutrina vem sustentando, recorrentemente, que o concessionário – e, mesmo, o titular de direitos de prospecção e pesquisa – é titular de *um direito real menor* (administrativo). Assim, por exemplo, **G. ABATTE**, *Corso*, (…), cit., **[5]**, pág. 255; **MESSINEO**, *Manuale di Diritto civile e commerciale*, Vol. II, part. I, Milano, 1950, pág. 475; **A. BARUCCHI**, *L'attività mineraria nel sistema della legislazione dell'energia*, Torino, 1964, pág. 169 e segs.; **G. PASINI / L. BALUCANI**, *I beni pubblici e relative concessioni*, Torino, 1978, pág. 562; **PUGLIATTI**, *La proprietà e le proprietàrio*, in La proprietà nel nuovo diritto, Milano, 1954, pág. 14; **OLIVEIRA ASCENSÃO**, *As Relações Jurídicas Reais*, Lisboa, 1962, pág. 86 e segs. (embora o sustenta dubitativamente); **MENEZES CORDEIRO**, *Direitos Reais*, Vol. II, Lisboa, 1979, pág. 1106; **JOSÉ LUÍS BONIFÁCIO RAMOS**, *Regime e Natureza Jurídica*, (…), cit., **[1]**, espec. pág. 172, 174; **LUIS MORELL OCAÑA**, *Apuntes de Derecho Administrativo*, (…), cit., **[30]** págs. 85-86; **F. QUEVEDO VEGA**, *Derecho español de minas*, Vol. I, Ed. Revista de Derecho Privado, Madrid, 1964, pág. 194 e segs.; **VILLAR PALASÍ**, *Naturaleza y regulación*, (…), cit., **[5]**, pág. 104 ; **VILLAR PALASÍ**, *Concesiones Administrativas*, in Nueva Enciclopedia Jurídica, tomo IV; **LUÍS GONZALEZ BERTI**, *Compendio*, (…), cit., **[5]**, pág. 177 e segs. (que ainda fala em propriedade *sui generis*, *ob. cit.*, pág. 216 ); **JOSÉ IGNÁCIO MORILLO-VELARDE PÉREZ**, *Dominio Público*,(…), cit., **[30]**, págs. 136-137; **ERNESTO EULA**, *I diritti dei Privatti sulle Cave e sulle Miniere*, Editorial Foro Italiano, Roma, 1931, pág. 87; **JULIO RUIZ BOURGEOIS**, *Reflexiones*, (…), cit., **[5]**, n.º 122, 1962, pág. 23.

# AS FORMAS DE UTILIZAÇÃO DE BENS DO DOMÍNIO PÚBLICO...

o concessionário fica com o direito de utilizar, explorar e fruir em proveito próprio, exclusivamente, a *parcela dominial* – *rectius*, a jazida – na área a que respeita o contrato.

O concessionário, nesta medida, passa a ocupar e a gozar de uma porção limitada de um *bem dominial*, de tal forma que tem como efeito privar qualquer outra pessoa do direito ao uso, aproveitamento e exploração desse bem. Daí que possa ele defendê-lo directamente *adversus omnes* ([201]). Para mais, a lei nem sequer previu que o concedente é obrigado, enquanto durar a concessão, a assegurar o uso privativo das jazidas contra *turbações* ou *actos materiais* de terceiros, o que, implicitamente, faz com que o concessionário se possa defender *directamente* ou *agir por si* em relação a esses terceiros.

Claro está que o concedente não se pode demitir da defesa das *coisas públicas*, por um lado, e dos interesses do concessionário, por outro. Exactamente como sobre ele impende a obrigação de proporcionar ao titular dos direitos mineiros o gozo, fruição e o aproveitamento das jazidas, não pode o Estado angolano deixar de fazer tudo o que estiver ao seu alcance para defender, esclarecer ou assegurar a existência do direito em que assenta a relação jurídica de concessão, *maxime*, sempre que terceiros, agredindo a posição jurídica do concessionário, se arroguem na titularidade de direitos mineiros, total ou parcialmente incompatíveis, com os daqueloutro ([202]).

---

([201]) A despeito da afirmação contida no n.º 2 do artigo 11º da Lei nº 1/92 ( *"A concessão dos direitos de exploração não implica a posse, pelo concessionário da superfície do terreno onde se localizam as jazidas"* ), é óbvio que – atenta a circunstância de o concessionário criar e ser, por isso, dono de uma organização de factores produtivos, isto é o *estabelecimento industrial*, do qual fazem parte não só as coisas (móveis ou imóveis) afectas à exploração (isto é, fundamentalmente, os *anexos mineiros*) mas, também, os direitos de exploração – fica salva a possibilidade de lhe aproveitar os meios de *defesa da posse*, relativamente aos bens e direitos que utiliza e mobiliza na sua actividade. Cfr., neste sentido, **FERRER CORREIA**, *Lições de Direito Comercial*, Vol. I, policopiado, Coimbra, 1973, pág. 221-222; *idem*, in Revista da Ordem dos Advogados, 1984, I, pág. 77; **VAZ SERRA**, in *Revista de Legislação e Jurisprudência*, ano 112º, pág.191; **ORLANDO DE CARVALHO**, *Introdução à Posse*, in *Revista de Legislação e Jurisprudência*, ano 123º, pág. 107-108; **A. CAIAFA**, *L'azienda: suoi mutamenti soggetivi nella crisi d'impresa*, Cedam, Padova, 1990, págs. 30-31; **REMÉDIO MARQUES**, *Direito Comercial. Introdução. Fontes. Actos de Comércio. Estabelecimento. Sinais Distintivos*, Reproset, Coimbra, 1995, págs. 455-456.

([202]) Ao arrepio desta posição, sustentam o Prof. **FREITAS DO AMARAL**, *A utilização do domínio público*, (…), cit., **[96]**, pág. 270 e segs.; **FREITAS DO AMARAL /JOSÉ PEDRO FERNANDES**, *Comentário à Lei dos Terrenos*,(…), cit., **[96]**, págs. 196-197) e o Prof. **MARCELLO CAETANO**, *Manual*, (…), cit., **[30]**, Vol. II, págs. 946--948) que o direito de *uso privativo* não reveste a natureza de um *direito real*, mas de um *direito de obrigação* e nem, tão pouco, é um direito absoluto oponível *erga omnes*, mas

## DIREITO MINEIRO ANGOLANO

Resulta, pois, que, uma vez que o concessionário ingresse na detenção da jazida – para o que, sem dúvida, é preciso que a Administração lha entregue ([203]) – passa ele a dispor de um poder exclusivo, directo e imediato de uso e fruição

um *direito relativo*, visto que só à Administração caberá a sua defesa perante terceiros, assegurando o gozo da coisa ao concessionário.

Além disso – sustentam –, todas as relações que tenham por objecto mediato o domínio público e os respectivos poderes e deveres têm natureza pública, o que inviabilizará, a par do *princípio da incomerciabilidade* privada das coisas públicas, a possibilidade de se constituirem direitos subjectivos privados.

Todavia, esta é só uma perspectiva da questão. Na verdade, do ponto de vista da entidade beneficiária do uso e aproveitamento privativos das jazidas, a situação jurídica é privada (assim, **AFONSO QUEIRÓ**, *Lições de Direito Administrativo*, Vol. II, Coimbra, 1959, pág. 34): os direitos de exploração e o estabelecimento industrial que na mina funciona integram-se no seu património, podendo até ser objecto de comércio jurídico – tanto *comércio jurídico privado* relativamente aos estabelecimento comercial ou os bens móveis e imóveis que o integram, como *comércio jurídico público* ou sob a égide do direito administrativo, relativamente aos direitos de exploração.

Não se esqueça que o *princípio da inalienabilidade* não impede que as *coisas públicas* possam ser objecto de comércio jurídico de harmonia com o direito público. Isto é: podem elas ser objecto de *desafectação*, *mutação dominial* ou *concessão*. O que não há dúvida é que de acordo com esta última modalidade são *criados* ou, noutra perspectiva, *transmitidos* direitos aos particulares, na justa e necessária medida da observância do interesse público, mas em proveito próprio destes últimos. Daí que, nenhuma destas posições impede que se qualifiquem, de *iure condito* (ou no direito a constituir), como *reais* (seja como direitos reais administrativos ou direitos reais puramente privados) os direitos de aproveitamento e fruição das jazidas minerais. Concluindo, mas sem desenvolver, que se trata de *situações iurídicas não totalmente públicas*, cfr., **MENEZES CORDEIRO**, *Direitos Reais*, cit., [69], nº 57, *in fine*.

([203]) Note-se que é este – justamente, a obrigação de a Administração entregar o gozo da coisa e permitir que esta seja gozada pelo utente – um dos argumentos em que o Prof. FREITAS DO AMARAL se louva para defender a *natureza obrigacional* do direito do utente do uso privativo. Só que, o contrato de concessão não origina, para o *concedente*, a obrigação de proporcionar *continuamente* o gozo e fruição da *coisa pública* ao *concessionário*, como se o objecto imediato do contrato fosse o comportamento do *concedente*. Ao invés, o objecto imediato é o gozo e fruição do bem dominial. O Estado concedente, após a entrega da jazida, fica apenas obrigado a não impedir, de harmonia com a lei e o contrato, o exercício dos direitos de exploração (gozo, fruição, aproveitamento) por parte do concessionário.

Sendo assim – como nos parece –, a obrigação do Estado angolano volve-se, tal-qualmente sucede quanto ao conteúdo de um qualquer *direito real menor* (e, mesmo do direito de propriedade), numa *obrigação negativa*, de *prestação de facto negativo* (*non facere*). A *colaboração activa* do Estado somente logra afirmar-se na medida e no momento em que faça a entrega ou se consinta que o concessionário passe – normalmente com o início das operações de extracção (para já não dizer antes, com as operações de pesquisa e reconhecimento, a implicar a recolha de amostras, etc.) –, a usar e fruir, em proveito próprio, essa jazida: não carece de ser uma *prestação contínua*.

## AS FORMAS DE UTILIZAÇÃO DE BENS DO DOMÍNIO PÚBLICO...

É preciso, ainda, ver se as soluções, de *iure condito* e *de iure constituendo*, pelo que respeita ao regime da *forma do contrato, publicidade* (*e registo*), *expropriação por utilidade pública* e *hipoteca do direito* resultante de concessões dominiais, *transmissão dos direitos* de exploração, se harmonizam (ou devem harmonizar-se) com as que a lei, em geral, estabelece para os *direitos reais de gozo*.

### 1.2. A forma do contrato.

Quanto à *forma do contrato*, não refere a lei angolana a sua sujeição a escritura pública. Tudo aponta, pois, para que o contrato seja *reduzido a escrito* e formalmente assinado pelo concessionário e o representante do Estado.

Como quer que seja, não pode dizer-se que, se o legislador angolano quisesse englobar o direito decorrente da concessão em bens dominiais entre as figuras de *natureza real*, seria natural que tivesse imposto a celebração do referido contrato por via de *escritura pública*, visto que é essa a forma exigida no artigo 89º do Código de Notariado para a constituição de qualquer dos direitos reais de gozo tradicionais, sempre que incidem sobre imóveis. É que, nem o referido contrato é puramente *privado* – ou regido pelo direito privado – nem as jazidas minerais podem ser vistas, *stricto sensu*, como prédios ou *imóveis* sobre os quais se constituam direitos reais, tal-qualmente foi pensado pelo legislador no dito artigo 89º.

Que o contrato de concessão pelo qual se outorgam direitos de exploração sobre jazidas minerais não é, em bom rigor, de *direito privado*, já o referimos: segundo o critério aceite no ordenamento angolano, estamos perante contratos celebrados por pessoas colectivas públicas para *fins de utilidade pública* ([204]), em que a liberdade de conformação do conteúdo deles está condicionada pelo *princípio da legalidade*. Pelo que, esta

---

([204]) Artigo 3º da Lei nº 2/94, de 14 de Janeiro (*Lei da Impugnação dos Actos Administrativos*). Cfr., para a crítica a este critério da qualificação do contrato como administrativo, **SÉRVULO CORREIA**, *Legalidade e Autonomia Contratual*, (...), cit., **[83]**, pág. 385 e segs., sustentando que não basta a existência de um fim de utilidade pública para qualificar estes contratos como administrativos, que o mesmo é dizer, este critério tanto não se apresenta como condição suficiente como nem sequer é uma condição necessária. Será, antes, um *critério estatutário* – a apontar para *um critério dos sujeitos* mais idóneo a realizar a separação entre direito público e direito privado – segundo o qual interessa averiguar os efeitos jurídicos previstos na lei ou pactuados pelas partes, no sentido de saber se a Administração age, ou não, como entidade pública – possuída de *ius imperii* – ou segundo um modo acessível aos sujeitos privados. Cfr., também, **MARIA JOÃO ESTORNINHO**, *Requiem*, (...), cit., **[111]**, pág. 103 e segs.

## DIREITO MINEIRO ANGOLANO

qualificação não implica que o concessionário não adquira a titularidade de um direito de matriz real, *maxime*, de *natureza administrativa*, sobre as jazidas.

Depois, também não nos parece decisivo que para a celebração do referido contrato não se plasme o grau mais solene de externação das declarações negociais, qual seja a *escritura pública*: trata-se, repete--se, de um negócio jurídico de direito público sobre coisas públicas, cuja externação das declarações negociais escapa ao *sector normativo* abrangido pelo referido artigo 89° do Código do Notariado.

Aliás, por isso mesmo, preceitua a alínea *a)* do artigo 90° do referido Código de Notariado que *são exceptuados do disposto no artigo anterior os actos em que intervenham como outorgantes pessoas colectivas públicas*; actos estes que são praticados nos termos da respectiva legislação especial.

Ora, como na Lei n° 1/92 se omite qualquer referência à *forma* de externar a vontade das declarações negociais do Estado e do futuro concessionário, é mister indagar se não existe legislação especial, que haja de considerar-se vigente na República de Angola, que discipline a forma destes contratos. Propendemos a responder afirmativamente.

De facto, uma vez que a disposição transitória do artigo 95° da Constituição angolana, na redacção anterior à Lei n° 23/92, de 16 de Setembro, não revogou as leis e os regulamentos que, até ao dia 11 de Novembro de 1975, vigoravam no ordenamento jurídico português (contanto que não contrariassem a letra e o espírito desta Constituição), cremos que o Decreto-Lei n° 41 373, de 19 de Novembro de 1957 se encontra, justamente, nessa situação [205]. Regime que se deverá aplicar, com as necessárias adaptações – ou mesmo ser objecto de desvios, no direito mineiro *a constituir*, de guisa a abranger, de harmonia com o regime de atribuição de competências, os contratos em que *empresas estatais* angolanas outorgam o contrato em representação do Estado ou a suprimir procedimentos que não podem ser suportados por orgãos inexistentes em Angola (*v.g.*, Tribunal de Contas) –, à *forma dos contratos* de outorga de direitos mineiros.

Este diploma, no seu artigo 14°, indica que *"os contratos em que seja outorgante o Estado ou serviço público autónomo, quando devam ser reduzidos a escrito constarão de documento autêntico oficial, exarado ou registado em livros próprios do Ministério ou do serviço interessado"* [206]. E dele constarão todos os elementos

---

[205] No sentido de que este diploma não terá, também, sido revogado pelo Código Civil português de 1966, *vidé*, **MARCELLO CAETANO**, *Manual*, (...), cit., **[111]**, pág. 606-607.

[206] Mais preceitua que, redigida a minuta do contrato, deve ela ser submetida a exame do contraente particular – por forma a este poder verificar e reclamar, se fôr caso

# AS FORMAS DE UTILIZAÇÃO DE BENS DO DOMÍNIO PÚBLICO...

essenciais e acessórios do acordo obtido: *v.g.*, data de celebração, identificação dos contraentes, com menção dos títulos que os habilitam a contratar, o objecto do contrato, prazos, obrigações contratuais, modo de cumprimento delas, garantias, circunstâncias extintivas, etc.

Ao que acresce a consideração que as jazidas, enquanto bens dominiais, não se acham expressamente mencionadas no artigo 204° do Código Civil angolano. Todavia, tal circunstância não as transforma em coisas *móveis*, visto que vários bens existem – para além delas, considerem-se, por exemplo, as águas – integrados no terreno ou na terra, que, apesar disso, dele se podem *individualizar juridicamente*; como, também, não será curial considerá-las *prédios* (rústicos ou urbanos). Daí que, a doutrina tenha sentido necessidade de submeter certas coisas – como as jazidas minerais –, que não são, por si, nem móveis ou imóveis, ao regime jurídico dos *imóveis* ([207]).

É, portanto, natural que a lei, no artigo 89° daquele código, não mencione expressamente o contrato de concessão (de exploração) de bens dominiais como estando sujeito a ser celebrado por *documento autêntico* (escritura pública). O que não significa que essa ausência queira, necessariamente, impor a exclusão da *natureza real* desta figura.

## 1.3. Publicidade e registo. O problema da hipoteca do direito decorrente de concessões dominiais. O usufruto e o arrendamento de concessões

Em matéria de *publicidade* (*rectius*, de *publicidade enunciativa*), deve este contrato, por um lado, ser publicado no Diário da República. Pelo que respeita à publicidade – *enunciativa* e *declarativa* – através do *registo*, já o problema suscita controvérsia.

O Código de Registo Predial, vigente na República de Angola e aprovado pelo Decreto-Lei n° 47 611, de 28 de Março de 1967, não

---

disso, da conformidade das cláusulas com o que fora previamente acordado. Obtida esta concordância, deve a minuta ser submetida à aprovação do orgão competente – *in casu*, o Conselho de Ministros – sendo, depois, exarada a escritura no livro próprio que deve existir, para esse efeito, com termos de abertura e encerramento, nas secretarias gerais dos Ministérios ou nos serviços por onde, de acordo com as leis orgânicas de cada um deles, haja de correr o expediente dos contratos. Cfr., ainda, os arts. 15° e parág. 2°, relativamente a quem deve ser outorgante no contrato e o restante preceituado do artigo 14° acerca de quem serve de oficial público.

([207]) Cfr., **OLIVEIRA ASCENSÃO**, *Direito Civil – Reais*, 4ª edição, Coimbra, 1987, pág. 39-40.

## Direito Mineiro Angolano

refere, de modo expresso, a sujeição a registo do *direito resultante das concessões em bens do domínio público* ([208]). No entanto, a alínea *z)* do nº 1 do seu artigo 2º sujeita a registo *quaisquer outras restrições ao direito de propriedade, ou outros encargos que a lei especial declare sujeitos a registo predial*. Ora, uma dessas outras restrições ao direito de propriedade – *rectius*, ao direito de *propriedade pública*, cuja natureza e paralelismo com a propriedade privada já foi por nós atrás aflorada – pode muito bem ser o *direito de exploração resultante de concessões de jazidas minerais*.

Para melhor se intuir o que se está a analisar, é preciso equacionar esta matéria com a da *hipoteca de concessões*, no sentido de não esquecer que a alínea *d)* do nº 1 do artigo 668º do Código Civil angolano permite a *hipoteca do direito resultante de concessões em bens do domínio público*.

Precisamente porque as jazidas devem ser tratadas como bens *imóveis* ([209]) – isto é, *partes integrantes* de imóveis (*pars fundi*) – porém,

---

([208]) Essa referência, ao invés, já vem expressamente mencionada na alínea *v)* do nº 1 do artigo 2º do Código de Registo Predial, vigente, actualmente, no ordenamento jurídico português (aprovado pelo Decreto-Lei nº 227/94, de 8 de Setembro). Código este que revogou o anterior Código de 1984 (Decreto-Lei nº 224/84, de 6 de Julho), o qual revogara, no entretanto, o anterior código que remontava a 1967. É, justamente, este que ainda vigora na República de Angola.

([209]) Tem sido bastante divulgada a doutrina – sedimentada no direito romano (*vidé* as afirmações do Jurisconsulto CONNANUS, Comm. Jur. Civ., 43, parág. 335, citado por **VILLAR PALASÍ**, *Naturaleza,*(…), cit., [5], pág. 102 : *fructumum perceptio finis est dominii et posessionis* – que assimila o minério extraído das minas aos *frutos naturais* (neste sentido, **MANUEL DE ANDRADE**, *Teoria Geral da Relação Jurídica*, Vol. I, *Sujeitos e Objecto*, Coimbra, 1983, reimpressão, pág. 268-269, nota 3 ; **PIRES DE LIMA/ANTUNES VARELA**, *Código Civil Anotado*, com a colaboração de **HENRIQUE MESQUITA**, Vol. I, 4ª edição, Coimbra, 1987, pág. 205, talvez influenciados pelas correntes doutrinais de que **DÍEZ PICAZO**, *Naturaleza jurídica de los minerales*, in Anuario de Derecho Civil, tomo VII, fascículo II, Madrid, 1954, pág. 335 e segs., é um dos corifeus) ou *industriais* (assim, **MARTIN-RETORTILLO**, *Los frutos de las minas*, in Anuario de Derecho Civil, tomo V, fascículo III, Madrid, 1952, pág. 1037). Segundo esta doutrina, a mina e o minério seriam, económica e juridicamente, realidades distintas, correspondendo à diferença que existe entre um capital e os rendimentos dele; a mina seria, por conseguinte, uma coisa complexa, que abarcaria toda a riqueza patrimonial – o capital – posta em movimento para a obtenção de um rendimento.

Dito isto, ficará a um passo afirmar-se que o minério extraído será o benefício patrimonial que a exploração consente, sem que a substância da mina saia prejudicada. Ou dito de outro modo: conquanto a obtenção do minério se faça à custa da substância da coisa – i. é, da jazida mineral –, a diminuição operada será pouco sensível, podendo, por via de regra, a mina continuar a ser explorada por largo período de tempo; além de que, o único processo de tirar rendimento da mina será extrair-lhe o minério, com o que se tem assim em conta o específico destino económico da coisa frutífera (**MANUEL DE**

## AS FORMAS DE UTILIZAÇÃO DE BENS DO DOMÍNIO PÚBLICO...

juridicamente separadas da *propriedade do solo* ou da superfície, como autoriza o disposto no artigo 1344°, n° 1, do Código Civil angolano, por remissão ao texto da Constituição angolana, que, no seu artigo 12°, 1°

**ANDRADE,** *ob. cit.*, supra, pág. 268). Pensamos, no entanto, que não é este regime o que melhor retrata a realidade jurídica em causa.

Em primeiro lugar, o minério não procede da mina – desde que esta não seja vista como o conjunto de factores de produção predispostos ao aproveitamento dos recursos geológicos (*v.g.*, instalações superficiais ou subterrâneas, escavações, bens móveis, sistemas de transporte mineiro, instalações de telecomunicações, etc., isto é, no fundo, a jazida e os designados *anexos mineiros*) –, outrossim é a mina em si mesma. Logo, não faz sentido afirmar-se que ao esgotamento da mina sobreviva a substância dela (a não ser que se entenda por *esgotamento* o estado em que a mina se irá encontrar após as operações de extracção terem sido *abandonadas* ou *interrompidas* em virtude da inviabilidade económica e financeira das operações), isto é, que, apesar de tudo, continua a tratar-se de uma mina, visto que, em princípio, com o esgotamento das jazidas o que fica é, tão-só, uma estrutura subterrânea artificial, com as instalações na superfície e as escavações realizadas para o aproveitamento dos recursos. O minério a extrair deve, desta maneira, ser visto como uma *pars fundi*, objecto de negociação distinta do imóvel em que se incorpora e, também, como entidade jurídica diversa da do solo ou do subsolo.

Em segundo lugar, tão pouco a função natural do minério é a de ser extraído – qual *fruto natural* ou *industrial* (observe-se, aliás, que esta noção de fruto industrial dilui-se na noção legal de fruto natural, visto que o Código Civil angolano, no artigo 212°, n° 2, já não alude a semelhante categoria). Com ela apenas se quer significar os frutos produzidos por prédios de qualquer espécie, em virtude do cultivo ou do trabalho humano. Nesta categorização os *frutos naturais* corresponderiam à produção espontânea da terra. Como se vê, o legislador trata as duas realidades no quadro dos *frutos naturais* – mas, ao invés, a ser aproveitado directamente ou mediante a sua beneficiação ou tratamento.

Do que antecede, só pode concluir-se que os recursos mineiros – ou, o mesmo é dizer, o minério, antes de extraído –, a despeito de constituírem bens dominiais, são *partes integrantes* dos imóveis, pese embora *jurídico-dominialmente destacados*, onde se localizam. Não só a lei exige a sua incorporação ao solo, como define – no artigo 204°, n.° 3 do Código Civil – a natureza dessa incorporação: à coisa móvel, já no solo incorporada, comunica-se a imobilidade do próprio solo (cfr., também, neste sentido, **OLIVEIRA ASCENSÃO,** *Direito Civil*, (...) cit. [207], pág. 41 = 5ª edição, Coimbra Editora, Coimbra, 1993, pág. 182).

Os recursos minerais são, portanto, tratados como *imóveis*, por que incorporados na terra com carácter de permanência. Ou, ainda, visto o problema noutra perspectiva: os recursos minerais são *produtos* (**OLIVEIRA ASCENSÃO,** *ob. cit.*, [207], págs. 499--500; **LUÍS CARVALHO FERNANDES,** *Teoria Geral do Direito Civil*, Vol. II, AAFDL, Lisboa, 1983, pág. 159), que podem ser destacados de uma coisa – do prédio e da jazida de que são extraídos – sem prejuízo da sua substância. Assim, enquanto se mantêm ligados ao prédio são *partes integrantes* dele, porém, juridicamente objecto de um distinto direito de propriedade, justamente, o direito de *propriedade pública* (no domínio do Código Civil português de 1867, os produtos eram, também, tratados como coisas imóveis por disposição da lei: artigo 375°, n° 1 desse Código).

Cremos, por isso, que em bom rigor – uma vez que a propriedade das jazidas minerais (*rectius*, de *todas* as jazidas minerais, quer estejam ou não reveladas) se integra no domínio

## DIREITO MINEIRO ANGOLANO

parágrafo, integra no *domínio público* todos os recursos naturais existentes no *solo* e no *subsolo* da República de Angola –, o direito de as utilizar privativamente pode ser susceptível de *hipoteca*, enquanto acessório de créditos titulados por credores da entidade concessionária ([210]).

público da República de Angola – se topa uma situação de *desmembramento de domínio* (uma vez que, note-se, se aceite, como atrás vimos, que a *propriedade pública* não se deve contrapor à *propriedade privada*, antes se apresenta como um regime jurídico especial a que se submetem os bens que estão na titularidade do Estado ou de outros entes públicos; com o que será lícito falar, como adiante discutiremos, da existência de direitos reais privados menores sobre coisas do domínio público; cfr. **OLIVEIRA ASCENSÃO**, *ob. cit.*, **[207]**, pág. 167).

De facto, abrangendo a propriedade dos imóveis o espaço aéreo correspondente à superfície, bem como o subsolo, com tudo o que nele se contém *e não esteja desintegrado do domínio por lei* (artigo 1344°, n° 1 do Código Civil angolano), certo é que, nos termos do artigo 12° da Constituição da República angolana e do artigo 3° da Lei n° 1/92, de 17 de Janeiro, as *jazidas minerais*, bem como as *águas* e as *pedreiras*, são propriedade do Estado. Por conseguinte, apesar de o direito ao subsolo e ao espaço aéreo acompanharem, normalmente, a propriedade do solo, casos há – de que é exemplo o minério – em que certos elementos do solo (*v.g.*, objecto de exploração de *pedreiras*) ou do subsolo estão dele desintegrados por lei (ou, diz também a lei, *por negócio jurídico*, o que escapa ao nosso estudo). É o que sucede com as jazidas minerais. São bens que, por disposição da lei (e da Constituição) estão integrados no domínio público da República angolana, não pertencendo, pois, ao proprietário do terreno, embora este possa ter, como veremos, uma posição e tratamento especial relativamente às actividades de aproveitamento destes bens realizadas por terceiros. É, por consequência, mister distinguir, se fôr caso disso – *v.g.*, se não se tratar de um *terreno vago* (que ainda não tenha sido objecto de *concessão por aforamento, por arrendamento* ou por *direito de superfície* – cfr., a Lei n° 21-C/92, de 28 de Agosto, que manteve, apesar de tudo, parcialmente em vigor o Decreto n° 43.894, de 13 de Setembro de 1961, que disciplinou a ocupação de *terrenos vagos* no Ultramar português) –, o *proprietário das jazidas* – ou seja, o *Estado* ou a *nação*, conforme se entenda –, o *proprietário do terreno* e o *concessionário*. O dono de qualquer dos domínios – do *prédio* ou da *jazida*, dele juridicamente desintegrado ou separado (ou melhor, *idealmente* separado) – tem um domínio tão pleno quanto as *relações de vizinhança* (e de encravamento) e, bem assim à face da prossecução do *interesse público*, as *restrições de utilidade pública* o consentem.

([210]) Note-se que a referida alínea *d)* do n° 1 do artigo 668° do Código Civil angolano não esclarece – nem, porventura, o deveria fazer – se a *hipoteca* pode, inclusivamente, constituir-se sobre os direitos de prospecção e pesquisa. Este normativo somente refere que na constituição da hipoteca devem ser observadas as disposições que disciplinam a transmissão dos direitos concedidos. Portanto, deste preceito só se conclui que: se a lei especial prever que a transmissão dos direitos fique subordinada à emissão de autorização por parte do concedente, assim também a constituição de hipoteca fica dependente de autorização deste. A não ser que, igualmente, a lei especial dispense, para a constituição de hipoteca, essa mesma autorização, que exige previamente à transmissão ou alienação (ou oneração) dos direitos. Fica, assim, em aberto o problema atrás levantado.

Crê-se, por conseguinte, que, se a o Código Civil não distingue, poderá, *prima facie*, admitir-se a constituição de *hipoteca* sobre os próprios *direitos mineiros de prospecção*

## AS FORMAS DE UTILIZAÇÃO DE BENS DO DOMÍNIO PÚBLICO...

Ora, a *hipoteca* deste *direito* incidente sobre uma *coisa pública*, que *segue* o regime dos imóveis ([211]), permite-nos concluir duas coisas:

**a)** que a *hipoteca*, autorizada por aquele preceito, está sujeita a *registo*, o qual assume, aliás, *eficácia constitutiva*, por força do artigo 687° do citado Código Civil;

**b)** que, no mínimo, os *direitos de exploração e aproveitamento* do concessionário, objecto de *hipoteca*, por sua vez, têm que, por interpretação daquela alínea *z)* do n° 1 do artigo 2° do Código de Registo Predial angolano, ser levados, igualmente, a registo ([212]), *mas só se e quando for pretendido o registo daquela hipoteca.*

---

*e pesquisa.* E daí, de duas uma: ou, *de iure constituendo*, se dispensa a autorização do Estado para a constituição de *hipoteca* sobre esses direitos, apesar de a transmissão deles já estar, de *lege data*, dependente de *autorização* do Conselho de Ministros ( art. 6°/3, da Lei n° 1/92); ou, independentemente de alteração legislativa – e na decorrência do que, supletivamente, se prescreve no Código Civil –, deixar essa *hipoteca* na dependência de autorização ministerial (e, mesmo assim, haverá que definir acerca da conveniência ou oportunidade de somente a prever para garantir créditos decorrentes dos trabalhos de prospecção e pesquisa). Há, inclusivamente, quem defenda a insusceptibilidade de se constituir *hipoteca* sobre os direitos de prospecção e pesquisa, atenta a álea de que se revestem estas actividades, ao que acresce a circunstância de o concedente, ainda que sejam revelados recursos minerais, se reservar no direito de não outorgar a concessão de exploração, uma vez que não estejam verificadas as condições previamente fixadas para a sua atribuição (assim, **G. ABATTE**, *Miniera*, in Enciclopedia del Diritto, Vol. XXVI, Milano, 1976, pág. 415).

([211]) Podem ser objecto de hipoteca bens *imóveis*, *móveis* que, para esse efeito, sejam equiparados aos imóveis (*v.g.*, veículos automóveis) e alguns *direitos,* de entre os quais se destaca o direito decorrente de concessões dominiais. Cfr., ainda, **PIRES DE LIMA/ /ANTUNES VARELA**, *Código Civil Anotado*, Vol. I, 4ª edição (com a colaboração de HENRIQUE MESQUITA), Coimbra, 1987, pág. 704 e 709.

([212]) Neste particular, seria até curial, *de iure constituendo*, aperfeiçoar as disposições do Código do Registo Predial, no sentido de se disciplinar não só a expressa previsão da registabilidade deste direito, mas também *a competência territorial* para o efectivar, o *conteúdo da descrição* (a qual visa a identificação física, económica e fiscal do prédio, escrevendo-se à margem as respectivas cotas de referência; descrições que são feitas na dependência de uma inscrição ou de um averbamento) e o conteúdo dos *extractos das inscrições* (as quais, como se sabe, visam definir a situação jurídica dos prédios mediante extracto dos factos a ela referente; cfr., **MOUTEIRA GUERREIRO**, *Noções de Direito Registral, Predial e Comercial*, Coimbra, 1993, pág. 165 e segs. e 195 e segs.).

Assim, designadamente, pelo que respeita às *menções da descrição* – dado que se devem, à semelhança dos prédios, consignar os seus *elementos de* individualização –, devem estes ser extraídos do título de concessão; no que toca à *competência territorial*, seria mister que o registo fosse realizado na conservatória da situação dos prédios onde se encontram as jazidas, pese embora estas estejam juridicamente desintegradas da propriedade do solo (o ideal seria, outrossim que a *jazida* pudesse ser descrita como sendo um *prédio* independente, com distinção daquele que ocupe. Todavia, não é esta a

# DIREITO MINEIRO ANGOLANO

Já se defendeu, no entanto, que a referida alínea *d)* do nº 1 do artigo 688º do Código Civil angolano deve ser objecto de uma *interpretação correctiva*, no sentido de somente permitir a hipoteca dos bens não dominiais que o concessionário utilize na exploração [213] – *v.g.,* as obras, os edifícios construídos, os maquinismos e demais móveis inventariáveis da fábrica instalada. Vale dizer: segundo esta doutrina, só poderiam ser objecto de *hipoteca* e, logo, de *penhora,* os *anexos mineiros.* O que estaria, aliás, em consonância com a alegada natureza obrigacional não patrimonial dos direitos de uso privativo, resultantes da concessão.

Esquece-se, no entanto, que o que eventualmente será objecto de hipoteca é, não a própria *coisa pública* – a jazida mineral, que, detentora desse estatuto, está fora do comércio jurídico privado e, por consequência, fora do âmbito do registo predial –, outrossim o *direito* (e, portanto, as faculdades jurídicas que ele encerra) resultante, para o beneficiário privado, do *contrato-concessão* de bens dominiais. Como adverte o Prof. VAZ SERRA [214], *"só pode hipotecar-se a concessão, visto que as minas se consideram bens dominiais"*; ou, doutro modo: o objecto da hipoteca não é a mina em si mesma, mas o *direito real* ou *obrigacional* – conforme a posição que se adoptar – do *concessionário.* O facto registável é a *hipoteca do direito* do concessionário e não o *prédio* com a indicação da jazida nele integrada.

Daí que se deva distinguir, ainda que no direito a constituir, a *inscrição da concessão* da *inscrição da hipoteca* [215].

---

tradição revelada pelo direito registral de influência portuguesa). Porém, se as jazidas, cujo direito de exploração é outorgado, ocorrerem em dois ou mais prédios situados na área de diversas conservatórias, o registo do direito resultante da concessão deve ser repetido em todas essas conservatórias. Que é dizer: a parcela de terreno e respectiva jazida são descritos na totalidade em todas as conservatórias onde, em parte, se situa – que não, portanto, em cada uma dessas conservatórias na parte que diga respeito à parcela de terreno que esteja abrangida na sua área.

[213] Neste sentido, **FREITAS DO AMARAL / JOSÉ PEDRO FERNANDES**, *Comentário à Lei dos Terrenos*, (…), cit., [96], págs. 216-219; **MARCELLO CAETANO**, *Manual*, (…), cit., [30], Vol. II, págs. 920-921.

[214] **VAZ SERRA**, *Hipoteca*, in Boletim do Ministério da Justiça, Lisboa, nº 62, pág. 99.

[215] No caso de haver lugar a uma *transmissão dos direitos* de exploração decorrentes da *concessão já inscrita* (por que, repete-se, sobre ela se quis constituir hipoteca), dever-se-á registar esse facto jurídico por *averbamento* à inscrição da concessão (note-se que a concessão deve ter inscrição própria). Acaso essa transmissão implique, eventualmente, a alteração das condições contratuais (*v.g.,* do conteúdo das obrigações do concessionário transmissário, do prazo, etc.), deverá, neste averbamento à inscrição, fazer-se as respectivas menções. Caso contrário não há que referir o conteúdo do direito resultante da concessão, por isso que já constará da inscrição dela. Cfr., **MOUTEIRA GUERREIRO**, *Noções de Direito Registral*, (…), cit., [212], pág. 239.

## AS FORMAS DE UTILIZAÇÃO DE BENS DO DOMÍNIO PÚBLICO...

Por outro lado, para efeitos do dito registo, a *descrição* terá, agora, por objecto *o direito*, que não o *prédio*. Todavia, na *descrição* deste direito deverá forçosamente se referir as parcelas de terreno – de harmonia com o artigo 204°, n° 2 do Código Civil angolano – onde as jazidas se integram, com a específica menção de que nelas existe a jazida ou jazidas.

Mas, como é preciso fazer a *inscrição*, deve ela passar a conter o *conteúdo do direito* de exploração, decorrente da concessão da jazida – o que é feito à luz do programa contratual acordado entre o Estado e o concessionário (direitos, obrigações, etc.) – e o prazo da concessão. A competência territorial para efectuar os registos deverá pertencer à conservatória do registo da situação dos prédios onde se integram as jazidas; se respeitarem a mais do que um prédio situados na área de diversas conservatórias, esses factos deverão ser registados em cada uma delas.

É, no entanto, aconselhável desenvolver, de *lege ferenda*, o regime da *hipoteca* de concessões mineiras. Após o que discutiremos a possibilidade de sobre os direitos de exploração poder ser constituído *usufruto* e *relações de arrendamento*.

A hipoteca do direito de concessões em bens dominiais constitui um *direito sobre um direito*, para quem – como nós – admita esta figura dos direitos como objecto de direitos reais ([216]).

A *hipoteca* destes direitos, note-se, já era autorizada pelo Decreto n° 29 775, de 28 de Junho de 1939. Pode, até, pôr-se a questão de dilucidar se as disposições deste normativo são vigentes na República de Angola. Cremos que não, senão repare-se.

O artigo 28° da primeira lei – justamente a Lei n° 5/79, de 27 de Abril – sobre actividades geológicas e mineiras na República de Angola só revogou a legislação mineira portuguesa vigente especificamente no Ultramar português ou aplicável, em geral, a todo o território da República portuguesa *que dispusesse em sentido contrário* relativamente ao regime jurídico por ela inaugurado na novel República angolana.

Pode, também, dizer-se que, quer nesta lei, quer na legislação posterior que dispôs, em Angola, sobre recursos minerais, para além de a hipoteca

---

([216]) Assim, **ORLANDO DE CARVALHO**, *Direito das Coisas*, policopiado, Centelha, Coimbra, 1977, pág. 238 e segs., louvando-se no *princípio da elasticidade* ou da *consolidação*, segundo o qual, nas suas palavras, "*todo o direito sobre as coisas tende a abranger o máximo de utilidades que propicia um direito dessa espécie: ou seja, todo o direito sobre as coisas tende a expandir-se (ou a reexpandir-se até ao máximo de faculdades que abstractamente contém*"). Contra, pronuncia-se **OLIVEIRA ASCENSÃO**, *Direito Civil*, (…), cit., **[207]**, pág. 48-51, para quem só as *coisas corpóreas* (móveis ou imóveis) e não já os *direitos*, podem ser consideradas *coisas*. Assim, por exemplo, para este autor, *no usufruto sobre direitos* – permitido pelos artigos 1463° e segs. do Código Civil angolano – o usufruto não terá por objecto a *propriedade do direito*, mas sim a *coisa* ou o *objecto* sobre que esse direito recai (*ob. cit.*, págs. 421-422).

# DIREITO MINEIRO ANGOLANO

de concessões mineiras não ter sido objecto de atenção pelo legislador, nenhuma restrição ou limitação se surpreende no sentido de se considerar vedada esta forma de *oneração* dos *direitos de exploração* ([217]).

Porém, uma vez que a *execução hipotecária* – na falta de pagamento da dívida pelo concessionário ao credor hipotecário – pressupõe que haja lugar, na acção executiva, a venda judicial (ou adjudicação de bens ou direitos) dos direitos de exploração *penhorados, só a ela poderiam concorrer outras empresas públicas* cujo objecto social fosse, também, a prospecção, pesquisa e exploração de idênticos recursos minerais.

De resto, a despeito de, por via da Lei nº 1/92, se ter operado a revogação deste regime de *monopolização* estatal da pesquisa e exploração mineira, tal não implicou, só por si – a não ser que o legislador o tivesse dito expressamente – a *repristinação* daquele Decreto.

Com efeito, o artigo 11º, do Decreto nº 29 725, de 28 de Junho de 1939, só autorizava – e bem – que, sobre o direito de exploração, pudesse ser constituída *hipoteca*, apesar de a fazer depender de *prévia autorização* do Ministério da tutela, para garantir créditos a trabalhos mineiros (de prospecção, pesquisa e exploração).

Previa, igualmente, este dispositivo, de acordo com o *licere* de cada uma delas, duas modalidades de hipoteca: *simples* ou com *declaração de cessão*. A particularidade desta última, quando registada, estava em que conferia ao *credor hipotecário* o direito de, pelo abandono ou caducidade da concessão ou por meio de execução judicial, se substituir directamente ao concessionário devedor, não podendo ser recusada pelo Governo

---

([217]) Com efeito, a circunstância de Lei nº 5/79, de 27 de Abril ter aberto o caminho para a *estatização* do uso e aproveitamento destes recursos não possui a virtualidade de impedir, ao abrigo daquele Decreto, que as empresas públicas (*estatais*, diz a lei) possam – independentemente de essa faculdade ter, ou não, ficado na dependência de autorização ministerial – aproveitar dela e constituir a favor de terceiros, para garantia de créditos destes, direitos reais de garantia cujo objecto seja o direito de exploração, que lhe fora atribuído pelo Estado angolano. Não se esqueça que as *empresas públicas*, apesar de serem pessoas colectivas públicas, têm, igualmente, *capacidade jurídica* de direito privado.

Aliás, em geral, a actividade das empresas públicas é regida pelo direito privado (assim, também, **COUTINHO DE ABREU**, *Definição de Empresa Pública*, in Boletim da Faculdade de Direito de Coimbra, Suplemento ao Vol. XXXIV, 1991, pág. 465, 468, 474, observando que *"não existe nenhuma 'incompatibilidade lógica' entre a qualificação das empresas públicas como pessoas colectivas públicas e o regime, em parte – e permanentemente – de direito privado"* a que elas ficam sujeitas, podendo, inclusivamente, adquirir a qualidade de *comerciantes;* aliás, o objecto social da *ENDIAMA* consiste na prospecção, pesquisa, reconhecimento, exploração, comercialização e lapidação de diamantes e de mineralizações acessórias destes: artigo 4º, nº 1 do Decreto nº 6-D/91, de 9 de Março; actividade esta que é explorada, que não, segundo a lei, para dar *prejuízo*, outrossim *lucro*: veja-se o disposto no artigo 36º, que rege a afectação dos *lucros apurados* – com a venda de diamantes, prestação de serviços, operações financeiras que realizar, etc., artigo 30º, nº1, *idem*).

# AS FORMAS DE UTILIZAÇÃO DE BENS DO DOMÍNIO PÚBLICO...

a transmissão da concessão, contanto que dispusesse da necessária capacidade financeira e a indispensável idoneidade técnica, e sobre a mina e seus anexos não estivesse já constituída qualquer hipoteca ([218]).

Julgamos que, no direito a constituir, ao arrimo da genérica previsão constante na já aludida alínea *d)* do nº 1 do artigo 668º do Código Civil angolano – a qual, como já sabemos, abarca, para além da *hipoteca dos anexos mineiros*, a que pretenda constituir-se sobre o próprio *direito de exploração*, enquanto direito que ingressa no património do concessionário – convém, disciplinar, em particular, o regime de *execução hipotecária* a que, eventualmente, esta situação jurídica possa conduzir.

Em primeiro lugar, não pode deixar de se perspectivar esta específica garantia real como, única e exclusiva, *garantia de créditos do concessionário* ([219]); e, ademais, garantia de *créditos destinados a trabalhos de*

---

([218]) Esta modalidade de hipoteca tinha, segundo julgamos, a virtualidade de constituir, quando fosse requerida por ocasião de uma *acção executiva*, um expediente específico de *adjudicação de bens* (*rectius*, direitos) penhorados, enquanto modalidade da *venda executiva* (artigos 875º e segs. do Código de Processo Civil angolano). Contudo, o referido decreto, porque anterior à vigência do Código de Processo Civil, não terá, entre outras coisas, atendido à integral satisfação dos interesses de eventuais *credores reclamantes* – titulares de hipoteca(s) sobre a mina, com data de registo posterior, que também possam estar interessados e que disponham, até, de melhor idoneidade técnica e financeira para substituir na exploração o concessionário devedor. É que a autorização da constituição destas hipotecas só podia ser dada, como aludimos, quando sobre a mina não recaísse já hipoteca anterior.

Por outro lado, um exequente do concessionário, que não dispusesse de uma garantia real deste jaez, apesar de poder estar interessado nesta substituição, veria o seu direito decair se algum credor reclamante, titular de uma hipoteca com declaração de cessão, requeresse a substituição.

De resto, não é esta a melhor maneira de valorizar os direitos de exploração ou os anexos mineiros penhorados, pois que a substituição não se fazia, naturalmente, por *concurso*, outrossim, era concedida, pelo Governo, uma vez verificados os requisitos da idoneidade técnica e financeira, ao único credor hipotecário, com *declaração de cessão*.

([219]) Impedindo-se, destarte, que este possa usar a figura para, sobre os direitos de exploração, constituir *hipoteca a favor de terceiro*. Hipoteca esta que, como se sabe, implica que, em acção executiva, movida pelo credor contra esse terceiro devedor, hajam de ser *penhorados*, independentemente de *nomeação*, não só os anexos mineiros mas também o próprio direito de exploração, devendo, até, nesta hipótese, a acção executiva ser movida contra – ou só contra – o *concessionário* não devedor (por forma a impedir que este, uma vez realizada a penhora, não possa vir *embargar de terceiro*, pedindo o levantamento dela, o que, naturalmente, lhe seria concedido, visto que além de ser o *possuidor causal* dos bens e direito penhorados, não os possuía em nome do executado: cfr., o arts. 56º, nº 2, 835º, 1041º, nº 1 e 1042º, alínea *b)*, todos do Código de Processo Civil angolano). De resto, este não é, decerto, um regime que acautela devidamente a prossecução do *interesse público* do racional aproveitamento dos recursos geológicos, constituindo, ademais, um risco e tentação desnecessários para um concessionário menos avisado.

## DIREITO MINEIRO ANGOLANO

*exploração* – e não garantia de quaisquer outros créditos alheios à actividade por cujo respeito lhe foram, pelo Estado, concedidos direitos de exploração.

Em segundo lugar, deve autorizar-se a constituição, não só de *hipotecas convencionais* como de *hipotecas judiciais* ([220]), na condição de ficarem adstritas a garantir créditos destinados a trabalhos de exploração ([221]). Depois, se e quando houver lugar à *execução* dessa *hipoteca*, é legítimo que ao Estado angolano – a quem compete escolher o parceiro contratual que, para o efeito de aproveitamento dos recursos, ofereça maior idoneidade técnica e financeira – fique reservada a faculdade de intervir na acção executiva: nesta, que deve seguir os seus termos, segundo a lei processual civil, a transferência coactiva dos direitos e bens do concessionário executado para terceiros deve fazer-se por *concurso público*, a correr no Ministério de Geologia e Minas, precedido de fixação do *valor base* dos direitos e do estabelecimento da concessão ([222]).

Observe-se que, quanto às *concessões de exploração de diamantes*, dada a relativa *estatização* do uso e aproveitamento deles – que, tão só, cabe à empresa pública *ENDIAMA* ou a *empresas mistas* em que esta

---

([220]) Obviamente que, em abstracto, não está posta de parte a possibilidade de, igualmente, se admitir a constituição de uma *hipoteca legal* sobre os direitos de exploração ou sobre os anexos mineiros.

Todavia, cotejando cada uma das hipóteses previstas nas várias alíneas do artigo 705º do Código Civil angolano, mal se vê como é que aos credores-financiadores do concessionário poderá aproveitar a constituição de hipotecas deste tipo.

([221]) Cfr. G. ABBATE, *Credito minerario*, in Enciclopedia del Diritto, Vol. XI, Milano, 1962, pág. 316.

([222]) O Decreto nº 29.725, de 28 de Junho de 1939, previa que na execução hipotecária (simples) o processo seguia os seus termos, segundo a lei processual geral – isto é, o Código de Processo Civil português de 1939 – até à *arrematação*, a qual era feita sob a forma de *concurso* para nova concessão, aberto na Direcção-Geral de Minas e Serviços Geológicos, a pedido do tribunal, cabendo ao juiz desse tribunal a presidência da comissão encarregada de apreciar as propostas.

Parece-nos, no entanto, que a outorga dos direitos mineiros deve, também neste particular, seguir o regime geral, a que adiante aludiremos, da *atribuição directa por concurso*, a correr no Ministério de Geologia e Minas, sem intervenção do juiz *a quo*. Daí que, fixado o valor base do direito (cujo montante poderá ser igual àquele que corresponde à indemnização do concessionário no suposto de a concessão ser resgatada, cfr., *infra*), após a recepção e análise das propostas, resolução de eventuais reclamações e uma vez decidida a outorga dos direitos, sendo o produto dessa adjudicação depositado à ordem do tribunal, seguir-se-iam, depois, os termos gerais do processo executivo.

De notar ainda que, se a venda executiva destes direitos, de *lege ferenda*, assumir uma estrutura deste jaez – uma vez que se venha a tratar de uma forma excepcionalmente imposta por lei especial –, daí resultará uma outra vantagem: não poderão, nem o exequente, nem os eventuais credores reclamantes, requerer a *adjudicação* daquele direito e das instalações acessórias penhoradas (artigo 875º, nº 1 do Código de Processo Civil angolano).

# AS FORMAS DE UTILIZAÇÃO DE BENS DO DOMÍNIO PÚBLICO...

participe –, bem ou mal, não parece possível permitir, de *iure constituendo* ([223]), a hipoteca dos ditos *direitos mineiros* e das *instalações acessórias* (i.e., os *anexos mineiros*). É, porém, certo que tais bens e direitos não são *absolutamente inalienáveis* – posto que o podem ser a favor de uma daquelas entidades – e, por isso, poderão ser, *ultima ratio*, objecto de penhora em *execução hipotecária* (artigo 822°, n° 1 do Código de Processo Civil).

Sendo assim, na eventualidade de se passar a consagrar a *hipoteca de concessões mineiras*, o regime dela aqui proposto não terá aplicação no tocante às *execuções hipotecárias* de concessões mineiras de *diamantes*, as quais, outrossim se regerão pelo disposto nos artigos 883°, n° 2, alínea *b)* e 885°, ambos do Código de Processo Civil, contanto que fique acautelada a idoneidade técnica e financeira do novo concessionário.

Vale isto por dizer que o artigo 817° do Código Civil angolano – segundo o qual a *garantia patrimonial do credor*, em caso de *incumprimento do devedor* ([224]), se estende à totalidade do património deste – se acha, aqui, excepcionalmente, limitado.

Assim, sendo a execução promovida por credor desprovido de hipoteca sobre o direito de exploração das jazidas, deve este bem considerar-se *inalienável*, em acção executiva e, por tal, *impenhorável* (artigo 823° do Código de Processo Civil angolano).

Além disso, sempre que o *concessionário* seja um *terceiro* relativamente à execução, o direito decorrente da concessão dominial só pode ser objecto de execução quando sobre ele incida uma *hipoteca* constituída para garantir o crédito exequendo, contanto que este tenha surgido *por causa de trabalhos de exploração* (levados a cabo, *v.g.*, por empresa devedora, *subcontratada* pelo concessionário).

O regime aqui enunciado – no suposto de se achar revogado o Decreto n° 29725, de 28 de Junho de 1939 – subtrai o direito do concessionário à acção executiva promovida por credor, cujo crédito, decorrente de trabalhos mineiros, não esteja garantido por hipoteca. Que este regime não contraria a dominialidade das jazidas minerais e, ao invés, é o mais ade-

---

([223]) No direito constituído, como se verá, é permitida a transmissão dos direitos mineiros de exploração de diamantes, ficando, tão-só, salva ao Estado a possibilidade de exercer um (estranho) *direito de preferência* relativamente à alienação projectada ou já realizada (artigo 11°, n° 8, *in fine*, da Lei n° 1/92: fala-se aí, incorrectamente de *direito de opção*, querendo, outrossim, significar-se *direito de preferência* legal, dando-se ao Estado angolano – a quem pertence a *coisa pública*, objecto da concessão dominial – a possibilidade de se substituir, se oferecer tanto por tanto, a quem adquiriu do concessionário os direitos de exploração (cfr., sobre o direito de preferência, **OLIVEIRA ASCENSÃO**, *Direito Civil*, (…), cit., [207], pág. 267).

([224]) Sobre isto, *vide* **ANTUNES VARELA**, *Das Obrigações*, (…), cit. [196], pág. 113; **MENEZES CORDEIRO**, *Direito das Obrigações*, Vol. I, AAFDL, Lisboa, 1980, pág. 167.

DIREITO MINEIRO ANGOLANO

quado para garantir o afluxo de capitais necessários à prossecução da indústria mineira é facto já conhecido: o registo da hipoteca não incide sobre a própria coisa pública, mas sobre o direito do concessionário.

Que, neste particular, talvez deva reconhecer-se um arrimo à tese da *natureza real* e *imobiliária* do direito do concessionário é um dado pouco controverso.

De tudo isto se vê que a lei tenha, talvez, incluído o direito do concessionário no elenco das figuras reais. Porém, o problema não acaba aqui. Analisêmo-lo, agora, à face do regime da *expropriação*.

### 1.4. A expropriação dos direitos decorrentes da concessão.

Em matéria de *expropriações por utilidade pública* rege, no ordenamento jurídico angolano, a Lei nº 2030, de 22 de Junho de 1948 ([225]), tornada extensível ao território da actual República de Angola pela Portaria nº 14507, de 19 de Agosto de 1953 e o Regulamento desta lei, aprovado pelo Decreto nº 43 587, de 8 de Abril de 1961 ([226]), que foi tornado, também, extensível ao território angolano pela Portaria nº 23 404, de 17 de Junho de 1968.

De harmonia com o artigo 1º, nº 1 da Lei nº 2030 podem ser objecto de expropriação, para além dos *imóveis*, os *direitos reais relativos a eles*. Observe-se ainda que, nos termos do artigo 2º da mesma Lei, ocorrendo o *resgate das concessões* ([227]) *e privilégios outorgados para a exploração de serviços de utilidade pública, poderão ser expropriados os bens e direitos a ela relativos que, sendo propriedade do concessionário, devam continuar afectos ao respectivo serviço*. No mais, como decorre do nº 1 do artigo 5º do Decreto nº 43 587, *consideram-se interessados na expropriação, além do expropriado, os titulares de qualquer direito real ou ónus sobre o prédio* (...). De resto, nem a Lei nº 1/92, nem a Lei nº 16/94 disciplinam em especial esta questão.

Em princípio, nada impediria que se pudessem expropriar por utilidade pública os *direitos mineiros de exploração* (ou de prospecção e pesquisa) se e na medida em que eles, *para este efeito*, fossem havidos como *direitos reais* sobre coisas públicas, os quais, como vimos, devem

---

([225]) *Ex vi* do artigo 12º/4 da Constituição: "*O Estado respeita e protege a propriedade das pessoas, quer singulares quer colectivas e a propriedade e posse das terras pelos camponeses, sem prejuízo da possibilidade de expropriação por utilidade pública, nos termos da lei*" (o sublinhado é nosso).

([226]) Que revogara o primevo Regulamento daquela Lei, justamente aprovado pelo Decreto 37.758, de 22 de Fevereiro de 1950.

([227]) *Vide, infra*, cap. IV, E), nº 4.

## AS FORMAS DE UTILIZAÇÃO DE BENS DO DOMÍNIO PÚBLICO...

seguir o regime dos *imóveis*. Só que, nem o regime geral das expropriações, nem, tão pouco, o actual regime jurídico do aproveitamento dos recursos geológicos o esclarecem. Logo, não podem, obviamente, as partes contratantes (Estado e concessionário), na falta de previsão legal, outorgarem-se nos poderes de disciplinar, no contrato administrativo, matéria deste jaez.

A única pista que se dispõe é a do referido artigo 2º da Lei nº 2030: aptos, afinal, a ser objecto de expropriação são, isso sim, os bens *móveis* e *imóveis* – integrados no *estabelecimento* industrial e que estejam afectos à exploração dos serviços de utilidade pública. Mas, logo se divisa que essa norma é, outrossim, directamente aplicável *às concessões de serviços públicos* e não às *concessões de exploração de bens dominiais* ([228]).

Como quer que seja, daqui se conclui que há alguns mecanismos jurídicos, que se devem reputar vigentes no ordenamento jurídico angolano, susceptíveis de produzirem, como efeito, a *expropriação* por utilidade pública tanto dos *imóveis* quanto – o que é, neste particular, uma excepção – dos *móveis* afectos à exploração: qual seja o *resgate das concessões* (dominiais), ou seja, a extinção *ante tempus*, nas concessões a longo prazo – mais precisamente nas *concessões a termo certo* ou prazo fixo – mediante declaração unilateral de vontade do concedente, pela qual, por via de uma *indemnização*, são extintos os direitos de exploração, de tal forma que o concedente (*in casu*, o Estado) ou assume a exploração directa do bem, ou entrega essa exploração a outra entidade (*maxime*, privada) ([229]). Esta figura comporta, como se sabe ([230]), duas modalidades: o *resgate particular* – especialmente previsto pelos contratantes para

---

([228]) Enquanto nas primeiras se está perante *contratos administrativos de colaboração subordinada* – obrigando-se o concessionário a proporcionar à pessoa colectiva pública uma colaboração temporária no desempenho de actividades administrativas, mediante uma remuneração –, *nas concessões do uso privativo de bens dominiais* temos como seus instrumentos negociais os designados *contratos administrativos de atribuição* (*paritária* ou *subordinada*, consoante a lei confira à Administração contratante poderes de modificação, suspensão, rescisão ou execução através de do exercício unilateral de autoridade), segundo os quais o interesse público é prosseguido, principalmente, através de uma actividade da Administração consistente na outorga certas vantagens ao concessionário e não tanto mediante as obrigações que este assume. Nestes termos, que se perfilham inteiramente, **SÉRVULO CORREIA**, *Legalidade e Autonomia Contratual*, (...), cit., **[83]**, págs. 420-425.

([229]) O *resgate legal* ou de *interesse público* das concessões está previsto na Lei de 26 de Julho de 1912 – que, como informa **MARCELLO CAETANO** (*Manual*, ..., cit., **[30]**, pág. 1131), não foi revogada pela Lei nº 2030, cujo artigo 12º, nº 2, alínea *c)* até faz referência a essa forma de resgate. Porém, aquela Lei de 1912 só abarca os contratos de concessão de serviços públicos.

([230]) Cfr., **MARCELLO CAETANO**, *ob. cit.*, *ult. loc. cit.*

## DIREITO MINEIRO ANGOLANO

cada concessão – e o *resgate de interesse público* que resulta da lei. Deste nos ocuparemos adiante, *de iure constituendo*.

Vale o exposto por afirmar que, agora nesta sede, é tudo menos linear que a lei vigente na República de Angola tenha querido inequivocamente atribuir *natureza real* ao direito resultante da concessão em bens do domínio público.

### 1.5. Outros aspectos do regime das concessões em bens do domínio público harmonizáveis somente com a existência de um vínculo obrigacional.

A tudo isto acresce que a *vertente obrigacional* deste direito pode ser surpreendida pelo cotejo de outros caminhos. Vejamos quais são e que pistas fornecem.

Outros aspectos se surpreendem no regime da concessão mineira que só se intuem no suposto de existir uma relação obrigacional entre o Estado e o concessionário.

Já sabemos que pelo *contrato administrativo* de concessão mineira o Estado transfere os seus direitos de exploração para uma entidade privada, que gere esses bens e os frui em proveito próprio, de acordo com a sua natureza e destino, mediante certas contrapartidas contratualmente acordadas ([231]).

Do assinalado conteúdo desta relação jurídica decorre que se não está perante um *negócio real*, seja porque a perfeição dele não requer a prática de um acto material – que o mesmo é dizer, a entrega material das jazidas não parece ser elemento constitutivo da relação jurídica ou condição do seu nascimento –, seja na medida em que o concessionário, uma vez obtido o acordo de vontades, adquire *ab initio*, tão só, o *direito de exigir ao concedente a entrega da coisa*, se e quando certas condições forem cumpridas: estamo-nos a lembrar que o nº 3 do artigo 9º e o

---

([231]) Note-se que, em rigor, a lei angolana não define o que seja a concessão de exploração de jazidas. Daí que o que vai dito suporta-se, principalmente, numa noção doutrinária da figura, tal como – e abandonada a ideia de que ela fazia nascer uma *propriedade* – tem sido descrita pelos autores modernos. Ora, reconhece-se que o acento tónico no elemento *transferência* – se se entender que se está perante uma *concessão translativa* (o mesmo sucederá, acaso se entenda que se está perante uma *concessão constitutiva*, pela qual a Administração comprime a afectação de certos bens a um uso público no sentido de satisfazer interesses particulares) – é tudo menos esclarecedor ou inequívoco relativamente à prova da existência, nestes contratos administrativos, de uma *relação obrigacional*: transferir tanto pode significar o nascimento de uma *relação de crédito* – qual seja o direito de o concessionário usar ou fruir as jazidas pertencentes ao Estado – como a constituição de um *vínculo real* – qual seja a *transmissão* para o concessionário de um direito de gozo sobre a jazida, que pertence ao *dans causam*, o Estado.

# AS FORMAS DE UTILIZAÇÃO DE BENS DO DOMÍNIO PÚBLICO...

nº 1 do artigo 1º, conjugados com a alínea *a)* do nº 2 do artigo 12º, ambos da Lei nº 1/92, só autorizam o início da execução das actividades de exploração da jazida uma vez que seja *aprovado*, pela Administração ([232]), a avaliação das respectivas reservas e o plano de exploração das minas.

Por conseguinte, nesta perspectiva, ao concessionário só aproveita, no momento da conclusão do contrato – seja, também, porque se trata de uma relação contratual que pressupõe uma série de actos (a maioria deles de natureza unilateral, sob a forma de *actos administrativos*) executivos posteriores –, *um direito condicionado à jazida*.

Na prática, este efeito poderá ter algumas consequências.

Não fosse a existência de um tribunal arbitral para dirimir os litígios decorrentes da interpretação, validade e execução destes contratos administrativos (art. 23º, nº 1 da Lei nº 1/92) – e no suposto de a Administração não realizar a entrega da jazida para exploração, conforme o acordado – ao concessionário só restaria desencadear uma acção de condenação e não já uma acção de reivindicação. O mesmo acontecendo se, *v.g.*, uma jazida já explorada, mas ainda não esgotada, estivesse na *posse* de uma entidade sem título jurídico de exploração (ou, tivesse sido *singularmente desafectada* e entregue a sua gestão a um terceiro) e o legítimo novo concessionário pretendesse obter a respectiva entrega: ou movia uma acção de condenação pedindo a entrega dela e/ou uma indemnização pelos danos sofridos.

Só após a entrega e, por conseguinte, o exercício de poderes de facto sobre ela, pelo concessionário, é que este passa a ser titular de um direito que, nalguns pontos, deve ser tratado como direito real ([233]).

Não pode, doutra sorte, dizer-se que, com a concessão dos direitos de prospecção e pesquisa, o titular destes direitos possa esperar ou confiar que, no futuro, o Estado fique obrigado a conceder-lhe a exploração de jazidas – por exemplo, já descobertas, mas ainda não avaliadas ou reconhecidas.

É certo que no contrato pelo qual se outorgam direitos de prospecção e pesquisa devem constar as condições de concessão dos direitos de

---

([232]) Cumpre, no entanto, esclarecer qual é o *organismo competente da Administração* para o fazer.

([233]) Observe-se, ademais, que a existência, após a conclusão do contrato, de vínculos de natureza obrigacional que se estabelecem entre o concedente e o concessionário (*v.g.*, o concedente deve assegurar ao concessionário a utilização dos terrenos necessários às actividades mineiras e à implementação das instalações, edifícios e equipamentos: alínea f) do nº 2 do artigo 12º da Lei nº 1/92; o concessionário deve garantir a segurança dos trabalhadores e a salubridade dos postos de trabalho, a manutenção da exploração activa: alíneas d) e b) do mesmo número e artigo) só por si não impede que se reconheça natureza real à posição jurídica do concessionário.

# Direito Mineiro Angolano

exploração (alínea *n)* do n° 2 do artigo 6° da Lei n° 1/92 e alínea *a)* do artigo 4° da Lei n° 16/94).

Contudo, a outorga deles não passa, dessa maneira, a constituir um *poder* totalmente *vinculado* da Administração: deve esta, naturalmente, exigir a elaboração e apreciar o *estudo de viabilidade técnica e económica*[234] das jazidas, cuja exploração o titular dos direitos de prospecção e pesquisa requeira.

Pode, por isso, sem estultícia dizer-se que, nestas hipóteses, a Administração *garante, sob reserva de ulterior ponderação do interesse público* – com base no referido estudo de viabilidade técnica e económica – a futura concessão dos direitos de exploração.

Daqui decorre que não é possível atribuir *eficácia real* a qualquer cláusula constante do contrato de prospecção e pesquisa de direitos mineiros, pela qual as partes disciplinem, no quadro da lei, a futura outorga de direitos mineiros de exploração. O titular dos direitos de prospecção e pesquisa nunca se pode, pois, fazer *substituir* a qualquer outra entidade a quem o Estado tenha outorgado direitos mineiros de exploração relativamente a jazidas existentes na mesma área ([235]).

## 1.6. A impossibilidade legal de o concessionário praticar alguns actos e negócios e a eventual necessidade de obter autorização para a prática deles. A intensidade da ligação da posição jurídica do concedente ao contrato de concessão. O prazo da concessão.

Relevo assumem, ainda, algumas normas no direito constituído que impedem, sem *autorização* do concedente, ou facultam, independentemente dela, a prática de determinados actos relativos ao aproveitamento da jazida.

Analise-se, desde já e sucintamente, a faculdade de *comercialização* do minério extraído.

Dispõe o n° 1, do artigo 12°, da Lei n° 1/92, de 17 de Janeiro, que o direito de exploração dos recursos minerais inclui, entre outras faculdades, a de *comercialização* desses produtos. Daí que, em consonância com este regime, preceitua o artigo 18°, n° 1 da mesma Lei, que a comercialização dos recursos minerais compete às empresas detentoras dos títulos de exploração.

---

([234]) Alíneas *a)* e *b)* do n° 3 do artigo 11° e, mitigadamente, a alínea *c)* do artigo 4° da Lei n° 16/94.

([235]) É claro que se deve, igualmente, prevenir esta situação. Isto é: consignar, de *iure constituendo*, na lei, que ninguém poderá requerer – ou o Estado não poderá atribuir na sequência de concurso ou ajuste directo – a concessão da exploração de jazidas em áreas abrangidas por direitos de prospecção e pesquisa em vigor e que respeitem *à mesma substância*.

## AS FORMAS DE UTILIZAÇÃO DE BENS DO DOMÍNIO PÚBLICO...

Por sua vez, veio a Lei nº 16/94, de 7 de Outubro, estabelecer, no seu artigo 8º, nº 1 que, ao contrário do previsto para a venda dos minerais acessórios (artigo 11º desta Lei), a *comercialização de diamantes* só pode ser realizada, *exclusivamente*, pela *ENDIAMA* ou por uma empresa a constituir expressamente para essa específica actividade ([236]), outorgando a lei ao ente que comercializar os diamantes uma *comissão legal*, que não pode exceder 2,5% do valor dos diamantes exportados.

De resto, às *empresas mistas* (participadas em 50% pela *ENDIAMA*) que, para além da *ENDIAMA*, têm o poder de requerer direitos mineiros de prospecção, pesquisa e exploração de diamantes, tão só a lei faculta a utilização, em todas as fases do processo de avaliação dos diamantes extraídos, de um avaliador por ela escolhido (artigo 10º, nº 3 da Lei 16/94).

Acresce que as empresas *contratadas* pela *ENDIAMA* – na hipótese, julgamos, de os direitos de exploração serem concedidos a esta empresa pública – nos termos do nº 5 do artigo 2º desta Lei ([237]) e que partilhem os resultados da produção de diamantes, têm, diz a Lei, "*o direito de negociar e participar na elaboração dos contratos ou acordos de comercialização dos diamantes que forem produzidos*".

Neste particular, o legislador volta a não ser claro: fica-se, de todo o modo, sem saber se estes direitos só aproveitam às empresas mencionadas no nº 5 daquele artigo 2º ou, também, se deles se podem prevalecer as próprias empresas mistas concessionárias dos direitos de exploração. Cumprirá, pois, de *iure constituendo*, esclarecer este ponto ([238]). E mais:

---

([236]) Residualmente, a Lei nº 16/94, no seu artigo 12º atribui, consoante os casos, ora à empresa concessionária, ora à *ENDIAMA*, o direito de avaliar e comercializar os diamantes e os minerais acessórios extraídos nas áreas de *exploração artesanal de diamantes*.

([237]) Que reza: "*A ENDIAMA – U.E.E. poderá ainda exercer os direitos que lhe forem atribuídos através de associações em participação ou mediante contratos a celebrar com empresas nacionais ou estrangeiras, que poderão revestir qualquer das modalidades utilizadas internacionalmente na actividade mineira*".

([238])Ainda assim, de harmonia com o argumento *a maiori ad minus*, se estas empresas, não detentoras de títulos de exploração, contratadas pela *ENDIAMA* – e uma vez que a esta tenham sido outorgados pelo Estado direitos mineiros de exploração –, por via da celebração de contratos de prestação de serviços, *empreitada, associação em participação, partilha de produção*, podem negociar e participar na elaboração dos referidos contratos, por maioria de razão estes direitos deverão assistir às empresas mistas concessionárias – participadas pela *ENDIAMA* – de direitos de exploração.

Ao cabo e ao resto, poderá intuir-se que a expressão *contratadas pela ENDIAMA* quererá abranger, porventura grosseiramente, toda a actividade negocial, encetada entre a *ENDIAMA* e as sociedades comerciais estrangeiras, tendente à constituição e participação nas designadas *empresa mistas* – sociedades comerciais anónimas de capitais públicos e privados –, a quem o Estado pode atribuir direitos mineiros. Se assim é – o que convém esclarecer no futuro –, o legislador, ao arrepio do nº 3, do artigo 9º, do Código Civil, só muito dificilmente terá, na perspectiva do intérprete, sabido exprimir o seu pensamento em termos claros.

DIREITO MINEIRO ANGOLANO

quedamo-nos, igualmente, sem saber o conteúdo, intensidade e alcance dessa *negociação* e *participação*.

Por fim, refere o artigo 11°, da Lei n° 16/94, que os minerais acessórios, à exclusão, obviamente, das pedras preciosas, serão *exclusivamente* comercializados pelo concessionário (*ENDIAMA* ou as referidas *empresas mistas*), pelos melhores preços que se puder obter, devendo este celebrar os respectivos contratos com os compradores dos mesmos.

Observe-se, *prima facie*, que a venda do minério – ou das pedras preciosas – antes de ser extraído, pelo concessionário, da jazida, é uma venda de *bens futuros*. Por força do *princípio da especialidade* ou *individualização*, consagrado em matéria dos direitos sobre as coisas no artigo 408°, n° 2, do Código Civil angolano, não há direitos sobre coisas genéricas, sendo necessária a especificação ou, pelo menos, a individualização jurídica dessas coisas, para que nelas incida um *ius in re* [239]. Mesmo que as coisas já estejam relativamente individualizadas – por conseguinte, já de alguma forma sejam certas e determinadas –, é preciso, ainda, que estejam separadas ou autonomizadas de outras coisas. É o que sucede, designadamente, com as *partes integrantes* de prédios [240] e os *frutos naturais* [241].

Que o mesmo é dizer, trata-se de coisas susceptíveis de uma identificação na sua individualidade, mas que, pela circunstância de se encontrarem estreitamente conexas com coisas diferentes (e até, por lei, *desintegradas do domínio* sobre o solo), não podem sofrer a incidência de direitos reais diversos do que aqueles que incidem sobre a jazida *in totum* – que, por sua vez, está integrada no prédio.

Daí que somente quando se produz a desafectação ou separação é que, sobre elas, pode incidir um direito real distinto. Até aí, ou seja, até ao momento da desafectação, os negócios com vista à transmissão da sua titularidade – ou, o que é o mesmo, os negócios que prevejam a aquisição de direitos sobre elas – só têm *eficácia obrigacional*.

Até ao momento da separação, o *comprador* só dispõe de um puro *direito de crédito*, ou seja, o direito de exigir que, no caso dos diamantes, a *ENDIAMA* exerça as diligências necessárias para que ele adquira as pedras preciosas que já tenham sido objeto de contrato de compra e venda.

O vendedor dos diamantes – a *ENDIAMA* – acha-se obrigada, portanto, a diligenciar, junto aos concessionários de exploração desta riqueza, para a produção do resultado translativo. Pelo que, quando forem extraídos, dá-se a transferência do direito de propriedade deles para o eventual

---

[239] Cfr., neste sentido, **ORLANDO DE CARVALHO**, *Direitos das Coisas*, policopiado, Coimbra, 1977, pág. 220-221.

[240] Referidas no artigo 204°, n° 1, alínea *e)* do Código Civil angolano.

[241] Que avultam no artigo 204°, n° 1, alínea *c)* do mesmo diploma.

## AS FORMAS DE UTILIZAÇÃO DE BENS DO DOMÍNIO PÚBLICO...

comprador ([242]). Claro está que esta eventualidade não sucede se e quando os diamantes (e os demais minerais) só forem objecto de contrato de compra e venda após terem sido extraídos da jazida.

Como quer que seja, entendemos que as *empresas mistas* concessionárias de direitos mineiros sobre jazidas de diamantes, no tocante à comercialização deles – por si foram extraídos ou beneficiados – se encontram numa situação de *indisponibilidade relativa* ([243]). Ou seja: estão impedidas, pela lei, de alienar (comerciar) uma parcela do seu património ([244]), ou melhor, um conjunto de relações jurídicas e de bens de que são titulares ([245]), justamente, em atenção ao tipo de bens que se trata, às específicas qualidades que eles encerram e aos fins a que estão afectos, de tal modo que o legislador angolano – bem ou mal – entendeu que o regime mais adequado de sobre os diamantes se constituirem relações jurídicas passaria pela *subtracção da normal disponibilidade deles ao seu titular* ([246]) ([247]).

---

([242]) A questão mereceria outros desenvolvimentos – que não se farão – no que toca, principalmente, às hipóteses em que, antes da atribuição dos direitos de exploração, o concedente já tenha disposto, isto é, vendido a terceiros o minério que haja de ser extraído.

([243]) Sobre a configuração das *indisponibilidades*, cfr. **LUÍS A. CARVALHO FERNANDES**, *Teoria Geral do Direito Civil*, Vol. I, 2ª edição, Lisboa, 1995, pág. 312--313; **REMÉDIO MARQUES**, *Direito Comercial*, (…), cit., **[201]**, pág. 392-393.

([244]) Visto que os diamantes, uma vez extraídos e, portanto, separados da jazida, passam à titularidade do concessionário – a não ser que este tenha vendido previamente a totalidade da produção de diamantes antes da extracção.

([245]) Por certo que o legislador terá tentado conciliar dois interesses, não raro antagónicos: se, por um lado, quis salvaguardar os legítimos interesses dos produtores de diamantes – que investiram avultados meios financeiros e tecnológicos nos anexos mineiros e nas escavações realizadas e esperam, legitimamente, obter lucros líquidos por um período mais ou menos prolongado de tempo, com base nas reservas mineiras comprovadas e disponíveis –, por outro ponderou o interesse do Estado angolano na defesa e valorização deste recurso – para mais, acautelando ou prevenindo, ainda que excepcional e transitoriamente, o seu tráfico ilícito –, atento o carácter específico e altamente especializado da avaliação dos diamantes e as características do mercado internacional diamantífero.

Neste domínio ter-se-á encontrado uma solução, na prática, análoga à que rege a comercialização dos hidrocarbonetos – e a que regia, no quadro da já revogada Lei nº 5/79, os demais recursos minerais, mas com uma diferença: enquanto naquelas os direitos mineiros são (ou eram, respectivamente) somente outorgados à *SONANGOL* (artigo 2º, nº 1, da Lei nº 13/78, de 26 de Agosto) ou a *empresas públicas* (artigo 8º, nº 1 da citada Lei nº 5/79, de 27 de Abril), na actual *Lei dos Diamantes* podem eles ser, ao invés, outorgados a *empresas privadas de economia mista* (sociedades comerciais anónimas), cujo capital social seja subscrito pela *ENDIAMA* e por outras empresas privadas (angolanas ou estrangeiras).

([246]) Lembre-se que, a primeira *Lei das Actividades Geológicas e Mineiras*, publicada na jovem República de Angola (como se sabe, a Lei nº 5/79, de 27 de Abril, vista e aprovada pelo Conselho da Revolução, promulgada em 8 de Maio e publicada no Jornal

## DIREITO MINEIRO ANGOLANO

Do que antecede resulta, à primeira aparência, que, no concernente aos direitos mineiros de exploração de diamantes, não desfrutam eles, nesta perspectiva, de *natureza real*.

---

Oficial, no dia 17 desse mês), não deixando de reafirmar o princípio da apropriação estadual dos recursos minerais (art. 3º), igualmente estatuía, no seu artigo 9º, que o *direito de exploração* incluía, entre outras, a faculdade jurídica de *comercialização* desses recursos, afirmando, inclusivamente, no artigo 11º, nº 1, que a comercialização deles competia, em regra, às empresas que realizavam a respectiva exploração (é certo que o nº 2 deste preceito subordinava a comercialização dos recursos minerais aos condicionamentos e restrições impostos pela legislação em vigor. Porém, essas limitações prendiam-se, como é evidente, não com o núcleo essencial do conteúdo dos poderes jurídicos de *comercialização*, exercitados, do ponto de vista subjectivo, por essas empresas, mas sim com determinadas obrigações a que os concessionários deviam observância, tais como notificações aos organismos competentes, indicação de preços, autorizações para exportação, etc.). Não tendo a Lei nº 11/87, de 3 de Outubro, que deu nova redacção a algumas disposições daquela Lei, alterado os referidos preceitos, veio à luz a Lei nº 1/92, de 17 de Janeiro, que manteve o mesmo *statu quo* ao prever, no artigo 18º, nº 1, que *a comercialização dos recursos minerais que constituem os produtos da exploração, do tratamento ou da extracção metalúrgica compete às empresas detentoras de títulos de exploração*.

Ora, há que extrair as devidas ilações quando, no nº 2 do artigo 8º da Lei nº 16/94 (*Lei dos Diamantes*), o legislador observa que *a comercialização dos diamantes é feita exclusivamente pela ENDIAMA* – ou por uma empresa mista que, que se saiba, não chegou, ainda, a constituir-se.

Vale isto por dizer que, presumindo o intérprete que o legislador consagrou as soluções mais acertadas e soube exprimir o seu pensamento em termos adequados (artigo 9º, nº 3 do Código Civil angolano), o entender-se que o concessionário da exploração de diamantes, apesar de tudo, conserva o poder jurídico de os comercializar, não parece que seja a melhor e menos equívoca ou clara forma de interpretar o acervo de poderes jurídicos atribuídos pelo Estado angolano ao concessionário. Aliás, o emprego, no nº 2 do artigo 8º da *Lei dos Diamantes*, do vocábulo *exclusivamente*, não pode ter outro sentido do que o de reservar a esta pessoa colectiva de direito público (a *ENDIAMA*) a *intervenção exclusiva* no processo de colocação desta riqueza nacional no mercado económico – salvo, como vimos, na hipótese, prevista na lei, mas afastada na prática, da constituição de uma sociedade comercial, qual empresa de economia mista ou de capitais exclusivamente públicos, para a função específica de comercialização –, outorgando-lhe, nessa conformidade, o poder de decidir – para além do conteúdo do negócio – o *quando*, o *com quem* e o *como* dessa comercialização.

De resto, quando, no artigo 11º da mesma Lei se afirma que *é livre* a comercialização de minerais acessórios, tal asserção seria meramente redundante, acaso se entendesse que, à face do artigo 8º, nº 2 dessa Lei, o concessionário dispunha do poder de, igualmente, comercializar os próprios diamantes, posto que o que pode o mais também pode o menos (argumento a *maiori ad minus*).

Desta maneira, ao concessionário de exploração de diamantes que não seja a empresa pública *ENDIAMA* só fica, quanto muito, salvo o *poder de intervir na negociação* e *participar* (cfr. os arts. 8º/3 e 10º/3, da Lei nº 16/94) no processo de comercialização, sem que, portanto, os termos e oportunidade de qualquer acordo negocial de venda de diamantes

## AS FORMAS DE UTILIZAÇÃO DE BENS DO DOMÍNIO PÚBLICO...

Porém, a aludida *indisponibilidade jurídica relativa* de comercialização não é decisiva para uma qualificação deste jaez, visto que não é a circunstância de a lei delimitar ou restringir a esfera de poderes jurídicos do concessionário que atribui, necessariamente, a estes direitos *natureza obrigacional*. Como lembra OLIVEIRA ASCENSÃO ([248]), direitos reais há que, ou estão numa situação *de inalienabilidade relativa*, ou são, de todo em todo, *absolutamente inalienáveis*.

Verdadeiros *direitos reais* existem relativamente aos quais a lei proíbe ao seu titular, seja a prática de actos de alienação ou oneração ([249]) – *v.g.*, os titulares do *direito de uso e aproveitamento*, vale dizer, titulares do direito de superfície sobre terrenos, pertencentes ao Estado angolano, objecto de concessão, ao abrigo da Lei nº 21-C/92, de 28 de Agosto, que

---

– *v.g.*, entre a *ENDIAMA* e terceiros compradores – possa ficar na dependência de declarações de vontade vinculativas por parte desse concessionário.

No fundo, o poder de *negociar e participar* no processo de comercialização, sob pena de contraditoriedade nos próprios termos por banda do legislador, queda-se circunscrito, designadamente, ao poder de acordar com a *ENDIAMA* (ou com a referida empresa a constituir expressamente para a realização desta actividade) as *comissões legais* a que esta última tem direito – enquanto ente que comercializa os diamantes –, à classificação e avaliação dos diamantes por si extraídos ou beneficiados, a acordar com os compradores o modo – *v.g.*, circunstâncias de tempo e lugar – por que essa sua intervenção no procedimento de classificação deva processar-se.

Cumpriria, no entanto, no *direito a constituir*, esclarecer-se exaustivamente qual é o conteúdo, a amplitude e o limite deste poder de negociação e participação na venda dos diamantes.

([247]) Antes mesmo de se concluir pela existência de uma situação de *indisponibilidade relativa* poderia, *prima facie*, pensar-se que o concessionário se encontraria numa situação de *incapacidade negocial de exercício* (conquanto relativa). Porém, esta não é a mais correcta visão das coisas, visto que a figura das *incapacidades* pressupõe uma (falta de) *qualidade ligada à pessoa* do próprio incapaz (**MOTA PINTO**, *Teoria Geral* (...), cit., **[178]**, pág. 255; **HEINRICH E. HOERSTER**, *A Parte Geral do Código Civil Português, Teoria Geral do Direito Civil*, Coimbra, 1992, pág. 315, 348) e acha-se predisposta, no seu regime, a proteger os interesses deste.

Seria, também, pensável observar-se que o concessionário careceria de *legitimidade* para, validamente, realizar a comercialização dos diamantes. Mas, como a *legitimidade* – supondo uma posição, um *modo-de-ser* para com os outros – visa, primordialmente, tutelar interesses alheios (sendo os negócios, por cujo respeito a figura é aplicável, estritamente pessoais), impedindo que alguém se substitua à pessoa a quem a lei proíbe a sua celebração (cfr., **HEINRICH E. HORSTER**, *ob. cit.*, pág. 348), também não parece ser o enquadramento correcto. A não ser que, por absurdo, se sustentasse que a *ENDIAMA* assumisse, na *comercialização dos diamantes*, a veste de *representante legal* (curador? tutor?) do concessionário.

([248]) **OLIVEIRA ASCENSÃO**, *Direito Civil - Reais*, 5ª edição, Coimbra, 1993, pág. 311.

([249]) Neste sentido, **HENRIQUE MESQUITA**, *Obrigações Reais* (...), cit., **[150]**, pág. 175.

só podem transmitir esse direito *cinco anos após a concessão da respectiva licença* (art. 20°, n.° 2) –, seja a falta de cumprimento de determinadas obrigações, as quais, uma vez violadas, conduzem à extinção do direito real (*v.g.*, incumprimento sistemático, pelo concessionário do *uso e aproveitamento* dos terrenos atrás referidos, dos deveres previstos no artigo 18° da Lei n° 21-C/92, *ex vi*, da alínea *d)* do seu artigo 22°). Nestas e noutras eventualidades a lei mais não faz do que restringir a esfera de poderes do titular do direito real, não se topando, pois, qualquer desvio ao fenómeno dos direitos reais.

Importantes, ainda, sem dúvida, para a dilucidação da natureza jurídica do direito do concessionário, se apresentam as normas – que cumpre descobrir, analisar ou sugerir, no *direito a constituir* – que não permitem praticar, sem *autorização do concedente*, determinados actos atinentes à *alienação* ou oneração, seja dos direitos concedidos, seja de qualquer anexo mineiro.

E um esclarecimento, desde já, se impõe: se a lei angolana torna, de *iure condito*, a alienação dos direitos mineiros dependente do consentimento do Estado, tal implica, para este enfoque, a existência de um *vínculo obrigacional*. Se não, isso coloca a – ou reforça a posição da – concessão dominial mineira no campo dos *direitos reais*.

A este propósito já sabemos que, de *lege data*, enquanto que o n° 3 do artigo 6° da Lei n° 1/92 faz depender a alienação das *licenças de prospecção* de *autorização* prévia do Conselho de Ministros, o n° 8 do artigo 11° da mesma Lei, conquanto de forma equívoca, só atribui ao Estado angolano o *direito de preferência* (legal) na alienação, pelo concessionário, dos *títulos de exploração*.

Este é, sem dúvida, um ponderoso argumento no sentido de considerar estar-se, no tocante aos direitos de exploração, perante um verdadeiro *direito real*, posto que, se se tratasse de um *direito de obrigação*, estaria ele sujeito ao regime consignado no artigo 424° do Código Civil angolano, isto é, a *transmissão da posição contratual de concessionário* ficaria sempre subordinada, antes ou depois dela, ao consentimento do concedente.

Estará, destarte, o concessionário investido numa *posição de soberania* ([250]), de tal sorte que a lei lhe terá conferido uma autonomia total, no que toca, pelo menos, à *alienação* do seu direito. E somente temperou essa autonomia com a imposição de uma obrigação de dar *preferência* ao Estado. Obrigação que não choca, de modo algum, com a existência dessa relação de soberania, pois que, no direito constituído, lhe fica salvo

---

([250]) No sentido em que os direitos reais não são *direitos contra pessoas mas direitos de soberania sobre coisas*, cfr., **HENRIQUE MESQUITA**, *Obrigações Reais*, (…), cit., **[150]**, pág. 61 e segs.

## AS FORMAS DE UTILIZAÇÃO DE BENS DO DOMÍNIO PÚBLICO...

o poder de decidir *o quando*, *o como* e *o destinatário* dessa alienação. Aliás, o *direito de preferência*, tratando-se de um elemento do conteúdo normativo de um direito real [251], apesar de não desfrutar, ele próprio, de *natureza real* [252], a sua consequência mediata, na hipótese de estarem reunidos os seus pressupostos, é a aquisição de uma *coisa* [253], ou melhor, de um *direito real* sobre um *bem* [254] – isto é, uma *coisa* ou um *direito*.

Cabe, por isso, afirmar que a existência, nesta sede, de um direito de preferência (legal) indicia a *natureza real* do direito do concessionário [255].

Contudo, o regime estatuído na Lei nº 1/92 – aplicável ao domínio da prospecção, pesquisa e exploração de diamantes – nem é, por um lado, totalmente esclarecedor e completo, nem é, por outro, de *iure condito*, aceitável.

*Primo conspectu*, a lei, refugiando-se nas expressões *alienáveis*, *transmissíveis* e *negociáveis* (art. 6º/3, para as licenças de prospecção), não esclarece minimamente o intérprete se, com elas, pretende abarcar a transmissão *mortis causa* [256]. Se a resposta, por mera hipótese, for

---

[251] Assim, **HENRIQUE MESQUITA**, *ob. cit.*, [150], pág. 203-204 e nota 128.

[252] Como também já demonstrou exemplarmente o Prof. **HENRIQUE MESQUITA**, *ob. cit.*, [150], pág. 225-228 (sustentando tratar-se de uma situação jurídica complexa, composta por direitos de crédito e direitos potestativos, adstritos a assegurar ao preferente uma posição de prioridade na aquisição, por via negocial, de um direito. Trata-se, no fundo, nas suas palavras, de um direito que *incide sobre um contrato* – *ob. cit.*, pág. 228).

[253] Também **MOTA PINTO** (*Direitos Reais*, lições coligidas por Álvaro Moreira e Carlos Fraga, Coimbra, 1970-1971, pág. 144) já intuía que no direito de preferência existe *"um crédito do preferente em relação ao proprietário da coisa, a respeito de cuja alienação a preferência pode funcionar"*.

[254] Pode definir-se *bem* como *"tudo o que é apto a satisfazer necessidades"* (assim, **ORLANDO DE CARVALHO**, *Direito das Coisas*, policopiado, Centelha, Coimbra, 1977, pág. 11, 99, nota 3). Distingue este autor, de entre os *bens coisificáveis* (visto que, ao invés, há *bens não coisificáveis*: as pessoas, as prestações e as «situações económicas não autónomas»), *as coisas propriamente ditas* (isto é, *todo o bem do mundo externo, sensível ou insensível, com suficiente individualidade e economicidade para ter o estatuto permanente de objecto de direitos*: aut. cit., ob. cit., pág. 189, nota 1; idem, *Teoria Geral do Direito Civil*, policopiado, em publicação, Centelha, Coimbra, fascículos publicados em 1987, pág. 117-118) e os *direitos coisificados* ou *coisas em sentido amplo* (quando aborda a matéria dos *direitos sobre direitos*; aut. cit., *Direito das Coisas*, cit., pág. 209 e segs., nota 5, pág. 239, nota 24).

[255] Como refere **MENEZES CORDEIRO**, *Da Natureza do Direito do Locatário*, Lisboa, 1980, págs. 131-132, a propósito do contrato de locação, a existência de uma preferência legal tem por finalidade *evitar conflitos entre direitos reais*.

[256] Esta é, lembre-se, uma hipótese que terá sempre que ser colocada, uma vez que – exceptuado o regime da prospecção, pesquisa e exploração de diamantes (a despeito de, no domínio da designada *exploração artesanal*, poderem ser atribuídas licenças de

## DIREITO MINEIRO ANGOLANO

afirmativa, ainda assim pode suceder que, ao arrepio dos princípios gerais consignados no direito das sucessões, se dê um fenómeno de *intransmissibilidade sucessória decorrente de acto administrativo* (²⁵⁷), bastando, para tal, que o Conselho de Ministros (²⁵⁸) denegue a autorização para que esse direito seja adjudicado, com a partilha, aos herdeiros ou legatários do concessionário.

Ora, sabe-se que, nos termos do artigo 2025º do Código Civil angolano, existem três tipos de relações jurídicas que se extinguem à data da morte do *de cuius* (²⁵⁹):

**a)** as relações que, *por natureza*, são inseparáveis da pessoa do *de cuius* (*v.g.*, o poder-dever paternal, os deveres conjugais, a capacidade para perfilhar);

**b)** as relações que *a lei* declara não poderem subsistir para além da morte (*v.g.*, o direito do beneficiário da renda vitalícia: art. 1238º do Código Civil; o direito de usufruto: art. 1467º/1,a, *idem*, o direito de uso e habitação: art. 1485º e 1490º, *ibidem*); e,

**c)** as relações cuja extinção foi determinada por vontade *do cuius*.

Daí que o legislador angolano devesse esclarecer este problema, pois que, se não o fizer, de duas uma: ou o problema nem se põe, na medida em que se considere que os direitos de conteúdo patrimonial decorrentes de alvarás e licenças têm *carácter pessoal*, sendo por isso intransmis-

---

exploração a *cidadãos nacionais*, residentes, há mais de 10 anos, nas comunas circundantes às áreas destinadas a exploração artesanal: art.7º/1, da Lei nº 16/94) e hidrocarbonetos – os direitos mineiros podem, como vimos, ser outorgados a *pessoas singulares* (art. 5º/3: "*A licença de prospecção será concedida ... a quem a requerer*").

(²⁵⁷) Fenómeno, este, que só será admissível no domínio da *sucessão nos bens de pessoas colectivas*, sujeito a regras próprias: por exemplo, no caso de os bens (de fundações, associações sem finalidades lucrativas, etc.) não estarem sujeitos a encargos ou não afectados, podem existir leis especiais que regulem essa devolução, outorgando ao Governo a competência para prover ao melhor destino dos bens. Repare-se, contudo, que, nestas eventualidades, não são aplicáveis à sucessão no património pertencente às pessoas colectivas os princípios e regras consignados no Livro V do Código Civil angolano. Assim, também, **CAPELO DE SOUSA**, *Lições de Direito das Sucessões*, Vol. I, 3ª edição, Coimbra, 1990, pág. 105 e segs.

(²⁵⁸) Não se põe o problema de saber se será este orgão do governo ou o Ministério de Geologia e Minas o competente para autorizar a transmissão das *licenças artesanais de exploração*, posto que tudo aponta para o carácter *precário* da situação jurídica daí decorrente. De todo o modo, dado que se trata de *títulos de exploração*, a sua transmissão, no direito constituído, é livre.

(²⁶⁰) Sobre isto, *vide* **OLIVEIRA ASCENSÃO**. *Direito Civil, Sucessões*, 4ª edição, Coimbra, 1989, pág. 39 e segs.; **CAPELO DE SOUSA**, *ob. cit.*, **[257]**, Vol. I, pág. 279 e segs.; **DIOGO LEITE DE CAMPOS**, *Lições de Direito da Família e das Sucessões*, Coimbra, 1990, págs. 543-544; *idem, ibidem*, 2ª edição, revista e actualizada, Del Rey, Belo Horizonte, 1997, págs. 547-548.

## AS FORMAS DE UTILIZAÇÃO DE BENS DO DOMÍNIO. PÚBLICO...

síveis *mortis causa* ([260]); ou a sucessão por morte nestes direitos mineiros fica, incompreensivelmente, na dependência de um *acto administrativo*. Qualquer uma das alternativas não prima pela segurança jurídica: uma está condicionada ao *casuísmo jurisprudencial* a outra à *discricionaridade* (técnica) da Administração.

Para evitar todo este conjunto de efeitos perversos já se sugeriu, de *iure constituendo*, que a morte ou extinção da pessoa colectiva dê lugar à *caducidade* dos direitos mineiros, sejam eles de prospecção e pesquisa ou, mesmo, de exploração.

Em segundo lugar, no que concerne aos *direitos de exploração*, a sua *livre transmissibilidade inter vivos* vai, radicalmente, ao arrepio, quer do *intuitus personae,* quer do asseguramento ou garantia da *idoneidade técnica e financeira*, por cujo respeito são realizadas, pelo orgão da Administração, as ponderações – de oportunidade, de mérito, de adequação –, que estão na base do juízo final relativo à formação da decisão de contratar a outorga contratual dos direitos mineiros.

Na verdade, com um regime jurídico deste jaez tudo se passa como se ao concessionário fosse, na prática, conferido, *hoc sensu*, um poder de *denúncia unilateral* da concessão, para mais sem *pré-aviso* predisposto no interesse do Estado: *ad nutum*, fica o concessionário livre para fazer cessar a sua relação jurídico-contratual com o Estado angolano, transferindo a gestão e aproveitamento dos recursos mineiros – isto é, todo o acervo de direitos e deveres que brotam do estatuto de concessionário – para um terceiro, que, destarte, o *compensa* patrimonialmente (ao invés do que acontece no *resgate stricto sensu*, em que o concessionário é indemnizado pelo concedente).

Paradoxalmente, ao Estado angolano – uma vez que o transmissário da posição contratual dos direitos de exploração não ofereça garantias de idoneidade técnica e financeira ou seja desaconselhável, à face do interesse público, a manutenção da relação contratual com o novo adquirente – só resta, exercendo o direito de preferência, fazer-se substituir ou *executar especificamente* a prestação que o transmitente vinculado à preferência não cumpriu ([261]). Tarefa que, não raras vezes, se apresentará financeiramente onerosa, posto que o Estado angolano, que hoje

---

([260]) Já neste sentido se decidiu em Portugal, que a autorização concedida para o exercício de actividade comercial de mediador imobiliário e realização de empréstimos com garantia hipotecária, sendo dada em atenção às características pessoais do requerente, está, por natureza, excluída do objecto da sucessão. Assim, *Acórdão do Supremo Tribunal Administrativo*, de 24/3/1971, in *Acórdãos Doutrinais do S.T.A.*, ano 114º, pág. 999.

A questão não é, porém, tão líquida como pode fazer-se crer, posto que, como se aludiu, o universo das *licenças* e das *autorizações* comporta situações jurídicas de diferente consistência subjectiva.

([261]) Cfr. **HENRIQUE MESQUITA**, *Obrigações Reais*, (...), cit., **[150]**, pág. 228.

## DIREITO MINEIRO ANGOLANO

abandonou, quase em absoluto, a exploração e gestão directas das jazidas, é forçado a ter que encontrar um outro parceiro contratual, para quem voltará a transmitir os direitos mineiros que, por mor do exercício do *direito de preferência*, tomara para si.

Cremos, inclusivamente, que não será, tão pouco, controverso, discutir a *inconstitucionalidade* (material) ([262]) desta disposição da Lei nº 1/92.

Com efeito, manda o § 2º, do artigo 11º, da Constituição angolana que, *"na utilização e exploração da propriedade pública, o Estado deve garantir a sua eficiência e rentabilidade, de acordo com os fins e objectivos que se propõe"*, mais dizendo, no nº 2 do artigo 12º, que *"o Estado promove a defesa e conservação dos recursos naturais, orientando a sua exploração e aproveitamento em benefício de toda a comunidade"*.

Trata-se, no fundo, de um daqueles domínios em que, precisamente porque os *interesses públicos* se acham, neste particular, claramente determinados pela Constituição, ao legislador só fica salva a faculdade de os concretizar, tal-qualmente um *poder-dever* ([263]), em face do princípio da *liberdade de empresa*, plasmado no nº 3º do mesmo artigo 11º e nº 4 do artigo 12º. Ora, impondo a Constituição, de forma inequívoca, a consecução de certos fins – a *eficiência* e *rentabilidade* na exploração da *propriedade pública*, a *conservação dos recursos naturais*, cuja

---

([262]) Quanto à *fiscalização da constitucionalidade* das leis, a Constituição angolana consagra, por um lado, um *sistema de controlo político*, realizado, ao abrigo da alínea *c)* do artigo 51º, pela *Assembleia Nacional*, ao abrigo do disposto no artigo 154º/1 (apreciação preventiva da constitucionalidade) e 155º/1 (apreciação sucessiva da constitucionalidade) e, nos termos da alínea *r)* do artigo 66º/y, pelo *Presidente da República* e, por outro, ao arrimo da tradição republicana portuguesa da Constituição de 1911, um *controlo* (jurisdicional) *difuso, concreto* e *incidental,* reconhecido a qualquer juíz chamado a fazer a aplicação de uma determinada lei a um caso concreto, submetido à sua apreciação (art. 121º/1).

Por outro lado, se bem que inexistente até à revisão constitucional de 1992, consagrou-se um *processo constitucional autónomo* ou *recurso de inconstitucionalidade* para um único Tribunal, precisamente o *Tribunal Constitucional* (art. 134º), o qual não só aprecia *preventivamente* a inconstitucionalidade das leis, a *inconstitucionalidade por omissão*, como julga os recursos das decisões dos tribunais que *tenham aplicado* qualquer norma cuja constitucionalidade tenha sido suscitada durante o processo e os recursos das decisões dos tribunais que *tenham recusado* a aplicação de qualquer norma com fundamento na sua inconstitucionalidade. Sobre os sistemas de fiscalização da constitucionalidade das leis, cfr., **GOMES CANOTILHO**, *Direito Constitucional*, 5ª edição, cit., **[2]**, pág. 978 e segs.

([263]) Nestes termos **GOMES CANOTILHO**, *Constituição Dirigente e Vinculação do Legislador. Contributo para a Compreensão das Normas Constitucionais Programáticas*, Coimbra, 1982, págs. 252-253.

## AS FORMAS DE UTILIZAÇÃO DE BENS DO DOMÍNIO PÚBLICO...

exploração e aproveitamento se fará em benefício de toda a comunidade –, o intérprete não pode deixar de assinalar a desconformidade ou incongruência do citado nº 8, do artigo 11º, da Lei nº 1/92, relativamente aos *fins* e *directivas materiais* da Constituição angolana: essas finalidades foram menosprezadas ou desconsideradas pelo legislador ordinário. Em vez de um problema de correspondência objectiva entre a lei e a Constituição angolana, assume aqui relevo uma *desadequação teleológica* entre a referida lei e os fins expressos na Constituição ([264]).

Em vez desta infeliz e *inconstitucional* ponderação dos meios para a obtenção dos fins inscritos, de forma, aliás, suficientemente densificada na Constituição, melhor será, *de iure constituendo*, adoptar, neste quadro dos direitos de exploração, um regime semelhante ao previsto no artigo 6º/3, aplicável à transmissão da licença de prospecção e pesquisa.

Nestes termos, a transmissão *inter vivos*, definitiva, gratuita ou onerosa dos direitos – posto que, da transmissão *mortis causa* já estamos esclarecidos – deverá ficar sujeita a *prévia autorização* do Conselho de Ministros (ou do Ministro de Geologia e Minas), com base em *parecer fundamentado* dos serviços do Ministério de Geologia e Minas, o qual deverá ter em conta – a mais dos elementos que esse orgão possa inquisitoriamente recolher para a instrução do pedido – o requerimento do interessado, do qual poderá constar, designadamente: os motivos e o conteúdo da transmissão; a declaração de aceitação do transmissário; a demonstração de idoneidade técnica e financeira deste último. Ponto é que a celebração do *contrato de cessão* da posição contratual somente tenha lugar após a referida autorização ([265]).

---

([264]) Transpomos, nesta sede, alguma da retórica argumentativa utilizada pelo Prof. **GOMES CANOTILHO** (*Constituição Dirigente*, …, cit., [263], págs. 263-265), quando analisa a questão dos vícios decorrentes da *discricionariedade legislativa*; ainda, retomando o tema, **GOMES CANOTILHO**, *Direito Constitucional*, 5ª edição, cit., [2], pág. 1025 e segs.

([265]) Todavia, já não nos parece que fique, de todo em todo, coartada às partes (transmitente e transmissário) a possibilidade de, antes da emissão do acto administrativo autorizativo, validamente se obrigarem por *contrato-promessa de cessão* à celebração do futuro contrato, contrariamente ao que já foi decidido pela jurisprudência (acórdão do *Supremo Tribunal de Justiça* português, de 14/6/ 1946, in Boletim do Ministério da Justiça, nº 6, Lisboa, pág. 274).

Na verdade, o promitente transmitente (o ainda concessionário) nada aliena, outrossim – e tão só – se vincula a uma alienação *objectivamente possível* e validamente realizável, uma vez emitida a referida autorização: embora falte *legitimidade* aos outorgantes da promessa, ela é, em si mesma, possível (artigo 280º do Código Civil) logo que se verifique, num sentido favorável ao requerente, o controlo preventivo ou a mediação activa do orgão da Administração. Dito de outro modo: os promitentes nada alienam ou adquirem, apenas se obrigam a alienar ou a adquirir, uma vez emitida a autorização. Subsiste, nesta sede, uma espécie de *obrigação de meios*, sujeita, no mais, a uma *condição imprópria* – a

Quanto à aplicabilidade da disposição da Lei nº 1/92, que se vem de criticar, em matéria de transmissão de direitos mineiros de exploração de jazidas de *diamantes*, a questão deve colocar-se num outro plano. Vejamos.

Dado que o Estado angolano mantém, neste particular, uma quase *monopolização* da titularidade ([266]) dos direitos mineiros sobre diamantes – os quais, ou são atribuídos à empresa pública *ENDIAMA* ou a sociedades comerciais de economia mista, em cujo capital social aquela participe (art. 5º/1 e 2, da Lei nº 16/94) –, a razão de ser e o sentido das disposições constantes na Lei nº 1/92, como é flagrantemente o caso da do nº 8 do artigo 11º, contrastam com as que terão presidido à feitura da *Lei dos Diamantes*.

Ora, se da *valoração* ou *ponderação* dos diversos interesses e soluções consignados na Lei nº 1/92 se retira, entre outros, a tendência para uma acentuada viragem do cariz *estatizante* da actividade de mineração – adentro do *sistema dominial* de pesquisa e exploração – no sentido de abertura das jazidas à iniciativa privada, mediante a possibilidade de outorga de direitos mineiros a empresas privadas, pessoas singulares e cooperativas, mal se compreende que a citada norma da Lei nº 1/92

---

obtenção da autorização (*condictio iuris*). Solução análoga, há muito aceita na doutrina e jurisprudência uniforme nesta matéria do contrato promessa, é a que aceita a validade do contrato-promessa de venda de imóveis, celebrado por um dos cônjuges, sem o consentimento ou a intervenção do outro (entre muitos, cfr., o acórdão da *Relação de Lisboa*, de 4/2/1993, in Colectânea de Jurisprudência, tomo I, 1993, pág. 132 e segs.; acórdão do *Supremo Tribunal de Justiça* português, de 2/3/1985, in Boletim do Ministério da Justiça, Lisboa, nº 345, pág. 408 e segs.; **ALMEIDA COSTA**, *Direito das Obrigações*, 6ª edição, Coimbra, 1994, págs. 340-341 ; **GALVÃO TELLES**, *Direito das Obrigações*, 6ª edição, Coimbra, 1989, pág. 109.

Aliás, o que vai dito não implica qualquer desvio ao que atrás se disse relativamente à eficácia *ex nunc* (também, nesse sentido **MARTIN-RETORTILLO**, *Transmisión de minas*, (…), cit., **[127]**, pág. 252 e 260: "S*in que la Administración otorgue la autorización no hay cesión posible, no hay cambio a todos los efectos legales en la titularidad minera. El Estado otorgó la concesión a A, y entretanto éste no obtenga del proprio Estado la autorización para «vender», «ceder» la concesión minera que le fue otorgada, ... los convenios que ultime con B, no tendrán éstos validez ni eficacia alguna"*) das *autorizações* administrativas em matéria de titularidade e exercício e transferência de direitos mineiros, posto que o que aí estava em causa era, ao invés, a celebração de contratos de cessão não precedidos de autorização administrativa. Por que motivo se não haveria de tutelar a posição de um dos futuros contraentes, na eventualidade de, uma vez obtida a autorização, *v.g.*, o ainda concessionário se recusasse a celebrar o contrato de cessão?

([266]) Que não, obviamente, do *exercício* das operações de prospecção, pesquisa e exploração, carecendo, para tal, de encontrar parceiros contratuais – *maxime* empresas com sede no estrangeiro – que disponibilizem os meios técnicos e financeiros para a consecução dessas actividades.

## AS FORMAS DE UTILIZAÇÃO DE BENS DO DOMÍNIO PÚBLICO...

possa aplicar-se, mesmo no direito constituído, à transmissão de direitos mineiros sobre jazidas de diamantes.

Haverá, deste modo, que proceder, como manda a boa hermenêutica interpretativa das leis, à sua *redução teleológica* ([267]): a transmissão da posição contratual do titular dos direitos de exploração sobre jazidas diamantíferas, apesar de livre – no direito constituído – só poderá fazer-se entre a *ENDIAMA* e as referidas *empresas mistas*, ou entre estas. Se assim não for, pouco préstimo retirará o Estado angolano ao atribuir, *ab initio*, o exclusivo dos direitos mineiros de exploração, para, depois, ser forçado a exercer *direito de preferência* na transmissão deles.

Note-se, aliás, que a questão tem acuidade relativamente à transmissão da posição contratual dos direitos entre empresas mistas e outras entidades, visto que a *Lei dos Diamantes* não assegurou ao Estado, por via da *ENDIAMA*, a participação maioritária no capital social destas sociedades, de jeito a poder controlar ou a evitar deliberações sociais desse jaez.

Quanto à questão de saber qual o grau ou *intensidade de ligação da situação jurídica do concessionário* relativamente ao contrato de concessão, é ela relevante, na medida em que quanto maior for a liberdade de conformação, pelas partes, do conteúdo dos direitos e deveres decorrentes da concessão, tanto mais intenso é o vínculo intersubjectivo que as liga e, por via disso, mais secundária a relação de ordenação ou de atribuição característica dos vínculos reais ([268]).

A este propósito, não pode dizer-se que, em absoluto, as vicissitudes do direito do concessionário se encontram reguladas na Lei nº 1/92, sem qualquer referência ao título constitutivo dos direitos dele. Decerto que, em muitos casos, o legislador angolano terá abstraído, quanto ao regime que os modela, da fonte jurídico-genética: no artigo 17º, pelo que toca à sua extinção e suspensão, a fonte é a lei e não o contrato ([269]). Todavia, não é menos certo que, amiúde, esta lei, ainda que com redacção obscura, remete para o contrato o conjunto de vicissitudes que a relação jurídica

---

([267]) Cfr., **KARL LARENZ**, *Metodologia da Ciência do Direito*, Gulbenkian, tradução portuguesa, 2ª edição da 5ª edição alemã, Lisboa, 1989, pág. 473 e segs.; **BAPTISTA MACHADO**, *Introdução ao Direito*,(…), cit., [137], págs. 182-183.

([268]) Assim, **MENEZES CORDEIRO**, *Da Natureza*, (…), cit., [255], pág. 136; **HENRIQUE MESQUITA**, *Obrigações Reais*, (…), cit., [150], pág. 171.

([269]) Artigo 17º: "*Os direitos mineiros poderão ser total ou parcialmente extintos, ou temporariamente suspensos, nos casos seguintes: a) inutilidade da manutenção dos direitos concedidos ou esgotamento das reservas (...); b) verificação do termo da duração dos direitos concedidos; c) manifestação de risco grave para a vida ou saúde das populações ou outros casos de força maior*".

## DIREITO MINEIRO ANGOLANO

entretecida pode sofrer: no artigo 7°, a propósito da extinção dos direitos de prospecção e pesquisa ([270]); no artigo 12°, n° 2, no tocante aos direitos e obrigações do concessionário da exploração ([271]).

Vale isto por dizer que, umas vezes a lei regula o *contrato* de concessão e outras os direitos dele *autonomamente* considerados, assim como a *autónoma* consideração de algumas vicissitudes jurídicas da relação nascida do título de concessão. Não é, pois, este um argumento decisivo relativamente à natureza obrigacional do direito do concessionário, *maxime* do concessionário da exploração.

A Lei n° 1/92 não fixa qualquer *termo final* máximo de duração dos direitos mineiros de exploração, limitando-se a estatuir que *"a duração do direito de exploração poderá corresponder, normalmente, ao período necessário para o esgotamento das reservas minerais existentes"* (art. 13°/1), mais dizendo que *"em regra será fixado, inicialmente, um período de duração do direito de exploração inferior (…) a que se poderão seguir um ou mais períodos de prorrogação nas mesmas condições ou noutras, objecto de negociações"* (n.° 2 do mesmo normativo).

Quedam-se, portanto, no *direito constituído*, os direitos mineiros de exploração sujeitos, no limite, a um *termo* (final) *incerto*. O que vale por, na prática – isto é, se o concessionário cumprir o conjunto de obrigações a que, pelo contrato de concessão, está adstrito –, consagrar a figura das *concessões perpétuas* ([272]). De facto, o direito decorrente da concessão

---

([270]) Artigo 7°: *"A licença de prospecção cessará os seus efeitos quando o contrato que a outorgou deixar de ser válido, por qualquer das seguintes razões: a) por acordo das partes; b) por caducidade do contrato; c) por denúncia pelo Estado, quando (…); d) por denúncia pelo detentor da licença de prospecção quando (…)"*.

([271]) Artigo 12°/2: *"De cada título de exploração constarão os direitos e obrigações do respectivo titular (…) nomeadamente os seguintes: a) o cumprimento pelo concessionário do plano de exploração aprovado (…); b) o cumprimento, pelo concessionário, dos prazos de execução das operações (…); c) impedimento de execução de exploração ambiciosa (…); d) garantia do concessionário quanto à segurança dos trabalhadores (...); e) garantia do concessionário quanto à protecção do ambiente (…); f) formas de assegurar a utilização, pelo concessionário, dos terrenos necessários às actividades mineiras e à implementação das instalações, edifícios e equipamentos; g) condições de utilização de águas (…)"*.

([272]) Observe-se que, apesar de a lei recomendar a fixação nos contratos de um termo final certo, logo adverte que a este se poderão suceder um ou mais períodos de *prorrogação*.

Ora, em bom rigor *prorrogação* é o alargamento ou a projecção do contrato para além do prazo convencionado pelas partes ou previsto na lei (assim, cfr., por exemplo, **JANUÁRIO GOMES**, *Constituição da Relação de Arrendamento Urbano*, Lisboa, 1980, pág. 46). Ou seja: o contrato e o conteúdo dele permanecem incólumes: não se alteram; o que muda é o *prazo* desse mesmo contrato, dando-se um aditamento ao prazo inicialmente

## AS FORMAS DE UTILIZAÇÃO DE BENS DO DOMÍNIO PÚBLICO...

dominial de exploração é, por natureza, de duração ilimitada ([273]); dura enquanto durar a coisa – a jazida – seu objecto. Regime análogo vigorava, aliás, no domínio do Decreto de 20 de Setembro de 1906, ao preceituar, no artigo 88º, que *"todas as concessões são por tempo ilimitado, e subsistirão enquanto o concessionário cumprir as condições que a lei e o título de concessão lhe impuserem"*.

Não há dúvida que, desta forma, sai substancialmente reforçada a tese da *natureza real* do direito de exploração do concessionário, à face do actual direito mineiro angolano.

Se é verdade que a *permanência* não é característica privativa dos direitos reais ([274]), a *perpetuidade* é avessa a vínculos de natureza obrigacional.

Na verdade, sabendo-se que, nas obrigações duradouras, a prestação devida depende do factor tempo, que influencia decisivamente a fixação do seu objecto ([275]), resulta das regras gerais a circunstância de as relações jurídicas (obrigacionais) *perpétuas* serem inválidas. Subsiste, nesses casos, uma *ilicitude do conteúdo* do negócio jurídico ([276]). Daí que, a existir, nestas hipóteses, uma obrigação duradoura, deveria sempre haver a faculdade de *denúncia*, ainda que não discricionária ([277]) – mas com um

---

fixado (**ANTUNES VARELA**, *Das Obrigações em Geral*, Vol. II, 7ª edição, Almedina, Coimbra, 1997, pág. 43). Não há, por conseguinte – o que reforça a ideia de *perpetuidade* – a *renovação* do contrato de concessão, que o mesmo é dizer: no fim do prazo, Estado e concessionário não concluem, sobre o objecto do contrato inicialmente celebrado, *um novo negócio* destinado a absorver o conteúdo daquele e a substituí-lo no futuro (sobre a conceito de renovação aqui exposto, *vide* **RUI DE ALARCÃO**, *A Confirmação dos Negócios Anuláveis*, Vol. I, Coimbra, 1971, pág. 107).

([273]) Todavia, contrariamente ao direito de propriedade, extingue-se, entre outras eventualidades, pelo *não uso*: neste sentido já não é *perpétuo*.

([274]) Neste sentido, **OLIVEIRA ASCENSÃO**, *Direito Civil - Reais*, 5ª edição, Coimbra Editora, Coimbra, 1993, pág. 311.

([275]) **ANTUNES VARELA**, *Das obrigações em geral*, Vol. I, 7ª edição, Almedina, Coimbra, 1991, págs. 93-94, nota 1.

([276]) Cfr., **MANUEL DE ANDRADE**, *Teoria Geral da Relação Jurídica*, Vol. II, Coimbra, 1983, reimpressão, pág. 350, que se refere aos chamados contratos amordaçantes. A este propósito escreve o Prof. **ALMEIDA COSTA** (*Cláusulas de inalienabilidade*, Coimbra, 1992, pág. 18, 24) que se verifica uma generalizada rejeição das *clásulas de inalienabilidade*, pois que violam sem qualquer limite o princípio de interesse e ordem pública da livre circulabilidade dos bens (no mesmo sentido, *vide* **VAZ SERRA**, *Objecto de obrigação. A prestação – suas espécies, conteúdo e requisitos*, in Boletim do Ministério da Justiça, nº 74, Lisboa, 1958, pág. 152; assim, também, sobre a ilicitude das vinculações perpétuas quando em questão esteja apenas uma condição, cfr., **GALVÃO TELLES**, *Manual dos Contratos em Geral*, 3ª edição, 1965, pág. 226).

([277]) **BAPTISTA MACHADO**, in Revista de Legislação e Jurisprudência, ano 120º, pág. 58-60.

DIREITO MINEIRO ANGOLANO

*pré-aviso* e sujeita, eventualmente, a um exercício condicionado ([278]) –, já que é contrário à ordem pública que alguém possa vincular-se perpetuamente, falando-se, mesmo, do carácter imperativo da faculdade de denúncia ([279]).

Apesar desta característica de *permanência*, conducente, na prática à *perpetuidade* da atribuição do gozo e aproveitamento das jazidas, o Estado, note-se, não aliena qualquer parcela dominial.

Crê-se que o regime da *duração do contrato* de concessão de exploração é de manter. Tão só se julga oportuno, por razões de certeza e de tutela do interesse público, que a caducidade do contrato por esgotamento dos recursos minerais, objecto da concessão, fique na dependência de *declaração* do orgão da Administração competente (*v.g.,* o Ministério de Geologia e Minas), sob a forma de *despacho* a publicar no Diário da República (artigo 114º/3, *in fine*, da Constituição, na redacção que lhe foi dada pela Lei nº 23/92, de 16 de Setembro).

De tudo o que antecede decorre que a posição jurídica do concessionário da exploração das jazidas é, a um tempo, a de verdadeiro titular de uma posição de *soberania*, de um *direito real de gozo* ([280]) sobre uma coisa pública e, no anverso, a de contraparte num *contrato*, do qual, pelas múltiplas relações nele previstas entre as partes, a relação jurídica obrigacional, de cooperação, por elas entretecida quase nunca escapa.

Dito de outro jeito: no momento do *nascimento* da relação e até à efectiva entrega ao concessionário do gozo sobre a jazida – que está dependente da satisfação de algumas condições e modos – prepondera um *vínculo obrigacional*, segundo o qual só lhe assiste o direito de

---

([278]) **BRANDÃO PROENÇA**, *A Resolução do Contrato no Direito Civil, Coimbra*, 1092, pág. 38.

([279]) Assim, **JANUÁRIO GOMES**, *Em Tema de Revogação do Mandato Civil*, Coimbra, 1989, pág. 74 e segs.

([280]) *Rectius*, de um *direito real administrativo* de gozo, tendente, por seu turno à aquisição de partes ou produtos de uma coisa pública – a jazida – (assim, **OLIVEIRA ASCENSÃO**, *Direitos Reais*, (…), cit. **[274]**, 5ª edição, págs. 582-583) e, no limite, a aquisição da totalidade da coisa-objecto (assim, **JOSÉ LUÍS BONIFÁCIO RAMOS**, *O Regime e a Natureza Jurídica,…*, cit., **[1]**, pág. 183). Trata-se, portanto, de direitos reais sobre o domínio público, atribuídos em benefício de particulares. Pelo que respeita à exigência de *tipicidade* (artigo 1306º, do Código Civil angolano), cremos que só serão direitos reais aqueles que estejam previstos – ou o venham a estar – na Lei nº 1/92 e. 16/94, visto que não são só *direitos reais* os que se acham previstos no Código Civil (assim, **PIRES DE LIMA / ANTUNES VARELA**, *Código Civil Anotado*, com a colaboração de HENRIQUE MESQUITA, Vol. III, 2ª edição, pág. 98). Pelo que não é de todo de rejeitar a constituição de direitos reais sobre bens dominiais, mormente, nas situações de *uso privativo*.

# AS FORMAS DE UTILIZAÇÃO DE BENS DO DOMÍNIO PÚBLICO...

peticionar ao Estado concedente a entrega da jazida, mediante certos actos executivos, estando-lhe vedado, por exemplo, até aí, a instalação ou criação dos *anexos mineiros* ([281]); durante a *vida* da relação jurídica, o concessionário, pese embora as complexas relações havidas – previstas não só na lei, mas desenvolvidas no contrato de concessão – entre ele e o Estado, é tendencialmente titular de um direito real de gozo, com eficácia *erga omnes*. Porém, esta posição jurídica real não permite explicar todos os aspectos do regime jurídico da relação de concessão: no *direito constituído*, não o permite, em face da circunstância de algumas vicissitudes desta relação jurídica encontrarem a sua solução no quadro do que fora pactuado pelas partes; no *direito a constituir* mal se explica, por força da proposta aqui avançada no sentido de se submeter a *transmissão* e *oneração* dos direitos de exploração – à excepção da constituição de *hipoteca* –, a *autorização prévia* do Ministério de Geologia e Minas (ou, eventualmente, do Conselho de Ministros).

Quedamo-nos, pois, perante um *regime misto*, a um tempo real e obrigacional.

## 2. A transformação ou modificação do direito do concessionário da exploração.

Analisar-se-á, seguidamente, a susceptibilidade de os direitos decorrentes de concessões dominiais de exploração serem, ou não, no direito angolano, passíveis de modificação objectiva. Isto é: se sobre eles se podem – ou devem – constituir, temporariamente, outros direitos, conducentes a eventuais alterações no seu conteúdo. É o caso do *arrendamento* e do *usufruto* de concessões mineiras.

Não se está, pois, no domínio, já analisado, atinente às *cessões translativas* e definitivas – transmissão *inter vivos* e *mortis causa* –, outrossim das *cessões constitutivas*: sobre o direito do concessionário é mister constituir outros direitos (reais ou obrigacionais) que alterem o seu conteúdo.

### 2.1. O arrendamento de concessões mineiras.

A faculdade de o concessionário dar de *arrendamento* o direito resultante de concessões em jazidas minerais não é novidade no direito mineiro angolano.

---

([281]) Instalação esta que, igualmente, depende de *autorização-licença* por parte, eventualmente, de outros orgãos da Administração.

## DIREITO MINEIRO ANGOLANO

Em verdade, quer o artigo 128° do Decreto de 20 de Setembro de 1906, quer o Decreto n° 39 203, de 11 de Maio de 1953, lhe faziam referência e dispunham, seja acerca da emissão da pública forma do contrato à autoridade concedente ([282]), seja relativamente à *forma legal* ([283]) a que estava sujeito, das autorizações a solicitar e da idoneidade do arrendatário ([284]), respectivamente ([285]).

Igualmente a doutrina ([286]) e a jurisprudência ([287]), de quanto em vez, ao se depararem com a incontornável tarefa de qualificação, eram tentadas a reconhecer a possibilidade de, sobre estes direitos, se constituirem *contratos de arrendamento*.

Estará este regime ainda em vigor na República de Angola? E, independentemente da resposta anterior, mostrar-se-á ele – atenta a circunstância de o contrato de arrendamento beneficiar de uma tipicidade (legal e social)

---

([282]) Dispunha o artigo 128° do Decreto de 20 de Setembro de 1906 que : "*Dos contratos de arrendamento ou hipoteca de que for objecto qualquer concessão mineira, será enviada pública-forma à autoridade que tiver feito a concessão, para ser junta ao respectivo processo depois de registada em livro competente*".

([283]) Dispunha o Decreto n° 39.203, de 11 de Maio de 1953 que: "*Os contratos de arrendamento que tiverem por objecto alguma concessão mineira no Ultramar só poderão celebrar-se por escritura pública, com prévia autorização da autoridade competente para fazer concessões da natureza da visada no contrato* (artigo 1°), *devendo essa autorização ser solicitada, conjuntamente, pelo concessionário e pelo arrendatário, em requerimento acompanhado do projecto do contrato a celebrar e dos documentos necessários para justificar a idoneidade do arrendatário*".

([284]) A concretização, pela Administração, do conceito indeterminado *idoneidade do arrendatário* era realizada, com as devidas adaptações, de acordo com os requisitos estabelecidos para os casos de *transmissão de minas* – sujeitas, igualmente, a autorização prévia (artigo 3°).

([285]) De igual modo, o artigo 51° do Decreto-Lei n° 18.713, de 1 de Agosto de 1930, vigente no ordenamento português até 1990, previa o *arrendamento* de concessões mineiras, qual forma de cedência dos direitos de uma concessão mineira, por certo tempo e mediante uma certa retribuição (note-se que, até ao Código Civil português de 1966, dispunha-se que a renda devia ser *determinada* – art. 1° do Decreto n° 5411, de 17 de Abril de 1919 –, passando, depois, o Código Civil a não fazer semelhante exigência, bastando, para tal, que a renda fosse *determinável*. Cfr., **F. M. PEREIRA COELHO**, *Arrendamento. Direito Substantivo e Processual*, Lições ao 5° ano de Ciências Jurídicas no ano lectivo de 1988-1989, policopiado, Coimbra, 1988, pág. 13).

([286]) Cfr., as anotações do Prof. **PIRES DE LIMA**, in *Revista de Legislação e Jurisprudência*, n° 3330, pág. 327; *idem, ibidem*, n.° 3332, pág. 367, relativamente à qualificação dos contratos de *exploração de pedreiras*; **GALVÃO TELLES**, *Arrendamento*, Lições ao curso do 5° ano jurídico no ano lectivo de 1944-1945, publicadas pelos alunos Bento Garcia Domingues e Manuel A. Ribeiro, Lisboa, 1945-1946, pág. 54.

([287]) Cfr., acórdão da *Relação de Goa*, de 1953, in *Boletim do Ministério da Justiça*, n° 42, pág. 289; acórdão da Relação de Coimbra de 1959, in *Jurisprudência das Relações*, ano 5°, pág. 631.

## AS FORMAS DE UTILIZAÇÃO DE BENS DO DOMÍNIO PÚBLICO...

particularmente bem densificada no Código Civil angolano – adequado do ponto de vista da qualificação jurídica, à luz dos elementos significativo--normativos postos à disposição do intérprete neste domínio? Pensamos que já desde a Lei nº 5/79, de 27 de Abril este regime se encontra revogado. E revogado, no mínimo, *tacitamente* ([288]), pois que esta lei – a lei nova – afigura-se incompatível com as disposições do Decreto de 20 de Setembro de 1906 ([289]). Nem tão pouco se deve, liminarmente, tratar o Decreto nº 39 203, de 11 de Maio de 1953 como *lei especial* – ao abrigo do artigo 7º/3, do Código Civil angolano –, porquanto ele mais não representou do que um desenvolvimento, aliás confessado pelo próprio legislador no preâmbulo deste Decreto, no que tocava, particularmente, aos poderes de *fiscalização governamental* da *factis specie* já contida na *lei geral* – o Decreto de 20/9/1906.

Acresce que a doutrina tradicional, ao falar de *arrendamento* de concessões mineiras, abria o flanco à confusão entre o *direito* (de exploração) e a *coisa-objecto* – *i.e.*, a jazida, equiparada como vimos a um *imóvel*. Que é dizer: a admitir-se esta espécie de contrato (o *contrato de locação*, que à luz do subtipo que incida sobre imóveis se designa por *arrendamento*) estava-se, no fundo, a supor – o que não nos parece correcto ([290]) – que o direito do arrendatário não recaía sobre o direito resultante da concessão, outrossim sobre o seu objecto, as jazidas minerais ([291]) ([292]). Ora, aceita a possibilidade de existirem *direitos sobre direitos*,

---

([288]) Já para não dizer que se assistiu a uma autêntica *revogação expressa*, dado o teor do artigo 28º, nº1, da Lei nº 5/79: *"a partir da data de publicação da presente lei considera-se revogada toda a legislação que disponha em contrário"* (o sublinhado é nosso).

([289]) Cfr., sobre o termo de vigência das leis, **BAPTISTA MACHADO**, *Introdução ao Direito e ao Discurso*, (…), cit., [137], págs. 165-166.

([290]) A não ser que se rejeite a concepção dos *direitos sobre direitos*, como o faz o Prof. **OLIVEIRA ASCENSÃO**, *Direito Civil*, (...), cit., [27], pág. 50 e segs.

([291]) De facto, o *arrendamento*, enquanto espécie da *locação* (artigo 1022º e segs. do Código Civil angolano), pode ter por objecto qualquer das coisas imóveis enumeradas no artigo 204º, n.º 1 do Código Civil, além de que, ao definir as modalidades do arrendamento, o legislador parece ter em mente o facto de este versar sempre sobre um prédio: cfr., arts. 1083º, 1107º, 1112º e 1115º do Código Civil. Assim, **F. M. PEREIRA COELHO**, *Arrendamento*, (…), cit. [285], pág. 37.

([292]) Esta alegada confusão tinha, quanto a nós, uma plausível, mas incompleta explicação: dado, por um lado, que a jazida era considerada um bem *imóvel,* naturalmente que a *natureza imobiliária* se comunicaria ao próprio direito resultante da concessão (assim, **RENATO E. PEREIRA**, in *O Direito*, ano 53º, pág. 145: acórdão do *Supremo Tribunal Administrativo* português, de 29/11/1950, in *Diário do Governo*, nº 146, 2ª série, de 27/6/1951; todavia, esta doutrina não era isenta de controvérsia: no sentido da natureza mobiliária deste direito, cfr., **MANUEL RODRIGUES**, *A Indústria Mineira,* (...), cit., [195] pág. 127; acórdão da *Relação de Lisboa*, de 26/4/1919, in Gazeta da Relação de Lisboa, ano 33º, pág. 130), por outro, assistiu-se à extensão dos contornos da não nos parece correcto afirmar-se que o objecto (mediato) do contrato de arrendamento fosse, nesta perspectiva, o objecto do direito resultante da concessão, ou seja, a coisa *imóvel*, a jazida: que, afinal, o direito decorrente do arrendamento não tivesse por objecto o gozo do direito resultante da concessão dominial, mas sim o objecto sobre que essa concessão recaía.

Mas, ainda que se supusesse a existência de um *contrato de locação*, a cedência temporária, pelo concessionário, do *direito* à exploração das jazidas, foge ao esquema típico daquele contrato e nem sequer lhe pode ser equiparado.

Primeiro, porque a locação pressupõe que o locatário tenha o *gozo* e *fruição* da coisa (*rectius*, do direito) locada. Ora, já vimos que o produto da jazida – o minério – não pode ser havido como *fruto natural* do solo. Ao invés, o gozo e fruição de uma jazida revelada e reconhecida implica, inelutavelmente, a diminuição da própria substância, o gradual perecimento da própria jazida. Revela-se, destarte, um impossível lógico para o locatário da concessão: a restituição do bem (isto é, do *direito*) *no estado que o recebeu* e com idêntico *valor de posição* no mercado da indústria mineira extractiva – note-se que o artigo 1043º do Código Civil angolano, somente ressalva as *deteriorações* inerentes a uma *prudente utilização* em conformidade com os fins do contrato ([293]). Daí que, se se admitisse que o concessionário pudesse ceder a um terceiro, em termos de *arrendamento* (*rectius*, locação), o direito resultante da concessão dominial, tal pressuporia que a coisa – a jazida – objecto do direito dado em locação não fosse consumida e, ao contrário, pudesse ser entregue, de novo, ao concessionário, no termo do prazo, na sua integridade ou em estado equivalente.

Mas esta conclusão não leva a que se qualifique o dito contrato – acaso ele pudesse ser, hoje, admitido, no direito angolano – como *compra e venda* de bens *móveis*, justamente, de minério extraído.

É que só há *venda* se o contrato versa sobre o minério extraído em si mesmo, isto é, como ele exista no momento da separação – que coincide, como se viu, com o da transferência da propriedade – independentemente

---

figura *do arrendamento de pedreiras*. De facto, esse sim era um contrato que, ao tempo, tinha por objecto um imóvel – o prédio rústico onde se situam as rochas – que era visto como uma *coisa produtiva* (era esta, aliás, a solução que se continha no anteprojecto do Código Civil português de 1966, que distinguia os arrendamentos de prédios urbanos dos arrendamentos de prédios rústicos, sendo que, nestes últimos, se divisava o *arrendamento* deles como *coisas não produtivas* (artigos 234º a 243 º) e a *locação de coisas produtivas* (artigo 217º a 232º). Cfr., quanto a este último ponto, **F. A. PIRES DE LIMA**, *Regularização da Exploração de Pedreiras de Mármores*, in Pareceres da Câmara Corporativa, 1970, págs. 680-681.

([293]) Cfr., **PEREIRA COELHO**, *Arrendamento*, (…), cit., [285], pág. 128 e segs., espec. pág. 200 e segs.

## AS FORMAS DE UTILIZAÇÃO DE BENS DO DOMÍNIO PÚBLICO...

do relevo assumido pelo processo industrial de extracção e/ou beneficiação dele, o qual não é, de resto na economia deste contrato, considerado pelas partes. Ao invés, o alegado contrato (de *locação*) celebrado entre o concessionário e o terceiro tem por escopo habilitar este a, mediante o exercício de poderes de facto sobre a jazida – operações de extracção e/ou beneficiação –, fazer seu o minério, resultado dessa extracção ([294]).

Isto dito não significa, porém, que o concessionário não possa ceder temporária e onerosamente os poderes de aproveitamento da jazida, conferindo poderes de gozo e fruição, mais ou menos amplos, ao outro contraente ([295]). Ponto é que este negócio seja – ainda que no *direito a constituir* – precedido de *autorização* por parte do Estado angolano. Poderá tratar-se de um contrato de *subconcessão* ou de um *contrato atípico*.

### 2.2. O usufruto de concessões mineiras

Uma outra hipótese de constituição de *direitos sobre direitos* é a do *usufruto* sobre concessões mineiras.

---

([294]) Em termos análogos, mas para o efeito da distinção entre a *locação* e a *venda de frutos*, cfr., **PEREIRA COELHO**, *Arrendamento*, (…), cit., [285], pág. 23; **JANUÁRIO GOMES**, *Constituição da Relação*, (…), cit., [272], pág. 190 e segs.

([295]) Aliás, já a Lei n.º 617, de 14 de Abril de 1917 (artigo 55º), previa o designado contrato de *cedência do uso do direito de exploração* – ou *cessão do direito ao uso da exploração* – segundo o qual o concessionário cedia temporariamente o direito de exploração de uma mina, mediante uma retribuição variável (todavia, era ela *determinável*): uma percentagem sobre o minério extraído ou, cumulativamente, uma quantia fixa e uma percentagem sobre o produto da extracção.

Precisamente porque se entendeu – segundo julgamos, mal – que esta modalidade contratual dificultava a fiscalização do trânsito e comercialização do minério extraído, passou-se unicamente a admitir a celebração de contratos de *arrendamento de concessões mineiras* – no entretanto já sancionados não só pela legislação ultramarina portuguesa de 1906, mas também pelo regime instituído em Portugal continental a partir de 1930 –, de jeito a que a retribuição somente pudesse ser fixada em *quantia certa*, sob pena de *nulidade* do contrato (cfr. um exemplo, no acórdão do *Supremo Tribunal de Justiça* português, de 13/3/1955, in Boletim do Ministério da Justiça, Lisboa, nº 55, pág. 271, que considerou *nulo* um contrato de arrendamento de concessões mineiras, – segundo o qual um indivíduo concedeu a outro o direito à exploração de certa mina mediante a retribuição de um tanto por tonelada de minério extraído e a obrigação de extrair um mínimo de toneladas ou, pelo menos, de pagar a retribuição sobre esse mínimo – por não ter renda *certa* e *determinada*), visto que, ao tempo, segundo o disposto no artigo 1º do Decreto nº 5411, de 17 de Abril de 1919, a retribuição do contrato de arrendamento devia ser *determinada*. Regime este que, quanto à locação em geral, já decorria do preceituado do artigo 1595º do Código Civil português de 1867 ("*Dá-se contrato de locação, quando alguém trespassa a outrém, por certo tempo, e mediante certa retribuição, o uso e fruição de uma certa coisa*").

## DIREITO MINEIRO ANGOLANO

A ideia de sobre estes direitos recair um *usufruto* – qual *direito real de gozo* – remonta, segundo parece, a PROUDHON ([296]), que o fazia, no entanto, depender de *autorização* prévia da Administração. Regime que veio, de resto, a merecer acolhimento no artigo 598 do *Code Civil* francês de 1804 ([297]).

Todavia, como uma das características do usufruto se traduz na circunstância de o usufrutuário gozar temporária e plenamente a coisa fruída, *mas sem alterar a sua forma e substância* (*salva rerum substantiam*: artigo 1439º do Código Civil angolano), poderia, à primeira vista, parecer que a constituição do usufruto sobre concessões mineiras estaria afastada. Precisamente porque esse princípio não tem, no Código Civil angolano natureza imperativa ([298]), permite a lei – artigo 1451º, do referido diploma – o usufruto de coisas consumíveis, aqui onde, pela natureza das coisas, o uso se identifica com o *abuso* ([299]). Aliás, dado o disposto no artigo 1446º do mesmo normativo, a questão nem se colocaria nesta perspectiva – a do *ius abutendi*, do usufrutuário –, antes o usufrutuário, por via dessa fórmula, só se encontra obrigado a respeitar o *destino económico da coisa* ([300]).

Podendo o usufrutuário gozar plenamente a coisa, fica ele salvo de a usar e fruir, contanto que, como se viu, respeite o seu destino económico, o que, por vezes, pode implicar a própria *deterioração* da coisa sobre que incide o direito, sobre o qual se constituiu o usufruto. É o que sucede com *usufruto de minas* e *pedreiras* (artigos 1458º e 1459º, ambos do Código Civil angolano): são coisas que, por natureza, à luz do seu *destino económico*, são alteráveis pelo seu uso e fruição. Daí que o artigo 1452º, nº 1, deste Código só imponha ao usufrutuário a obrigação de as *restituir no estado em que se encontrem*.

Cremos que a disposição contida no artigo 1457º, nº 1, do Código Civil angolano (que tão só visa, na prática, impedir que o usufrutuário realize uma *lavra ambiciosa*) se acha em vigor, com as adaptações emergentes do diverso conteúdo dos direitos de aproveitamento. Todavia, a consti-

---

([296]) É o que informa **G. ABATTE**, *Corso*, (...), cit., [5], pág. 316.

([297]) Que o sujeitava a *permission de l'Empereur*.

([298]) Contrariamente ao que ocorre, por exemplo, no direito espanhol, o que terá, coerentemente, levado **VILLAR PALASÍ** (*Naturaleza y Regulación*, (...), cit., [5], págs. 111-112) a repudiar a constituição de usufruto sobre concessões de minas – mas já não, obviamente, o usufruto sobre prédios onde existam jazidas minerais (arts.476, 477 e 478, todos do *Código Civil Español*).

([299]) Cfr., **ÁLVARO MOREIRA / CARLOS FRAGA**, *Direitos Reais*, segundo as prelecções do Prof. Doutor **C. A. MOTA PINTO** ao 4º ano jurídico de 1970-1971, Coimbra, 1971, pág. 368.

([300]) Nestes termos, cfr., **MENEZES CORDEIRO**, *Direitos Reais*, [69], pág. 654; chegando ao mesmo resultado, *vide*, **PIRES DE LIMA /ANTUNES VARELA**, *Código Civil* (...), cit. [280], pág. 407.

## AS FORMAS DE UTILIZAÇÃO DE BENS DO DOMÍNIO PÚBLICO...

tuição, pelo concessionário, de um *usufruto* deste jaez deve, de *iure constituendo* – tal-qualmente o que propusemos para os casos de transmissão definitiva, por qualquer título, dos direitos de exploração – ficar dependente de *autorização* [301] do Estado, a despeito de se tratar de um *direito real de gozo* de natureza temporária.

Além disso, sendo um direito temporário e limitado, mau grado o preceituado no artigo 1443º do Código Civil, não pode constituir-se por um prazo superior ao termo – inicial ou o das sucessivas prorrogações – fixado para a concessão do próprio direito de exploração.

Pelo contrário, já o artigo 1458º, relativo ao *usufruto de pedreiras*, ao pressupor que a titularidade delas cabe ao proprietário do solo, deve entender-se *revogado*, pois que o domínio das rochas e dos minerais industriais passou, a partir de 1979, para a titularidade do Estado angolano – sistema que ainda se mantém, em face do disposto nos artigos 3º e 11º, nº 4 da Lei nº 1/92. O que não significa, note-se, que não se possa constituir um *usufruto* sobre os direitos de exploração relativos a *pedreiras*. Se tal suceder, seguir-se-á o regime atrás proposto [302].

### 3. As vicissitudes jurídicas da sociedade titular dos direitos mineiros.

É sabido que a *cessão de quotas*, a *alienação de acções*, *o aumento* ou a *redução do capital social*, a *transformação* [303], a *fusão* ou a

---

[301] No domínio do Decreto-Lei nº18.713, de 1/8/1930, entendia-se que o seu artigo 51º – que previa a autorização ministerial para transmitir ou arrendar concessões – se aplicava ao *usufruto* dessas concessões, constituído por acto *inter vivos*: assim, acórdão do *Supremo Tribunal Administrativo* português, de 29/11/1950, in *Diário do Governo*, 2ª série, nº 146, de 27 de Junho de 1951.

[302] O nº 4, do artigo 11º, da Lei nº 1/92, refere, justamente, a concessibilidade dos direitos de exploração de *pedreiras* (ao mencionar "as *areias, burgaus, argilas e outras rochas directamente aplicáveis na construção civil, ou que constituam, exclusivamente, matéria-prima principal para as indústrias transformadoras nacionais ...*"). Contudo, a redacção por que o legislador se referiu à *forma legal* dessa concessão é tudo menos esclarecedora ("*...cujos direitos de exploração serão também objecto de concessão por documento específico...*"). Estará ele a pensar na sua externação mediante *acto administrativo* (*v.g.*, licença) ou *contrato administrativo*? Cremos que, no direito a constituir, se impõe esse esclarecimento, no sentido de, também aqui, de harmonia com o regime das demais formas de aproveitamento dos recursos minerais, se *contratualizar* o aproveitamento destes bens dominiais.

[303] **F. MARTINS DE CARVALHO**, *Transformação de sociedades*, in O Direito, ano 68º, 1936, pág. 130 e segs.; **RAÚL VENTURA / BRITO CORREIA**, *Transformação de Sociedades*, in Boletim do Ministério da Justiça, nº 218, pág. 34 e segs.; **M. PUPO CORREIA**, *Direito Comercial*, 4ª edição, Lisboa, 1996, págs. 478-482.

## DIREITO MINEIRO ANGOLANO

*cisão de sociedades* comerciais ([304]) titulares de direitos mineiros – pese embora destes actos não decorra a transmissão dos referidos direitos – podem reflectir-se no *iter* das operações de prospecção, pesquisa e, fundamentalmente, nas actividades de exploração das jazidas, dada a alteração, subjectiva e objectiva, dos poderes e dos sujeitos que participam no capital social da sociedade concessionária.

A este propósito, regia o Decreto-Lei nº 36 367, de 23 de Junho de 1947, segundo o qual *"a transformação de sociedades concessionárias de minas só pode realizar-se com autorização do Ministro da Economia e fica sujeita à sua homologação para produzir efeitos"* (artigo 1º).

Crê-se que, a despeito de a primeva legislação angolana – *in casu*, a Lei nº 5/79, de 27 de Abril – sobre recursos minerais não ter revogado expressamente este normativo, a sua manutenção resultava, já ao tempo, contrária às linhas que presidiram a essa reforma. De facto, a circunstância da estatização, no domínio e na gestão, de todos os recursos minerais, aliada ao facto de os direitos de exploração – tal como os de prospecção e pesquisa – só poderem, nessa época, ser concedidos a empresas públicas angolanas, terá segundo cremos importado na *revogação tácita* – ou mesmo a *caducidade* – daquelas disposições legais.

Acresce que não faria sentido a sua manutenção, porquanto a *transformação* das empresas públicas detentoras de eventuais títulos de exploração dominial está dependente de iniciativa do *Governo* – justamente porque, apesar de a universalidade dos bens, direitos e obrigações que integram o activo e o passivo dessas empresas pertencer a elas mesmas, posto que têm personalidade jurídica, ao cabo e ao resto *elas próprias pertencem ao Estado* (ou, teoricamente, a outras pessoas colectivas públicas) – a quem, naturalmente, incumbe a fixação do conteúdo e dos limites dessa eventual transformação. Não faria, pois, sentido o Governo estar a autorizar a prática de um conjunto de actos jurídicos tendentes à *transformação*, quando esta vicissitude na vida daquelas sociedades depende do poder jurisgenésico do Estado angolano, na pessoa do Governo ([305]).

---

([304]) Cfr., **CUNHA GONÇALVES**, *Comentário ao Código Comercial*, 1914, pág. 292 e segs.; **FERRER CORREIA**, *Lições de Direito Comercial, II, Sociedades Comerciais* (com a colaboração de VASCO L. XAVIER, HENRIQUE MESQUITA, J.S.CABRAL e ANTÓNIO CAEIRO), Coimbra, 1968, policopiado, pág. 240 e segs.; **RAÚL VENTURA**, *Cisão de Sociedades*, Lisboa, 1974 (analisando o problema à luz do Decreto-Lei nº 598/ /73, de 8 de Novembro) ; **RAÚL VENTURA**, *Fusão, Cisão, Transformação de Sociedades*, Coimbra, 1990, pág. 5 e segs., 324 e segs.; **LUÍS MENEZES LEITÃO**, *Fusão, e Cisão de Sociedades*, in Fisco, nº 57, pág. 18 e segs.; **M. PUPO CORREIA**, *ob. cit.* [303], págs. 482-485.

([305]) É certo que, relativamente à exploração de *pedreiras*, embora já desde esta Lei nº 5/79 se tenha operado a estatização destes recursos, os direitos de exploração podiam

AS FORMAS DE UTILIZAÇÃO DE BENS DO DOMÍNIO PÚBLICO...

Não curamos que, no *direito a constituir*, seja necessário ou conveniente ressuscitar um regime de jaez análogo, posto que a conjugação dos princípios da *liberdade empresarial* e de *iniciativa económica* ([306]) e a tutela do *interesse público*, tendente ao eficiente e rendível aproveitamento da propriedade pública ([307]), poderão encontrar no regime legal e contratual da *extinção dos direitos mineiros* o adequado equilíbrio.

## C) O Contrato de Concessão. Procedimento de escolha do outro contraente. O conteúdo do contrato. Direitos e obrigações.

Através do contrato de concessão de exploração de recursos minerais o Estado angolano – a par de acordar com entes públicos (empresas públicas) o desempenho de actividades de exploração das coisas públicas – *devolve*, hoje, tanto no plano jurídico como fáctico, a entidades privadas o efectivo exercício dessas actividades, que anteriormente tivera *monopolizado* e *estatizado*.

Tal não significa, necessariamente, que estes entes privados passem a dispor de capacidade e personalidade públicas ou que se transformem em *orgãos* (*indirectos*) da Administração ([308]), no sentido de se tratar

---

igualmente, ao tempo, ser concedidos a *empresas mistas* e a *entidades privadas* (*vidé* o n.º 2 do artigo 8º da referida Lei). Restaria, destarte, algum sentido útil ao regime instituído pelo mencionado Decreto-Lei nº 36.367, de 23/6/1947. Como quer que seja, o *sector normativo* deste Decreto não terá querido abranger as *rochas* e os minerais utilizados como matéria-prima na indústria de construção civil – objecto de exploração de *pedreiras* –, pois que tanto essas como estes não integravam, como se sabe, a categoria das *coisas públicas*: pertenciam, isso sim, ao *proprietário do solo*. De resto, dado o relevo marginal que este tipo de explorações de bens dominiais assume globalmente, parece-nos que se preserva melhor a unidade do sistema jurídico angolano ao considerar, no mínimo, tacitamente revogado o referido diploma.

([306]) Cfr., os artigos 10º (*"O sistema económico assenta na coexistência de diversos tipos de propriedade, pública, privada, mista, cooperativa e familiar, gozando todos de igual protecção..."*), 11º, parágrafo 3º (*"O Estado incentiva o desenvolvimento da iniciativa e da actividade privada, mista, cooperativa e familiar, criando as condições que permitam o seu funcionamento e apoia especialmente a pequena e média actividade económica"*) e 12º, parágrafo 4º (*"O Estado respeita e protege a propriedade das pessoas, quer singulares, quer colectivas..."*), todos da Constituição da República de Angola.

([307]) Cfr., artigo 11º, parágrafo 2º da mesma Constituição: *"Na utilização e exploração da propriedade pública, o Estado deve garantir a sua eficiência e rentabilidade, de acordo com os fins e objectivos que se propõe"*.

([308]) É, no entanto, esta a posição do Prof. **MARQUES GUEDES**, *A Concessão*, Vol. I, Coimbra, 1954, pág. 166, sustendo que *concessão* – e a concessão de exploração dominial – é um *acto de concentração* dos poderes públicos, pelo qual se integra uma entidade privada no âmbito da Administração Pública. Assim, também, **W. D'AVANZO**, *Miniere, cave, torbiere*, in Novissimo Digesto Italiano, Vol. I, Torino, 1964, pág. 699 e

## DIREITO MINEIRO ANGOLANO

de *pessoas colectivas de direito privado e regime administrativo* ([309]).
Tudo depende da previsão legal e dos problemas levantados quanto à
exploração de específicos recursos minerais. Pode, de facto, suceder
que a um concessionário de jazidas minerais – do ponto de vista da *capaci-*
*dade jurídica pública* – sejam outorgados *poderes de autoridade* ([310])

---

segs., espec. pág. 708. Cfr., as críticas, inteiramente procedentes, que são dirigidas a esta
posição pelo Prof. **FREITAS DO AMARAL**, *Curso de Direito Administrativo*, Vol. I,
2ª edição, Coimbra, 1994, pág. 563. Igualmente, no sentido de o concessionário de jazidas
não ser um *orgão* da Administração Pública – ou, sequer, um seu *representante* –, *vide*,
**G. ABATTE**, *Il diritto minerario italiano*, Palermo, 1948, pág. 223, nota 166, pág. 226;
*idem*, *Miniera*, cit., **[210]**, págs. 419-420. Com uma nota apenas: apesar de a maioria dos
actos destas pessoas colectivas privadas não serem *actos administrativos*, tal não significa
que lhes seja aplicável, em bloco, o *regime* – substantivo e jurisdicional – *do direito*
*privado* (*v.g.*, para efeitos de responsabilidade civil, impugnação de certos actos).

Acaso se entenda que os concessionários em bens do domínio público poderão
assumir a veste de *orgãos* administrativos, será pequeno o caminho no sentido de começar
a desconsiderar a *personalidade jurídica* do *Estado* e a consequente e invariável *imputação*
da actividade destes seus orgãos – ainda que sejam sujeitos privados – a esta pessoa
colectiva. Como refere **VASCO M. PEREIRA DA SILVA**, *Em busca do Acto Adminis-*
*trativo Perdido*, Coimbra, 1996, pág. 93-94, ao arrimo das teses de alguma doutrina
italiana e alemã, o ordenamento jurídico deve poder atribuir *capacidade jurídica* a orgãos
administrativos, fazendo deles «sujeitos funcionais» de relações jurídicas e, na sequência,
admitir a existência de relações jurídicas inter-orgânicas sempre que a um orgão, parte de
um orgão ou um a titular do orgão – mesmo que, como se viu, possa ser um sujeito ou uma
entidade privada – a lei reserve a última palavra relativamente ao exercício de certas
competências.

([309]) É, no entanto, esta a posição da doutrina. Cfr., **MARCELLO CAETANO**,
*Manual*, (…), cit. **[111]**, pág. 396 e segs., considerando que as sociedades concessionárias
de coisas integradas no domínio público são *sociedades de interesse colectivo* (*ob. cit.*,
pág. 414).

([310]) É o que sucede no que toca à faculdade de requerer, como veremos, a *expropriação*
por utilidade pública de imóveis necessários às actividades mineiras, designadamente
para a instalação dos edifícios e equipamentos (ideia que já aparece, no seu estado
embrionário – sem que, porém, se indiquem os mecanismos jurídicos que a concretizam
– na alínea *f)* do nº 2 do artigo 12º da Lei nº 1/92).

Mesmo que este poder não esteja especificamente previsto – o que é, de todo o
modo, desaconselhável, como veremos adiante – nos diplomas sobre aproveitamento de
recursos minerais, entendemos que tanto o Decreto-Lei nº 36.824, de 9 de Abril de 1948
como a Lei nº 2143, de 19 de Maio de 1969 – segundo os quais estas *sociedades de inte-*
*resse colectivo* podem pedir a expropriação por utilidade pública dos imóveis de que
carecerem – se encontram em vigor na República de Angola.

Uma outra *prerrogativa de autoridade* – que implica, por conseguinte, o exercício de
*autoridade pública* – é a que aproveita às *empresas* (*mistas*) concessionárias da exploração
de diamantes: segundo o artigo 23º, da Lei nº 16/94, a vigilância e o controlo de pessoas e
bens nas zonas restritas, nas zonas de protecção (mencionadas nos artigos 14º e 15º desta
Lei) cabe a estas concessionárias, mediante os seus meios próprios e de pessoal por elas

## AS FORMAS DE UTILIZAÇÃO DE BENS DO DOMÍNIO PÚBLICO...

para a prática de actos administrativos ou operações materiais ([311]). Mas, por outro lado, a par de alguns *privilégios* ([312]), estão elas sujeitas a especial *fiscalização* por parte do Estado.

O objectivo da exploração dos recursos minerais consiste no aproveitamento económico, pelo concessionário, desses recursos e implica o desenvolvimento de um conjunto de actividades materiais e jurídicas que, logicamente, são posteriores à fase de prospecção e pesquisa. Actividades estas que são, logicamente, precedidas de um procedimento administrativo

---

especialmente recrutado, prevendo o artigo 25º do mesmo diploma o específico acervo de *poderes de autoridade* e de *polícia* que lhes são cometidos (*v.g.*, identificar e proceder a revistas de rotina aos seus trabalhadores e, de um modo, geral, às pessoas que entrem e saiam dessas zonas; exigir a apresentação de autorizações de acesso; prender preventivamente em flagrante delito; apreender o produto ou objecto das infracções e todas as provas susceptíveis de se perderem, bens estes e pessoas estas que devem, por elas, ser posteriormente entregues ao magistrado do Ministério Público ou no posto da Polícia Nacional que se encontrar mais próximo do local da detenção ou da apreensão). Crê-se, de todo o modo, que a outorga desta autoridade pública – *maxime*, no que concerne à actividade de polícia criminal – consta da lei a título *excepcional* e *transitório*, durante e enquanto não cessarem as circunstâncias que têm conduzido, por vezes, à pilhagem e ao tráfico ilícito de diamantes, devendo cessar logo que se encontre normalizado, no próprio terreno, o quadro político institucional angolano. De forma que, nessa altura, o Estado não careça de, nesse particular, investir entidades privadas no exercício de funções públicas de *polícia criminal*.

No mais, estas concessionárias de exploração de diamantes *colaboram* igualmente com a Administração no *procedimento administrativo* conducente à atribuição de *licença de exploração artesanal*, pois que, segundo o nº 4, do artigo 7º, da Lei nº 16/94, a referida *licença* pode ser-lhe solicitada, pelos interessados, por escrito, apesar de a outorga dela caber ao Ministério de Geologia e Minas ou, por delegação deste, à *ENDIAMA* (art. 7º/5 e 6, da mesma Lei).

Por fim, a actual legislação mineira angolana não esclarece se as sociedades comerciais titulares de direitos de exploração devem possuir a *nacionalidade angolana*, isto é, exigir que a maioria do seu capital e dos seus corpos gerentes sejam angolanos e possuirem em Angola a sede principal e efectiva da sua administração (destacando somente este último aspecto no conceito de sociedades comerciais estrangeiras, cfr. **ANTÓNIO CAEIRO**, in *Revista de Direito e Economia*, ano XIII, pág. 333). Ora, uma vez que se trata de, como vimos, *sociedades de interesse colectivo*, até à independência da República de Angola vigorava a exigência de *nacionalidade portuguesa,* ao abrigo do preceituado nos artigos 21º e 22º, do Decreto-Lei nº 46 312, de 28 de Abril de 1965. Dado que este normativo *caducou*, naturalmente, com a independência de Angola, cumpriria, no *direito a constituir*, tomar posição sobre o mesmo.

([311]) Se tal acontecer, estaremos no domínio do *exercício por privados de funções públicas*.

([312]) É o caso de usufruirem de um regime fiscal e aduaneiro diferenciado, podendo, designadamente, implicar a concessão de *benefícios* e *isenções fiscais*: cfr., o artigo 15º, nº 2, alínea *b)* da Lei nº 1/92.

# DIREITO MINEIRO ANGOLANO

conducente à formação do acordo de vontades, que habilita esse desfrute por parte do concessionário.

## 1. O contrato. Procedimento de escolha.

Natural reflexo da utilização de meios não *autoritários* – outrossim, *consensuais* ([313]) e *concertados* – por parte da Administração é a *contratualização* ([314]), no direito angolano, das concessões dominiais de exploração, o que exige a *conciliação* das exigências de *flexibilidade* – espelho, aliás, da maior ductibilidade da actividade administrativa – e da *eficácia* na prossecução dos interesses públicos, com as exigências de uma adequada *fiscalização* e tutela desses interesses.

Independentemente de se saber se se trata de *concessões constitutivas* ou *translativas* ([315]), importa clarificar o procedimento de concessão, de acordo com uma *modalidade de contrato a duas fases* – como lhe chama a alínea *a)*, do artigo 4º, da Lei nº 16/94. Note-se que, igualmente, a alínea *a)*, do nº 3, do artigo 11º, da Lei nº 1/92, pressupõe que o requerente ou beneficiário do aproveitamento das jazidas já tenha previamente sido titular de direitos de prospecção e pesquisa. Mas, a parte final daquela alínea *a)*, do artigo 4º – relativamente à exploração de diamantes –, sugere que a *fase da investigação geológica e mineira* não tem que, necessariamente, anteceder a *fase de exploração*.

---

([313]) Salientando a transformação das formas de actuação da Administração Pública, doravante *sob forma privada*, cfr., **VASCO M. PEREIRA DA SILVA**, *Em Busca do Acto Administrativo*, (…), cit., **[308]**, pág. 99 e segs., espec. pág. 105-106, 466-467; **MARIA JOÃO ESTORNINHO**, *A Fuga Para o Direito Privado*, (…), cit., **[88]**, pág. 47 e segs.,

([314]) Sustentando, ainda, a ideia de que se trata de um *acto administrativo* unilateral *carecido de aceitação*, vide **E. GARCIA DE ENTERRÍA / T. RAMÓN FERNÁNDEZ**, *Curso de Derecho Administrativo*, Tomo I, Madrid, 1974, pág. 480; posição, esta, já, na década de cinquenta, dificilmente aceita por **VILLAR PALASÍ**, *Naturaleza y Regulación*, (…), cit., **[5]**, pág. 8 e repudiada, em 1959, por **ENTRENA CUESTA**, *El dominio público de los hidrocarburos*, in Revista de Administración Pública, 1959, nº 29, pág. 356.

Como quer que seja, mesmo que o direito mineiro angolano aponte a *via contratual*, de harmonia com as modernas tendências de actuação da Administração Pública, a outorga de direitos de exploração pode, em abstracto, realizar-se mediante acto administrativo (constitutivo de direitos) – como era tradicional na lei e na doutrina administrativista.

([315]) Ou até de uma figura *mista*, que reune as características tradicionais assinaladas pelos cultores do direito público à figura da concessão: assim, na gramática jurídico--privatística poder-se-ia dizer – para quem entenda estar-se unicamente perante *direitos reais* (administrativos) de gozo – que ocorreria uma *aquisição derivada constitutiva*. O direito (real limitado) adquirido pelo concessionário *filia-se* num *direito de propriedade pública* mais amplo, limitando-o ou comprimindo-o, porque, justamente, se forma à custa deste. Cfr. **MOTA PINTO**, *Teoria Geral*, (…), cit. **[178]**, págs. 362-363.

AS FORMAS DE UTILIZAÇÃO DE BENS DO DOMÍNIO PÚBLICO...

A este respeito, cremos, por isso, que a outorga de concessões de exploração tanto pode derivar da *titularidade anterior de uma licença de prospecção e pesquisa* como deve poder outorgar-se *directamente*, sem que seja necessário ser-se titular de uma anterior licença de prospecção e pesquisa[316]. Conviria, no entanto, de *iure constituendo*, esclarecer melhor este ponto [317].

Assim, contanto que haja recursos susceptíveis de aproveitamento económico lucrativo e um conhecimento geológico da área objecto da concessão de exploração, haverá que distinguir duas *modalidades de concessão*:

**a)** A *concessão directa* da exploração: segundo a qual, a *atribuição directa* dos direitos mineiros pode dar-se, *objectivamente*, em relação a jazidas situadas em áreas sobre as quais não incidam direitos decorrentes de licenças de prospecção e pesquisa ou concessões de exploração ou, mesmo, em zonas (*não disponíveis*) abrangidas por direitos de prospecção e pesquisa, desde que não respeitem à mesma substância da jazida, cuja exploração se requeira [318]. Mister é que – *maxime*, quanto aos diamantes – essas áreas já estejam previamente reconhecidas e as jazidas avaliadas. Nesse caso, a actividade mineira não se desenvolve em duas fases, outrossim, uma vez aprovado o *Estudo de Viabilidade Técnica e Económica*, os direitos de Explorção são *logo* outorgados à ENDIAMA, que se associara com o investidor estrangeiro segundo os moldes do direito privado (*v.g., joint venture*, constituição de sociedade comercial de capitais privados e públicos – cfr., alínea *d)*, do artigo 4º da Lei nº 16/94.

Quanto ao *meio de contratar*, tanto se poderá prever que a *atribuição directa* fique dependente de *requerimento* dos interessados ou de

---

[316] De facto, a alínea *c)*, do nº 3, do referido artigo 11º, da Lei nº 1/92, já prevê, implicitamente, essa possibilidade, ao permitir a realização de contratos de concessão com empresas que tenham *oferecido condições aceitáveis para o Estado em propostas apresentadas ou em resposta a concursos ou convites públicos* (...) *em relação a jazidas já reconhecidas e avaliadas*.

[317] É, igualmente, de ponderar, a possibilidade de outorgar, por contrato administrativo, e por um termo certo, a *exploração experimental* da jazida – inovação introduzida no ordenamento jurídico português (artigo 23º, nº 2 do Decreto-Lei nº 90/90, de 16 de Março) – nos casos em que os recursos revelados, pela natureza da sua composição ou pelo modo da sua ocorrência, não apresentarem condições necessárias para o imediato estabelecimento de uma exploração normal.

[318] Será conveniente reservar, igualmente, esta modalidade concessória para as hipóteses, já analisadas no *direito a constituir*, de atribuição da concessão por concurso, na sequência de uma execução hipotecária dos direitos de exploração do executado e de morte da pessoa singular ou extinção da pessoa colectiva, que sejam titulares destes direitos.

# DIREITO MINEIRO ANGOLANO

convite formulado pelo Estado ([319]), mediante a realização de *concurso público* ou *limitado* ([320]).

Pelo que respeita ao específico *procedimento administrativo*, há que estabelecer as respectivas *normas de delimitação de competência*, visto que, amiúde, quer a Lei nº 1/92, quer a Lei nº 16/94, só se limitam a referir – seja no que toca à competência para contratar em nome do Estado, seja no que concerne à obtenção de certas autorizações – o *organismo competente* ou a *entidade competente*. Em face do *princípio da legalidade* da actividade administrativa, a não indicação das entidades competentes para contratar (ou autorizar) é, a todos os títulos, inadmissível ([321]): a Administração, ao usar esta técnica contratual, tem que ter uma ideia completa de como deve ser exercida a actividade (particular) do concessionário.

Mais: a própria lei angolana, quando estabelece expressamente algumas destas *normas de competência*, não raro viola o *princípio da imparcialidade* ([322]). Repare-se neste exemplo paradigmático: de harmonia com o nº 4, do artigo 2º, da Lei nº 16/94: *"no caso de projectos de*

---

([319]) Interessados estes cujo universo, no domínio da concessão de direitos de exploração sobre jazidas de diamantes se reduz à *ENDIAMA* e a *empresas mistas* por aquela participadas.

([320]) Deve, segundo julgamos, em homenagem aos princípios da *imparcialidade* e da *proporcionalidade* que presidem à actividade administrativa, evitar-se, sempre que possível, o recurso ao *ajuste directo*. Ou, quanto muito, admiti-lo, fazendo-o anteceder de um procedimento administrativo de *consulta prévia* a várias entidades.

([321]) Como refere **SÉRVULO CORREIA**, *Legalidade e Autonomia Contratual*, cit., **[83]**, pág. 564, a doutrina administrativa estende aos contratos administrativos a reclamação de um *requisito de competência*, mais dizendo que *"o princípio da legalidade impõe que a actividade administrativa desenvolvida através de contratos administrativos assente em norma de competência"*.

([322]) *Imparcialidade* significa aqui que, no exercício da função legislativa, e ao se confrontar a lei consigo mesma, deve o legislador garantir a sua própria independência relativamente a valores alheios à sua função, *v.g.*, evitando ponderar as suas escolhas em função das conveniências políticas, partidárias, religiosas, culturais, etc. *Imparcialidade* não tanto no sentido técnico de não ser parte no conflito, outrossim, no *sentido institucional* de ponderação de todos os interesses envolvidos no caso concreto. Transporta-se, deste modo, para o domínio da actividade legislativa, os princípios que devem pautar a actividade da Administração, em termos de, diferenciadamente, sindicar a inconstitucionalidade das leis. Cfr., sobre a discricionaridade dos actos legislativos, **GOMES CANOTILHO**, *Direito*, (…), cit. **[2]**, pág. 1025 e segs. ; **J. RODRIGUEZ-ZAPATA Y PEREZ**, *Desviación de Poder y Discricionalidad del legislador*, in Revista de Administración Pública, nº 100--102, 1983, pág. 1527 e segs.; cfr a ressonância deste princípio na actividade da Administração em **FAUSTO CUOCOLO**, *Istituzioni di Diritto Pùbblico*, 8ª edição, Milano, 1994, pág. 467-468; **ESTEVES DE OLIVEIRA / PEDRO GONÇALVES / J. PACHECO DE AMORIM**, *Código de Procedimento Administrativo Comentado*, Vol. I, Coimbra, 1993, pág. 157; **VIEIRA DE ANDRADE**, *A Imparcialidade da Administração como Princípio Constitucional*, in Boletim da Fac. de Direito de Coimbra, 1974, pág. 219 e segs.

## AS FORMAS DE UTILIZAÇÃO DE BENS DO DOMÍNIO PÚBLICO...

*investimento com vista à constituição da empresa mista na qual a ENDIAMA – U.E.E. participe, o contrato* [isto é, o contrato de concessão dos direitos de exploração] *será assinado entre a ENDIAMA e os parceiros da empresa a constituir"* (o sublinhado é nosso). Daqui resulta que a *ENDIAMA* é, a um tempo, *representante* do Estado ([323]) e accionista da *empresa mista*, que no contrato de concessão está representada pelos restantes accionistas. Esquema que possui notável analogia com o *contrato consigo mesmo*, proscrito no artigo 261º do Código Civil angolano. É que, embora seja a lei que autoriza o *representado* ([324]) a consentir na celebração, pelo representante (*ENDIAMA*), do contrato administrativo de concessão, não deixa de coexistir a possibilidade de um *conflito de interesses*, que a lei angolana deveria, nesta sede, ter o cuidado de evitar ou não potenciar.

Por outro lado, pelo cotejo da Lei nº 16/94, não está afastada a possibilidade de ela se apresentar, sob outro ângulo, como *lei-medida*, visando uma só entidade e, por isso, de duvidosa constitucionalidade, por ofensa ao *princípio da igualdade* (art. 18º/1º da Constituição). Repare-se.

Preceitua o nº 2, do artigo 2º, desta Lei, que os direitos mineiros poderão ser exercidos por *empresas mistas* – e, note-se, a expressão utilizada no plural – em que a *ENDIAMA* participe. Mas, logo no nº 4 desse artigo, a expressão surge no singular ([325]) (empresa mista). A mesma expressão

---

([323]) Observe-se que, neste caso, a *ENDIAMA* não actua como *orgão* do Estado – *orgão* será, ao invés, o *Governo*, *maxime*, reunido em *Conselho de Ministros* (ainda que esta forma de *imputação* a este *orgão colegial* acabe por desconsiderar, jurídico-constitucionalmente, o *exercício individual* da competência do Governo angolano), o qual, do ponto de vista da administração central do Estado, é incumbido do poder executivo (cfr., o artigo 105º/1, da Constituição angolana: *"O Governo conduz a política geral do país e é o orgão superior da administração pública"*). Não subiste, hoje, a confusão constante da antiga redacção do artigo 64º da Constituição, aí onde o *orgão* do Estado não era, nesta sede, o *Governo*, mas sim, de forma algo incoerente, o *Conselho de Ministros* –, outrossim como verdadeiro *representante*, sujeito de direito distinto do *Estado* angolano, e cujo acto de representação é-lhe atribuído como *acto seu*, apesar de os respectivos efeitos de direito se repercutirem na esfera jurídica do representado, isto é o Estado.

Além disso, não se separa, conveniente a *competência para decidir contratar* – que aparece, transmudada, no artigo 2º/2, *in fine*, num acto de *aprovação* do Conselho de Ministros, mediante decreto, da *competência para contratar* (ou melhor, o *poder de representação da pessoa colectiva pública*, o Estado, no contrato administrativo de concessão. Sobre isto, cfr., **SÉRVULO CORREIA**, *ob. cit.*, [83], pág. 569).

([324]) Neste particular, a 4ª edição do Vol. I do *Código Civil Anotado* de **PIRES DE LIMA/ANTUNES VARELA** (pág. 242) contém uma gralha tipográfica, na medida em que quando se refere uma das excepções admitidas pelo próprio nº 1 do artigo 261º se diz: *"(...) a não ser que o representante* [deveria ser *representado*] *tenha especificamente consentido na celebração"*.

([325]) Art. 2º/4: *No caso de projectos de investimento com vista à constituição da empresa mista na qual a ENDIAMA participe, o contrato será assinado entre a ENDIAMA – U.E.E. e os parceiros da empresa a constituir.*

surge no singular noutros lugares da Lei: assim nos artigos 7º, nº 4 ([326]), 17º, nº 2, e 21º, nº 4. Diga-se, no entanto, que a mesma expressão, não raro, aparece no plural, o que, no mínimo, revela alguma obscuridade e falta de clareza, não só gramatical, mas quanto à definição dos propósitos.

No que toca ao procedimento conducente à *atribuição directa da concessão por iniciativa dos interessados*, deverá ele iniciar-se por um *requerimento*, dirigido ao Ministro de Geologia e Minas do qual constem vários elementos pertinentes (*v.g.*, identificação da pessoa singular ou colectiva, localização da área pretendida, com indicação da delimitação proposta, caracterização do depósito, etc.), aos quais se juntarão várias *peças escritas* (*v.g.*, certidão do acto constitutivo da pessoa colectiva, termo de responsabilidade do director técnico proposto, plano de exploração ([327]), com descrição dos anexos, relatório da avaliação das reservas) e *gráficas* (planta topográfica à escala oportunamente fixada, indicando a demarcação pretendida). Após o que, ouvido o requerente, será conveniente estabelecerem-se, desde logo, as causas de eventuais indeferimentos liminares ([328]) ou, de contrário, obrigá-lo a

---

([326]) Que reza: *"A licença para exploração artesanal pode ser solicitada por escrito, à concessionária..."*.

([327]) Dado que o concessionário deverá executar os trabalhos de exploração de harmonia com o *plano de exploração* previamente aprovado (sugere-se que o seja pelo Ministério de Geologia e Minas) – artigo 10º, nº1, da Lei nº 1/92 –, é mister que o legislador dê uma ideia, ao menos, do seu *conteúdo mínimo*, a saber : memória descritiva das características da jazida; descrição dos processos de desmonte e domínio dos tectos, tratando-se de uma jazida subterrânea e de extracção, se se tratar de uma jazida de aluvião; a descrição dos sistemas de ventilação, transporte, iluminação, esgotos, sinalização e segurança; a descrição do esquema das fontes de energia e de abastecimento de água; a descrição dos anexos mineiros a instalar; eventualmente, a menção das medidas a adoptar quanto à protecção ambiental, da fauna e da flora e a recuperação e reconstituição dos solos para utilização segundo as finalidades a que estavam ou possam vir a estar adstritos, *maxime* nas explorações a céu aberto.

Precisamente porque o princípio da *adaptação ao interesse público* impõe que o conteúdo dos contratos administrativos se adeque à eventual variação dos interesses em causa, deve o concessionário ficar submetido às denominadas *cláusulas de sujeição* que, neste particular, se julga aconselhável que constem do contrato – se bem que, como se sabe, não seja a sua inclusão obrigatória. Assim, ao Ministério de Geologia e Minas poderá aproveitar a faculdade de impor alterações ao *plano de exploração* (e ao consequente *Estudo de Viabilidade Técnica e Económica*) que tiver por necessárias. Só que esta faculdade, de exercício unilateral, não pode ser *discricionária*. Deve a lei prever, por isso, um *numerus clausus* de vinculações, quanto aos *pressupostos* de uma actuação desse jaez: *v.g.*, a melhoria do aproveitamento da jazida, da protecção do meio ambiente, das condições de segurança, da economia da exploração.

([328]) *V.g.*, por se reconhecer não existirem condições que justifiquem a atribuição da concessão, a falta de indoneidade técnica e financeira do requerente, por razões de interesse público, por a área não estar disponível, etc.

## AS FORMAS DE UTILIZAÇÃO DE BENS DO DOMÍNIO PÚBLICO...

considerar a proposta realizada, mediante a fixação de uma *caução provisória*. Seguidamente, poderia abrir-se uma fase de *oposição*, em que, uma vez publicados anúncios no Diário da República e em jornais de grande circulação no país, se convidem todos os interessados a apresentar reclamações num prazo previamente fixado.

Concluída esta fase, e depois de o dito Ministério requerer, eventualmente, a apresentação de ulteriores esclarecimentos por parte do requerente, restaria a lei prever um prazo máximo, após a publicação daqueles anúncios, para que, concluso o processo pelo respectivo ministro ao *Conselho de Ministros,* este decidisse pela outorga, ou não, da concessão ([329]), autorizando a entidade competente (*in casu,* parece-nos preferível que essa competência seja naturalmente atribuída ao Ministério da Geologia e Minas).

Como quer que seja, cumpre autonomizar, no *direito a constituir*, a atribuição directa de concessão na sequência de concurso público ou limitado.

Nestas eventualidades, teríamos o Conselho de Ministros, ainda sob proposta do Ministério de Geologia e Minas, a determinar a *abertura de concurso* para a *apresentação de proposta*, tendentes à *atribuição directa* de uma concessão, mandando publicar aviso no Diário da República e num dos jornais mais lidos do país. Seguir-se-iam depois os termos, já atrás propostos, para a atribuição, por concurso de licenças de prospecção e pesquisa, correndo o procedimento no Ministério de Geologia e Minas.

**b)** *A concessão de exploração derivada de anterior licença de prospecção e pesquisa*. Nesta hipótese, talvez a mais comum, a concessão de exploração, uma vez revelados e avaliados os recursos, é atribuída ao titular da anterior licença de prospecção e pesquisa, contanto que tenha cumprido esse contrato e tenha requerido a concessão de exploração.

A questão é, todavia, mais complexa, na medida em que tudo está em saber se este, uma vez cumpridos certos requisitos que a lei estabeleça, tem o direito de exigir a celebração do contrato de concessão. O problema já foi aqui objecto de discussão ([330]). Apesar de as alíneas *a)* e *b)*, do nº 3, do artigo 11º, da Lei nº 1/92 e de a alínea *c)* do artigo 4º da Lei nº 16/94 fazerem inculcar a ideia de que a atribuição dos direitos de exploração ficam, nestes casos, tão só na dependência da *aprovação* do *Estudo de Viabilidade Técnica e Económica* e de aprovação da avaliação das

---

([329]) No caso da exploração de diamantes, tão só teria que autorizar a *ENDIAMA* a celebrar os ditos contratos, autorizando (ou, *post factum finitum*, aprovando) a minuta do contrato.

([330]) Cfr., *supra,* 1.4.

## DIREITO MINEIRO ANGOLANO

reservas, julgamos preferível que – sem prejuízo da óbvia possibilidade de *recurso contencioso*, *v.g.*, por *desvio de poder* – ao Estado angolano seja sempre dada a *última palavra*.

Que o mesmo é dizer: sem prejuízo do que já se encontrar eventualmente plasmado no contrato pelo qual foram outorgados direitos de prospecção e pesquisa – no que toca às condições essenciais relativas a futuras concessões de exploração – e não obstante o requerente apresentar, por exemplo, todas as *peças escritas* e *gráficas* acima sugeridas, deve o Estado ficar livre de, *motivadamente*, recusar o pedido de concessão, designadamente pela não apresentação de outros elementos necessários e oportunamente requeridos para a apreciação do pedido. Assim, *o efeito útil* da inclusão, no contrato de prospecção e pesquisa, daquelas condições está em que o Estado, uma vez que decida contratar a concessão de exploração, fica vinculado a fazê-lo nos termos e condições aí previamente acordados ([331]).

Logo que tenha sido decidida, pelo Conselho de Ministros, a atribuição de uma concessão, sugere-se que o Ministério de Geologia e Minas notifique o interessado para a celebração do respectivo contrato administrativo.

Contrato este cujo conteúdo deve incluir, como *elementos essenciais*: a *identificação* do concessionário; a *delimitação* da área concedida; a indicação da jazida, cuja exploração é concedida; o *prazo* da concessão e as condições exigidas para as eventuais *prorrogações* ([333]); e a indicação dos direitos e obrigações recíprocos. Quanto a este último ponto, não deverá a lei fazer uma enumeração típica e taxativa, revelando-se aconselhável, dentro de certas balizas, uma *enumeração exemplificativa*, por forma a dar às partes liberdade para convencionarem outros poderes e vinculações.

---

([331]) De todo o modo, será conveniente alargar o âmbito do disposto no artigo 8°, da Lei n° 1/92, de jeito a abranger aquelas situações em que – reconhecendo-se que o titular da anterior licença de prospecção e pesquisa, a despeito de não ter preenchido os requisitos necessários à obtenção da concessão, desenvolveu uma profícua actividade de prospecção e pesquisa – certas entidades, que não somente as pessoas singulares, devem, igualmente beneficiar do *prémio* aí previsto – e que cumpre estabelecer em concreto –, na medida do contributo para o futuro aproveitamento das jazidas, em face da actividade anteriormente por elas desenvolvida na prospecção e pesquisa.

([332]) De maneira a que o n° 2, do artigo 13°, da Lei n° 1/92, não represente uma mera declaração de intenções, desprovida de qualquer vinculatividade para ambas as partes. Assim, cumpridas essas condições, o concessionário há-de desfrutar *da expectativa jurídica* de obter a prorrogação do contrato, mas sem que a Administração fique, no anverso, *amordaçada* à obrigação de anuir a sua prorrogação uma ou mais vezes: se decidir acordar essa prorrogação deverá fazê-lo nos termos e condições previamente acordadas.

AS FORMAS DE UTILIZAÇÃO DE BENS DO DOMÍNIO PÚBLICO...

## 2. Direitos e obrigações.

Constando do contrato de concessão de exploração, para além da área abrangida, o prazo, as condições exigidas para eventuais prorrogações, devem constar, os direitos e obrigações recíprocos. Não deve aqui a lei impor qualquer *tipicidade taxativa* do conteúdo deste programa contratual, antes deve *enumerar* os principais *direitos* e *obrigações* das partes, deixando as partes livres de densificarem esse acervo de vinculações e de permissões.

Quando se fala em *obrigações do concessionário*, é preciso distinguir as de *dare* e as de *facere*.

Nas primeiras incluem-se as *obrigações fiscais* (artigo 15°, da Lei n° 1/92), traduzidas no pagamento de um *imposto proporcional* correspondente ao produto bruto do minério extraído ou sobre o valor dos concentrados, sempre que houver tratamento, o qual resulta da aplicação de uma taxa percentual sobre o valor da produção anual; e no pagamento do imposto sobre o rendimento, mencionado na alínea *b)*, do mesmo preceito.

As *taxas* do primeiro dos impostos não se acham previstas na Lei n° 1/92, não se sabendo, tão pouco, se, conforme acontecia no domínio do Decreto de 20 de Setembro de 1906, é curial ou não estabelecer diferentes taxas, seja, por um lado, para metais e pedras preciosas, seja, por outro, para as concessões que não sejam de metais nem de pedras preciosas (³³³). Igualmente se desconhecem os parâmetros a que devem obedecer eventuais *isenções de direitos aduaneiros* de importação (*v.g.*, de máquinas, maquinismos e utensílios utilizados na lavra ou nas oficinas mineralúrgicas, de explosivos) (³³⁴). Ora, como no ordenamento jurídico angolano vigora, naturalmente, o *princípio da legalidade* em matéria tributária, nos termos do artigo 14°, 2° parágrafo, da Constituição da República, só a lei pode criar e extinguir os impostos, cabendo-lhe determinar a sua *incidência, taxas, benefícios fiscais e garantias dos contribuintes* (³³⁵). Estado (*v.g.*, por intermédio do Ministério de Geologia e Minas, Ministério das Finanças, Banco de Angola) e concessionário estão, por tal, impedidos de convencionar o regime fiscal e aduaneiro a seu bel talante.

---

(³³³) *Vide*, artigo 133°, do Decreto de 20 de Setembro de 1906.

(³³⁴) Cfr., a este respeito, o Decreto-Lei n° 37.817, de 11 de Maio de 1950, que regulava a isenção de direitos e imposições aduaneiras, com excepção do imposto do selo do bilhete de despacho, para os materiais importados com destino a instalações de lavra mineira e respectivas oficinas.

(³³⁵) Matéria esta que é de *reserva relativa* da Assembleia Nacional (art. 90°/f, da Constituição), susceptível de ser regulada pelo Governo, contanto que seja precedida de *autorização legislativa*, que defina o âmbito, a extensão e a duração da autorização (art. 91°/1, *idem*).

Não se sabe, também, quais as consequências emergentes da *falta de pagamento, maxime* reiterado, destes impostos e a *tempestividade* da sua liquidação (semestralmente, anualmente).

Uma outra obrigação de *dare* consiste na exigência *de prestação de caução*.

Como se sabe, a *caução* é um instrumento pelo qual se assegura ou garante o cumprimento de uma obrigação ([336]), mediante a entrega feita por uma das partes à outra de certa quantidade de *coisas móveis*, por via de regra, *fungíveis* (*v.g.*, dinheiro, mercadorias, títulos, garantia bancária, seguro-caução).

Daí que, no domínio em análise, ela seja não só justificável e exigível para garantir a disposição do requerente dos direitos de prospecção, pesquisa e exploração em se vincular ao exercício destas actividades mineiras – acautelando a possibilidade de aquele se recusar a aceitar os direitos e obrigações que lhe venham a ser outorgados, designadamente, não promovendo o andamento do processo de atribuição da concessão –, como para assegurar o integral cumprimento, por parte daquele titular, das obrigações assumidas (*v.g.*, indemnizações que tiver de pagar, custo de trabalhos a que se achava obrigado e que não tenha executado, coimas que, porventura, lhe venham a ser aplicadas). É mister, por consequência, hipotisar o estabelecimento *de cauções provisórias* e *cauções definitivas,* à semelhança do que se dispõe na lei portuguesa sobre recursos geológicos (*vide* arts. 60° e 61°, do Decreto-Lei n° 88/90, de 16 de Março).

Há, todavia, que analisar as *obrigações de facere*.

Avulta, neste domínio, uma obrigação que não está especificamente prevista na Lei n° 1/92, mas que se julga conveniente consagrar, qual seja a de *iniciar*, dentro do prazo de – digamos – seis meses, contados da data da celebração do contrato de concessão, *os trabalhos indispensáveis à exploração* ([337]).

---

([336]) Cfr., **ANTUNES VARELA**, *Das Obrigações,* (…), cit., **[140]**, pág. 469-474; **ALMEIDA COSTA**, *Direito das Obrigações,* cit., **[135]**, pág. 766 e segs. Na falta de prestação das cauções exigidas por lei ou negócio jurídico o credor adquire o direito de constituir hipoteca sobre os bens do devedor (arts. 625°, n° 1 e 2, do Código Civil angolano, conjugado com o artigo 430°, n° 3 e 4, do homólogo Código de Processo Civil). Ademais, no caso de a caução prestada se tornar insuficiente ou imprópria, por motivo não imputável ao credor, poderá este exigir o seu *reforço* ou uma outra forma de caução (artigos 626° do Código Civil angolano e 442° do Código de Processo Civil).

([337]) Supõe-se, portanto, que o plano de exploração e a aprovação das respectivas reservas hajam de ter lugar até uma data próxima da celebração do respectivo contrato. Caso contrário, haverá, obviamente, *justo impedimento* do concessionário, no incumprimento da obrigação de iniciar os trabalhos de lavra. Tudo isto se evita caso o *plano de exploração* deva, como nos parece, ser aprovado juntamente com o requerimento do interessado (pois que este plano deve ser uma das suas partes componentes) para a

## AS FORMAS DE UTILIZAÇÃO DE BENS DO DOMÍNIO PÚBLICO...

O artigo 12°, n° 2, alínea b), da Lei n° 1/92, obriga o concessionário a manter a exploração activa – isto é, em estado constante de laboração – salvo *autorização expressa, do organismo competente, de suspensão temporária ou definitiva, perante razões devidamente fundamentadas* e aceites. Urge, assim, definir a *competência para autorizar*: alvitra-se que caiba ao Ministro de Geologia e Minas. Que *razões* caberão na fórmula legal? Seguramente motivos de *força maior*, devidamente comprovados, não imputáveis, portanto, à pessoa do concessionário; mas, também, por exemplo, a circunstância de se tratar de recursos que possam ser considerados como reserva adequada de outros em exploração pelo mesmo concessionário ([338]).

Observe-se que o legislador não atribuiu natureza *ad tempus* à referida autorização, correndo-se, por isso, o risco de, cessadas as razões que lhe subjazeram, o concessionário não retomar tempestivamente a lavra. Daí que seja conveniente fixar um termo certo à autorização emitida – por exemplo, um ano –, obrigando-se o concessionário a, eventualmente, renovar o pedido de suspensão, cabendo-lhe o ónus da prova da subsistência dos motivos que a justificam.

Igualmente, o legislador não ponderou o interesse na *manutenção* e *conservação,* não só da jazida, mas também dos anexos mineiros, durante a *fase de latência* das operações de lavra. Entende-se que esse *risco* corre por conta do concessionário e, por conseguinte, deve o concessionário manter-se responsável por essa conservação e manutenção, sendo mister que adopte, se for caso disso, todas as medidas que se reputem necessárias. É, porém, conveniente que o legislador o diga expressamente.

De igual sorte, pode acontecer que o concessionário, independentemente de autorização, *interrompa* ou *reduza* a nível inferior ao normal a lavra. Neste caso, contanto que essas eventualidades não tenham *carácter sazonal, pontual* ou *esporádico*, haverá violação do contrato de concessão, sujeitando-se ele à extinção do contrato (cfr., porém o que se diz, *infra*, sobre a *extinção dos direitos*).

Deve ainda o concessionário evitar realizar o que, no jargão do direito mineiro, se designa por *lavra ambiciosa*. Isto é: uma lavra que possa comprometer o melhor aproveitamento económico dos recursos. Curiosa-

---

concessão ou com a adjudicação do concurso público ou limitado. E no pressuposto de, também, nesse momento, já ter ocorrido a aceitação e aprovação da definição e avaliação das reservas minerais, por parte do Ministério de Geologia e Minas.

([338]) Cfr., o artigo 13°, n° 3 e 4, da referida Lei, que considera como ponderosas as justificações de natureza técnica, económica e ambientais. Não seria necessário dizê-lo, pois que o conceito de *força maior* é suficientemente dúctil para as comportar. O que é preciso é que todas essas circunstâncias exógenas ao próprio concessionário se apresentem como irresistíveis; que, a não ser suspensa a actividade, isso implique graves desequilíbrios contratuais ou ofensa de direitos de terceiros.

mente, a alínea *c)*, do nº 2, do artigo 12º, só considera, estritamente, como lavra ambiciosa *o abandono de reservas economicamente exploráveis.*

O concessionário fica adstrito a *fazer o melhor aproveitamento* dos recursos, tanto do ponto de vista das normas técnicas adequadas, quanto de harmonia com o interesse público do melhor aproveitamento das jazidas. Neste particular, a alínea *a)*, do nº 2, do referido artigo 12º, não parece abarcar esta obrigação. De facto, a circunstância de o concessionário estar a cumprir o plano de exploração, aprovado pelo Estado, não significa que aquele, *a latere*, esteja a fazer o melhor aproveitamento desses recursos.

Obrigam-se, ainda os concessionários a proteger a *saúde* e *segurança* dos trabalhadores e de terceiros, a *qualidade do ambiente*, a *flora* e a *fauna* e bem assim, a *indemnizar terceiros por danos* causados pela exploração. Não é isto que, expressamente, resulta das alíneas *d)* e *e)*, do nº 2, daquele artigo 12º. Mas o sentido útil dos preceitos só pode ser esse. É, porém, insuficiente. Na óptica da protecção da saúde e da segurança na indústria mineira está o ordenamento angolano carecido de um Regulamento geral de segurança e higiene no trabalho das minas e pedreiras (³³⁹) – atente-se, *v.g.,* nas situações de emprego de pólvora e explosivos, o processo de exploração a céu aberto, métodos de sinalização e de vedação, etc.

Quanto à *protecção do ambiente* e ao *património paisagístico,* o disposto nessas alíneas e no artigo 21º pouco passa de meras declarações proclamatórias. Cumpriria, de *iure constituendo*, densificar o conteúdo, nesta sede, de algumas obrigações de *facere* (³⁴⁰).

Pelo que respeita ao problema da *responsabilidade civil* (cfr., em particular o art. 21º, nº 3, da Lei nº 1/92 (³⁴¹)) do titular dos direitos mineiros

---

(³²⁹) Cfr., a este propósito o homónimo regulamento português, aprovado pelo Decreto-Lei nº 1162/90, de 22 de Maio.

(³⁴⁰) *V.g.,* garantia às populações do normal abastecimento de água – em termos quantitativos e qualitativos –, principalmente nas hipóteses em que a exploração possa fazer perigar os lençóis freáticos, ficando os concessionários obrigados a, nesses casos, realizar, por sua conta e risco, o prévio tratamento das águas; utilização de equipamento de perfuração dotado de recolha de poeiras; reconstituição do coberto vegetal, uma vez cessada a actividade, etc. Claro está que só nos vamos referir, sucintamente, ao problema da responsabilidade, sem esquecer que na revelação e no aproveitamento destes recursos não deixa de ser comum o surgimento de situações que desencadeiem *responsabilidade criminal, administrativa* e *fiscal.*

(³⁴¹) O qual preceitua: *"Os danos causados pelas actividades geológicas e mineiras implicam <u>sempre</u> responsabilização da entidade detentora de licença de prospecção ou de títulos de exploração e sujeição às sanções legais e ao dever de indemnização, independentemente das disposições contratuais"* (o sublinhado é nosso).

AS FORMAS DE UTILIZAÇÃO DE BENS DO DOMÍNIO PÚBLICO...

de exploração, tudo está em saber se no direito angolano se acha, neste domínio consagrado o princípio da *responsabilidade civil objectiva* daquele titular, por danos causados pelas actividades de revelação e aproveitamento dos recursos.

A *responsabilidade civil extracontratual* tutela a relação jurídica fundamental postulada pelo princípio da recíproca consideração e respeito (*naeminem laedere*), ordenada, portanto, à defesa de uma ordem de coexistência pacífica, mediante a protecção de determinadas posições jurídicas (bens jurídicos absolutos: saúde, integridade física, intimidade da vida privada; e, talvez – se bem que para nós seja duvidoso – bens patrimoniais puros).

Como se sabe, a regra é a do artigo 483°, do Código Civil angolano, ou seja, a de que a *obrigação de indemnizar* está dependente de um *facto ilícito*, de um *dano*, do *nexo causal* entre esse facto e o dano e de um *nexo de imputação* subjectiva do dano ao lesante em termos de *culpa*. Ora, a *responsabilidade civil objectiva* prescinde deste nexo de imputação subjectivo, a culpa. Todavia, o lesante só responde *sem culpa* nos casos especificados na lei (artigo 483°, n° 2, do referido Código).

*Prima facie*, o regime do artigo 493°, n° 2, do Código Civil angolano, aplicável no domínio da exploração dos recursos minerais, já satisfaz mas não preenche algumas das angústias relativas aos pressupostos da obrigação de indemnização: trata-se aí, ainda, de uma *responsabilidade civil subjectiva*, em que se dá a *inversão do ónus da prova da culpa*.

Depois, o concessionário deve achar-se, igualmente, no dever de indemnizar, nos termos do artigo 500° do mesmo Código: surge, aqui, *uma responsabilidade objectiva devida a facto de terceiro* (o comissário). Contudo, este regime apresenta as suas insuficiências: o concessionário-*comitente* só responde se e quanto o lesado provar a *culpa* do *comissário* (*v.g.*, de algum trabalhador, do técnico responsável) ([342]).

Mas poderá ele vir a ser responsabilizado, independentemente de ter procedido com *culpa*? Cremos que sim. O vocábulo *sempre* – contido naquele n° 3, do artigo 21° – aponta nesse sentido. Conviria, no entanto, aperfeiçoar a redacção do dito preceito. É que, por um lado, não se sabe quais são as *causas de exclusão da responsabilidade* – pois que responder *sem culpa* não é o mesmo que *responder sempre* pela causação de danos. Além de que se desconhece se esta indemnização se deve achar condicionada, relativamente ao *quantum debitur*, a limites máximos, ou se pode ser excluída ou reduzida se os danos forem imputáveis a terceiros

---

([342]) É facto que a culpa pode dar-se como verificada mediante a assunção, pelos juízes, de nexos de *imputação objectiva* (dela, da culpa). Trata-se do moderno fenómeno da *responsabilidade pela organização* (de factores produtivos). Cfr., **PINTO MONTEIRO**, *Cláusulas Limitativas*, (…), cit., **[135]**, págs. 262-263, nota 594; **WOLFGANG FIKENTSHER**, *Schuldrecht*, cit., **[170]**, págs. 761,784-785.

# DIREITO MINEIRO ANGOLANO

ou ao próprio lesado (cfr., art. 570° do Código Civil angolano). Julga-se que a responsabilidade só deverá ser afastada nas hipóteses de os danos se ficarem a dever a causas de *força maior*, não controláveis pelo concessionário no quadro da gestão da sua *empresa* ou *organização* ([343]) e nos casos em que o dano se fica a dever a *conduta do próprio lesado* (ou seus auxiliares) ou de *terceiro*.

Pode, por isso, suceder que o concessionário, apesar de ter cumprido todas as disposições legais sobre segurança, higiene e protecção do ambiente – contanto que não possa aproveitar nenhuma causa de exclusão da responsabilidade objectiva, que cumpre esclarecer – deva ainda responder. É que, apesar de inexistir *ilicitude*, dada a não violação daquelas disposições legais, o concessionário deve responder, independentemente de culpa, pela violação de *bens absolutos* de terceiros (*v.g.*, saúde, integridade física, direito de propriedade) ([344]).

Por fim, não prejudica o dever de indemnizar, nos termos que vão aqui propostos o facto de os danos serem causados durante eventuais fases de suspensão – autorizada ou não – da actividade de mineração.

Pelo que concerne aos *direito do concessionário,* cumpre observar que, a despeito daquilo que supletivamente possa ser deixado à livre conformação dos contraentes, é mister estabelecer – o que se faz principalmente no interesse do concessionário – um conjunto de regras imperativas.

Assim, ao titular de uma concessão de exploração de jazidas minerais aproveita (mediante a sua extracção ou destacamento e, eventualmente, beneficiação) *o poder de fruir economicamente e em exclusivo* esses recursos, explorando e comercializando – à excepção, como se viu, das concessões em pedras preciosas – o produto dessa exploração. Precisamente porque se trata do objectivo primeiro do concessionário, em cuja prossecução o Estado está, igualmente, interessado, deve a lei conferir àquele um acervo de *poderes funcionais*, de maneira a permitir-lhe o adequado aproveitamento desses recursos.

---

([343]) Devem, portanto, fazer responder o concessionário por factos praticados por outras pessoas ou organizações, a quem este tenha confiado *poderes de supervisão* ou *coordenação*. Claro está que estas pessoas singulares ou colectivas deverão responder *solidariamente*.

([344]) Assim, da circunstância de a actividade mineira estar devidamente licenciada e obedecer, quanto à prospecção, pesquisa e exploração, às respectivas normas legais não decorre qualquer desresponsabilização do concessionário. Os planos *juspublicísticos* de tutela e enquadramento destas actividades não conflituam – e até, por vezes, completam: *v.g.*, quando o concessionário viole uma disposição legal destinada também a proteger interesses de terceiros, nos termos da segunda modalidade de ilicitude prevista no artigo 483°, n° 1, do Código Civil angolano – com o plano *jusprivatístico* da ordenação daquela coexistência pacífica entre as pessoas.

AS FORMAS DE UTILIZAÇÃO DE BENS DO DOMÍNIO PÚBLICO...

Assim:

– Deve ele dispor da faculdade de *usar as águas* e outros bens do domínio público, que não se acharem possuídos ou aproveitados por outra pessoa colectiva pública, contanto que cumpra os condicionalismos legais. Deve poder *contratar com terceiros* a realização de trabalhos especiais ou prestação de assistência técnica. Neste ponto, não se compreende a exigência feita, no nº 6 do artigo 11º, da Lei nº 1/92 – ao se fazer depender a subcontratação de terceiros de *aprovação* do organismo competente [345] –, pois que, como nos parece, a lei – atento o facto de o Estado dever prosseguir o interesse público no melhor aproveitamento da jazida – só deve impedir este tipo de contratação se e na medida em que tais acordos negociais possam envolver uma transferência de responsabilidades do concessionário, inerentes ao seu estatuto. Somente nas hipóteses de transmissão definitiva ou temporária dos direitos de exploração – esta última a envolver a *subconcesão* da exploração – é que deve ser deixado ao concedente o poder de se imiscuir na esfera jurídica do concessionário. Não se vê como este, ao cabo e ao resto, não possa, nos termos do artigo 800º do Código Civil – contanto que ressalvada a aludida transferência de responsabilidades –, servir-se de terceiros para cumprir as obrigações decorrentes do contrato de concessão [346].

– Deve ser-lhe permitida, em desenvolvimento do que se plasma na alínea *f)* do nº 2, do artigo 12º, da Lei nº 1/92, a faculdade de requerer ao Conselho de Ministros a *expropriação por utilidade pública* dos imóveis necessários à realização dos trabalhos e à implantação dos anexos mineiros e, bem assim, a constituição de *servidões administrativas*, a *ocupação de terrenos* – mediante o pagamento de *indemnizações* ou *rendas*, respectivamente (quais rendas de superfície, uso ou aproveitamento). Seja em relação a imóveis de propriedade privada, seja de imóveis do domínio público ou privado de pessoas colectivas públicas, incluindo os *terrenos vagos*, mesmo que sobre eles se tenham constituído direitos reais.

– Deve, ainda, consignar-se-lhe um *direito legal de preferência* na venda ou dação em cumprimento de prédios rústicos ou urbanos existentes na área demarcada, contanto que essa aquisição se revele indispensável à exploração e não exista sobre o imóvel outro direito de preferência (*v.g.*, do concessionário titular do direito de superfície sobre terreno vago,

---

[345] Está, de todo o modo, por indicar qual ele seja.

[346] Nem se obtempere com a alegada natureza *intuitus personae* do contrato de concessão, pois que, contraditoriamente, a Lei nº 1/92 faculta a livre transmissão dos direitos de exploração (artigo 11º, nº 8), reservando, tão-só, um *direito de preferência* a favor do concedente.

do proprietário de prédio rústico confinante, do arrendatário comercial ou industrial ([347])).

## D) O regime das restrições de direito privado. A demarcação. Ocupação. Expropriação. Servidão.

*a.* O exercício dos direitos de prospecção, pesquisa e exploração sobre jazidas minerais provoca, não raras vezes, *conflitos* com outros direitos de terceiros, *maxime*, com o direito de propriedade ou direitos reais menores. Põe-se, por isso, aqui, como noutros lugares, o problema da *concordância prática* dos direitos do concessionário da exploração com os direitos reais titulados por terceiros. E a resposta já é consabida: de uma forma ou doutra, não só o direito de *propriedade privada* (e os outros *ius in re aliena*) não é ilimitado, dada a função social da propriedade, como o não é o direito de *propriedade pública*, cuja afectação vise outras finalidades que não o aproveitamento de recursos minerais. Sendo assim, aquela *concordância prática* há-de sempre passar pela *limitação* ([348]) ou *compressão* da titularidade da Administração sobre outros bens do domínio público – *maxime*, terrenos, mas também de outros bens: linhas férreas, telefónicas, redes de distribuição de energia, portos artificiais, etc. – ou dos direitos reais privados sobre imóveis de particulares.

Daqui resulta que os direitos reais privados como a própria *propriedade pública* devem sofrer as restrições que sejam exigidas pelo *interesse público* – ou por *outro* interesse público colidente.

Simplesmente, como a propriedade privada é um *direito fundamental de natureza análoga* (art. 10º e 12º, parágrafo 4º, *ex vi* do artigo 21º/1 da Constituição da República de Angola) – embora, e por isso mesmo, não inserido no *catálogo dos direitos fundamentais*, consignado nos artigos 19º e seguintes da Constituição – não pode a mesma sofrer sacrifícios maiores do que os exigidos de forma imperativa pelos interesses superiores da comunidade ([349]).

Por isso, as restrições a estes direitos devem reduzir-se ao mínimo compatível com as exigências do bem comum, ou seja, as restrições só

---

([347]) Que goza de *direito de preferência* na venda ou dação em cumprimento do prédio – urbano ou rústico – dado em arrendamento (artigos 2º e 84º do Decreto nº43.525, de 7 de Março de 1961).

([348]) Cfr., **MENEZES CORDEIRO**, *Direitos Reais*, cit., **[69]**, pág.532 sobre a diferença entre *limitações* e *restrições* à titularidade dos direitos reais.

([349]) Idêntica ordem de ideias se aplica à *propriedade pública*, a qual, a despeito de não integrar o radical subjectivo de cada pessoa, está ao serviço da Nação e, portanto, afecta necessariamente ou a um qualquer *fim de utilidade pública* ou ao *uso directo e imediato* dos cidadãos ou, ainda, a um *serviço público*.

## AS FORMAS DE UTILIZAÇÃO DE BENS DO DOMÍNIO PÚBLICO...

são bem vindas na medida em que a utilidade pública ou as necessidades de vizinhança as justifiquem ([350]).

***b.*** Em matéria de *restrições aos direitos reais privados* e ao *direito de propriedade pública*, nem a Lei nº 16/94, nem a Lei nº 1/92 primaram pela completude e clareza.

De facto, a única referência que nelas se faz a este assunto surge a propósito dos direitos e obrigações do concessionário da exploração, na alínea *f)*, do nº 2, do artigo 12,º desta última ([351]). Referência que, parecendo esquecer a possível existência de direitos reais conflituantes na titularidade de terceiros ou do próprio Estado angolano, atribui às partes a liberdade de estipulação das formas e meios necessários para permitir a utilização, pelo concessionário, de terrenos. Não é suficiente.

Pense-se numa primeira hipótese: os titulares de direitos de prospecção e pesquisa carecem de *ocupar parcelas delimitadas do solo* para a prática das operações tendentes à descoberta de jazidas – subterrâneas ou de aluvião – e à determinação das suas características, até à revelação da existência de valor económico.

A que título é que podem exercer *poderes de facto* sobre essas parcelas? Nem sempre esse terreno estará no *domínio público* ou *privado* do Estado: assim como pode integrar o domínio (público ou privado) de uma outra pessoa colectiva pública (territorial ou não), pode pertencer a um particular ou estar a ser usado por este (*v.g.*, mediante *concessão por aforamento* ou para *uso e aproveitamento,* em termos de *direito de superfície*, de *terrenos vagos* ([352])). Se existem, de facto, inúmeros diplomas – que se devem considerar vigentes na República de Angola –

---

([350]) Observe-se que o direito de propriedade privada não é só um direito subjectivo mas também uma «situação jurídica» com um determinado âmbito de poder e responsabilidade, a qual, em si mesma, não revela mais do que uma relação de pertença e controlo dos bens. Assim, **L. DIEZ PICAZO**, *Problemas jurídicos del urbanismo*, in Revista de Administración Publica, n.º 43, pág. 37 e segs.; **REMÉDIO MARQUES**, *Planeamento Urbanístico: Considerações acerca do Regime e Natureza Jurídica dos seus Instrumentos*, in Tribuna da Justiça, n.º 4-5, nova série, Junho/Setembro, 1990, págs.18-20.

([351]) Aí se diz que de cada título de exploração constarão os direitos e obrigações do respectivo titular, designadamente *as formas e meios de assegurar a utilização pelo concessionário dos terrenos necessários às actividades mineiras e à implementação das instalações, edifícios e equipamentos.*

([352]) Os quais, como se aceita, integram o *domínio privado disponível*, embora sujeito a um regime especial de afectação, do Estado angolano. Cfr., **MARCELLO CAETANO**, *Manual*, (…), cit., **[30]**, pág. 983; menos explícito, **ERIDANO DE ABREU***, As concessões de terrenos vagos em Angola e o imposto de sisa*, in O Direito, ano 88º, 1956, pág. 122 e segs.

## Direito Mineiro Angolano

pelos quais se outorga a faculdade de a Administração *ocupar temporariamente* os terrenos particulares ([353]), decerto que essas normas não podem ser aplicadas por analogia ao nosso caso e nem tão pouco é permitida a constituição, com carácter real, de restrições ao direito de propriedade ou de figuras parcelares deste direito (artigo 1306°, n° 1, do Código Civil angolano).

É, por isso, mister que se consignem a favor do concessionário – tanto de prospecção e pesquisa como de exploração – *direitos de ocupação* ([354]) de terrenos particulares ou integrados no domínio público e privado de pessoas colectivas públicas (territoriais ou da Administração Central indirecta) distintas do Estado.

Tratando-se de terrenos sobre os quais existam direitos de propriedade privada, essa ocupação não deve poder dar-se sem o *consentimento dos proprietários* – ou dos titulares de direitos reais de gozo menores. Todavia, no caso de oposição destes últimos, deve prever-se um mecanismo que habilite o concessionário a requerer o *suprimento judicial do consentimento* ([355]), devendo o juiz, a mais de – na falta de acordo das partes – fixar a *renda anual* a prestar pela ocupação ([356]), arbitrar, igualmente, uma *caução* destinada a cobrir eventuais prejuízos decorrentes da realização dos trabalhos propostos. Esta *renda* será paga na totalidade

---

([353]) Cfr., por exemplo, o artigo 48°, n° 7, da Lei de 23 de Julho de 1850, segundo a qual os proprietários de terrenos confinantes com as estradas ou canais podem *"sofrer a ocupação da parte dos mesmos terrenos que for necessária, e enquanto o for, para obras ou para habitação dos que fiscalizarem a conservação das estradas e canais, e dela forem encarregados"*.

([354]) Propõe-se, destarte, que o *direito de ocupação* confere a utilização directa e imediata pelo concessionário dos direitos mineiros (independentemente de acto administrativo, mas com a intervenção dos proprietários – ou dos titulares de direitos reais de gozo menores –, mediante o pagamento de uma *renda*, de terrenos particulares ou, com a intervenção das respectivas pessoas colectivas públicas) de terrenos do domínio público ou privado, para fins de descoberta, reconhecimento e aproveitamento de jazidas minerais e durante o tempo estritamente necessário para, tratando-se de terrenos particulares, a efectivação da *compra, arrendamento* ou *expropriação* ou, tratando-se de terrenos no domínio público ou privado daquelas pessoas, a realização de *desafectação* ou *mutação dominial*.

([355]) Previsto nos termos gerais do artigo 1425°, do Código de Processo Civil. Decerto que este processo pode implicar a introdução de algumas especialidades, designadamente o facto de a petição dever ser acompanhada de um parecer do Ministério de Geologia e Minas, no qual se indiquem os trabalhos a realizar e se diga em que medida poderão afectar o terreno em causa. Isto sem prejuízo de o juiz, no uso do princípio do inquisitório, ordenar as diligências probatórias que se revelem necessárias.

([356]) Renda que deverá corresponder ao rendimento líquido que se considere provável para a cultura mais remunerada, acrescido de 20% – com o que se obtém uma base de cálculo que está de harmonia com a que se acha prevista no artigo 44°, do *Regulamento das Expropriações*, aprovado pelo Decreto n° 43.587, de 8 de Abril de 1961.

# AS FORMAS DE UTILIZAÇÃO DE BENS DO DOMÍNIO PÚBLICO...

ao proprietário do terreno ou, do montante globalmente fixado, sairá precípua a quantia que deva corresponder a quaisquer direitos reais de gozo menores, a favor destoutros interessados (357). Daí que, uma vez que se dê o trânsito em julgado, poderá o concessionário ocupar o dito terreno (358).

Curando-se de *terrenos do domínio público* de outras pessoas colectivas públicas – que não do Estado –, o consentimento para a ocupação e a definição das rendas competirá, naturalmente, a essas pessoas colectivas. Se o pedido do concessionário for negado ou a renda fixada por estas entidades for considerada específica, sugere-se que se siga o regime antecedentemente referido.

Em *terrenos do domínio público* afectos a pessoas colectivas públicas, deve ser-lhes reconhecida a faculdade de conceder as necessárias autorizações para a ocupação e a fixação da renda. Se o pedido for indeferido ou a renda for considerada excessiva pelo concessionário, caberá recurso para a Câmara do Cível e Administrativo do *Tribunal Supremo* (359) ou Sala do Cível e Administrativo do *Tribunal Provincial* (360). Não se olvide que, conforme adverte o nº 2, do artigo 11º, da Lei nº 1/92, *a concessão dos direitos de exploração não implica posse, pelo concessionário, da superfície do terreno.* O que – apesar de a expressão *posse* se revelar equívoca – se compreende, dado que o solo desfruta de natureza jurídica distinta da da jazida, quer ele se encontre na titularidade do Estado, quer na dos particulares: impede-se, por isso, que, sem mais e automaticamente, a outorga dos direitos de exploração possa, a *medio tempore*, conduzir à usucapião, pelo concessionário, da propriedade superficiária. Mister é, por conseguinte, o estabelecimento das condições jurídicas necessárias para a utilização de todos esses terrenos.

---

Se, por hipótese, os terrenos forem totalmente improdutivos e não tiverem um novo destino permitido por obras ou melhoramentos projectados, propõe-se que a renda seja fixada segundo um juízo de *equidade*.

(357) É, no entanto, ponderosa a questão de saber se somente os titulares de direitos reais de gozo sobre o terreno devem beneficiar desta renda global. Será mister equacionar a possibilidade de, para este efeito, aplicar o artigo 5º, nº 1, do citado *Regulamento das Expropriações*.

(358) Poderá, inclusivamente, pensar-se na fixação *provisória* de uma renda e de uma *caução*, na pendência desta providência, de jeito a permitir-se, desde logo, o início da realização dos trabalhos por parte do concessionário.

(359) Cfr. o artigo 17º, alínea *a)*, da Lei nº 2/94, de 14 de Janeiro, quanto à competência desta Câmara para apreciar os recursos dos actos administrativos das pessoas colectivas de direito público de âmbito nacional. O trâmite é o previsto no Decreto-Lei nº 4-A/96, de 5 de Abril, que aprovou o *Regulamento do Processo Contencioso Administrativo*.

(360) Esta última aprecia, entre outros, os recursos dos actos administrativos das pessoas colectivas de direito público de âmbito local (artigo 18º, alínea *a)*, da citada Lei).

*c.* É igualmente mister que a lei passe expressamente a prever a faculdade de o concessionário requerer a *expropriação por utilidade pública* de terrenos considerados necessários para a exploração de jazidas minerais, em princípio só dentro das áreas demarcadas ou delimitadas, em termo de, posteriormente, esses terrenos ficarem afectos à concessão.

E quem diz a expropriação diz também a constituição de *servidões administrativas*.

A este propósito, a Lei nº 2030, de 22 de Junho de 1948, ao estabelecer que *poderão constituir-se sobre imóveis as servidões necessárias à realização de fins de utilidade pública previstas na lei*, separa as *servidões derivadas directamente da lei* das *servidões constituídas por acto administrativo*. Só que, como este acto administrativo se limita, em princípio, a definir as modalidades de aplicação e até a imposição da servidão a determinados prédios, as *servidões administrativas* resultam sempre da lei, na medida em que só esta pode impor restrições à propriedade privada.

Por outro lado, as *servidões administrativas*, precisamente porque visam a *utilidade pública*, quando decorrentes directamente da lei, não conferem direito a *indemnização*, salvo quando a própria lei determinar o contrário (artigo 3º, nº 2, da Lei nº 2030). E, porque estabelecidas por lei, que não em benefício de um determinado prédio mas em proveito da utilidade pública e sobre uma coisa que pode até nem ser um prédio [361], estão fora do comércio jurídico privado [362], pelo que só se extinguem pelo desaparecimento da razão que esteve na base da sua constituição: cessação da utilidade pública da coisa dominante [363].

De tudo isto resulta o interesse em consagrar a possibilidade de os prédios onde se localizem explorações de jazidas minerais e os prédios vizinhos poderem ser objecto de *servidões administrativas*. Não de forma irrestrita, obviamente, outrossim contanto que se verifique o necessário interesse económico da exploração.

No mais, o interesse público no melhor e mais rendível aproveitamento das jazidas deve ser feito sem o sacrifício desmedido dos titulares do direito de propriedade privada ou de direitos reais de gozo menores (*v.g.*, usufrutuário, titular do direito de superfície sobre terrenos vagos, titular do domínio útil), o que implica a consagração na lei do pagamento de *justa indemnização* pelo prejuízo efectivo.

---

[361] Cfr. **OLIVEIRA ASCENSÃO**, *Direito*, (…), cit. **[274]**, págs. 490-491; **MARCELLO CAETANO**, *Manual*, (…), cit., **[30]**, pág. 1054.

[362] São, por isso, *inalienáveis* e *imprescritíveis*, pois que, sendo acessórios, devem seguir o destino da coisa pública principal. Cfr., **MARCELLO CAETANO**, *Manual*, (…), cit., **[30]**, pág. 1056.

[363] **MARCELLO CAETANO**, *Manual*, (…), cit., **[30]**, pág. 1056.

## AS FORMAS DE UTILIZAÇÃO DE BENS DO DOMÍNIO PÚBLICO...

Por fim, a constituição de *servidões administrativas* não fica prejudicada pela já aludida necessidade de consagrar a faculdade de *ocupação* ou *utilização temporária de terrenos*: justamente porque esta última figura há-de desempenhar uma função transitória e estar dependente de um equilíbrio de vontades – ainda que, *ultima ratio,* deva ser judicialmente composto –, a *servidão administrativa decorrente da lei,* ao evitar a expropriação, é um encargo unilateralmente imposto sobre um prédio que, por isso, não deixa de estar na titularidade do seu dono.

*d.* Regime especial de *condicionamento do exercício de actividades económicas* e de *residência* passou a vigorar no domínio da *Lei dos Diamantes,* uma vez criadas *Zonas Restritas* e *Zonas de Protecção.*

A este propósito, o nº 1, do artigo 20º, da Lei nº 16/94, proíbe, nas *zonas restritas* e nas *zonas de protecção,* qualquer espécie de actividade económica alheia à produção de diamantes. De igual modo, o nº 1, do artigo 21º, do mesmo normativo, proíbe a residência nas ditas áreas, *salvo para as pessoas vinculadas às actividades de produção de diamantes.*

No primeiro caso – pese embora não implique a expropriação dos imóveis e direitos a eles relativos –, os titulares de estabelecimentos comerciais, industriais, de explorações agrícolas ou pecuárias e de quaisquer outros bens alheios à produção de diamantes ficam inibidos de prover à administração e frutificação do seu património. Quedam-se, por conseguinte, numa situação de *indisponibilidade relativa,* por virtude de uma *interdição* (temporária) *de exercício de profissão* dimanada da lei, que não por força de comportamentos (ilícitos) que, porventura, tenham praticado.

Apesar de, como se disse, não existir qualquer procedimento ablatório atinente ao direito de propriedade ou a outros direitos reais menores, o nº 2, daquele artigo 20º, prevê que as empresas concessionárias da exploração devem *indemnizar* todos os referidos titulares pelos prejuízos que lhe forem causados por essa *interdição.* Não refere, porém, a Lei nº 16/ 94, nem a *medida* dessa indemnização, nem, tão-pouco, o *trâmite* (*v.g.,* administrativo, judicial) mediante o qual ela terá lugar.

No segundo caso, o nº 2, do artigo 21º, da referida Lei, prevê o *reagrupamento* – a propor pela concessionária e a aprovar pelo respectivo Governador provincial – da população aí residente em áreas contíguas a elas, para o que garantirá a construção de habitações condignas, nunca inferiores às que as pessoas deslocadas possuiam e a edificação de infra--estruturas sociais e comunitárias em condições equivalentes às que existiam nos aglomerados transferidos. Todavia, estas obrigações cessam se e quando os edifícios e as construções, situados naquelas zonas, forem *expropriados por utilidade pública* – tanto em benefício do Estado como da empresa concessionária (art. 21º, nº 3).

*e.* Doutra sorte, uma vez que o aproveitamento das jazidas pode fazer--se por múltiplas formas (*v.g.*, a céu aberto, por meio de poços ou galerias), salta à vista que o seu exercício gera, potencialmente, conflitos com os titulares de outros direitos mineiros – tanto de prospecção e pesquisa como de exploração –, de idêntico ou diferente objecto e, bem assim, com os proprietários de prédios rústicos ou os titulares de direitos de reais de gozo menores sobre terrenos vagos, onde estejam situadas as jazidas.

Precisamente para harmonizar o exercício de todos estes direitos e relações jurídicas reais – quais *relações jurídicas de vizinhança* ([364]) – avulta a figura da *delimitação*. Trata-se de uma figura pela qual se definem, com precisão, os limites de bens dominiais relativamente aos bens particulares com eles confinantes.

A *delimitação* opera por via da *demarcação*, qual seja a operação material de colocar marcos ou sinais exteriores, permanentes e visíveis, que assinalem diversos pontos da linha divisória da área ([365]) onde se exercerá a actividade de prospecção, pesquisa e exploração dos recursos minerais. Delimita-se, pois, uma *área* e não a própria *coisa pública* – as jazidas. *Stricto sensu*, a demarcação será constituída por uma linha poligonal, que, à superfície delimita a área na qual se exercem, em exclusivo, os direitos de exploração ([366]).

A Lei n° 1/92, referindo-se a esta figura – a que dá, por vezes, o nome de *delimitação* –, menciona-a nos artigos 5°, n.° 4 e 5 ([367]), e 11°, n.° 5° ([368]). Contudo, não refere quem possui *competência* para a realizar, nem a *tempestividade* dela ou a eventual faculdade de, supervenientemente, a alterar (isto é, *reduzindo-a* ou *alargando-a*). Já a Lei n° 16/94 a ela se refere, tão-só para atribuir à ENDIAMA, no caso de *explorações artesanais de diamantes*, a *competência* para a realizar, precedida –

---

([364]) **MENEZES CORDEIRO**, *Direito*, (…), cit., [69], pág. 524.

([365]) Assim, **CUNHA GONÇALVES**, *Da Propriedade e da Posse*, Lisboa, 1952, pág. 76; cfr., também, **JEAN-MARIE AUBY/ PIERRE BON**, *Droit administratif des biens – Domaine, travaux publics, expropriation pour cause d'utilité public*, 3ª edição, Dalloz, Paris, 1995, págs. 52-53.

([366]) Neste sentido, cfr. o artigo 25°, n° 1, do Decreto-Lei n° 90/90, de 16 de Março, vigente no ordenamento jurídico português.

([367]) N° 4, do artigo 5°: "*O Estado poderá promover, através do organismo competente, concurso ou convite público para a apresentação de propostas destinadas à atribuição de licenças de prospecção <u>numa ou mais áreas previamente delimitadas</u>*". O n° 5, do mesmo artigo, preceitua que: "*Cada licença de prospecção corresponderá a uma <u>área bem delimitada</u> e de configuração geométrica simples* (…)" (os sublinhados são nossos).

([368]) Que estatui: "*Cada título de exploração respeitará a uma demarcação mineira, cujos limites deverão ser rigorosamente definidos e estabelecidos no terreno correspondente à área julgada necessária para levar a efeito o plano de exploração aprovado e para as instalações mineiras, de tratamento industrial e auxiliares*".

## AS FORMAS DE UTILIZAÇÃO DE BENS DO DOMÍNIO PÚBLICO...

por vezes (na hipótese de exploração de diamantes nas áreas correspondentes às *zonas de protecção* mencionadas na alínea *a)*, do nº1, do artigo 15º – de proposta feita pela respectiva empresa mista concessionária.

No *direito a constituir*, julga-se importante estabelecer que a referida *demarcação* deva ter sempre lugar *antes* da celebração do contrato de prospecção e pesquisa ou de exploração: uma vez que esta figura consiste na resolução de dúvidas de delimitação, para o efeito de se acharem concretizados os limites da área concessionada, só faz sentido que ela opere *antes da celebração* daqueles contratos administrativos, de maneira a tornar *certos* e *indiscutíveis* os limites geográficos onde se irão exercer as actividades de mineração.

*Demarcação* que, como já anteriormente se afirmou, se deverá referir a pontos fixos do terreno, definidos por coordenadas.

Dado que se trata de uma operação material realizada *extrajudicialmente, rectius unilateralmente* por via *administrativa* mediante a emissão do respectivo *acto administrativo*, deverá ela ser efectuada pelos serviços do Ministério de Geologia e Minas, tudo se concretizando, se for caso disso, na verificação no terreno, pelo técnico responsável, da exactidão da planta apresentada, pelo requerente da concessão, e a sua adequação à tutela do interesse do *melhor aproveitamento do depósito* reconhecido. Assim, acaso a aceite, deverá o técnico lavrar o respectivo auto, assinado por si e pelo futuro concessionário. Se a planta não se revestir do rigor julgado suficiente, deverão, destarte, os serviços daquele Ministério fixar um prazo para a apresentação de nova planta.

Demais, precisamente porque a demarcação reveste *natureza declarativa* – não criando nem extinguindo direitos em relação à administração ou aos particulares – e uma das suas característica é ser *contingente* ([369]), é legítimo que ela possa ser objecto de *alteração*, ora no sentido da *redução* da área, ora no sentido do seu *alargamento*. Alteração que não terá, invariavelmente, de se verificar por *iniciativa provocada* pelo próprio concessionário, podendo outorgar-se poderes ao Estado para promover essa alteração. Mister é que, de *iure constituendo*, a *decisão* – que, porventura, imponha essa alteração – deva caber ao Estado, na pessoa do Ministro de Geologia e Minas ou, se se preferir, ao Conselho de Ministros.

Tanto a referida *iniciativa do Estado* como a *decisão* de proceder às alterações não se devem mover num puro domínio de *discricionaridade*, outrossim a alteração da *demarcação* deverá ficar condicionada

---

([369]) Cfr. **JEAN-MARIE AUBY/ PIERRE BON**, *Droit Administratif des biens*, (...), cit. **[365]**, pág. 54; **MARCELLO CAETANO**, *Manual*, (...), cit., **[30]**, pág. 925.

DIREITO MINEIRO ANGOLANO

à verificação de benefícios ou vantagens para o exercício da actividade de aproveitamento das jazidas ([370]).

Pode até suceder, com vista ao melhor aproveitamento das jazidas, que haja a necessidade de *integrar* várias concessões limítrofes ou vizinhas numa só concessão: o *couto mineiro*. Este fenómeno – adiante formulado ([371]) – origina, necessariamente, uma *nova demarcação* e, de guisa, a extinção da demarcação anterior ([372]).

### E) A extinção dos direitos mineiros de exploração. «*De iure constituto*». «*De iure constituendo*»

Contrariamente ao disposto no artigo 7º da Lei nº 1/92, o artigo 17º, desse Diploma, não contém – inexplicavelmente – qualquer referência às específicas *causas de extinção* dos direitos mineiros de exploração, limitando-se a prever, *genericamente*, os casos em que os direitos poderão ser extintos, a saber: *inutilidade da sua manutenção ou esgotamento das reservas*; *verificação do termo de duração*; *manifestação de risco grave para a vida ou saúde das populações ou outros casos de força maior.*

Parece até que o legislador confunde o *poder sancionatório* geral do concedente com a faculdade de este, uma vez violado o programa contratual pelo concessionário, desencadear unilateralmente a extinção do contrato através de uma declaração de *rescisão* ou, independentemente daquela violação – *maxime*, por motivos de utilidade pública –, mediante o *resgate* (legal) da concessão.

Somente *hoc sensu* será lícito afirmar que a extinção *motivada* e *unilateral* do contrato, por banda do Estado, integra o poder sancionatório do concedente. Em rigor, a boa técnica legal em matéria de contratos administrativos não só inclui neste lato poder sancionatório outro tipo de *sanções* ([373]) (*v.g.*, multas, sanções pecuniárias coercivas, destinadas a adstringir o particular a cumprir), como autonomiza o poder de rescisão unilateral por motivos de *interesse público* (cfr., *infra*).

---

([370]) Claro está que, se a *alteração da demarcação* se verificar, tal importa – acaso não conduza ao *resgate* de alguma ou algumas das concessões (cfr., *infra*) – uma *modificação superveniente* do conteúdo do contrato de concessão de exploração:

([371]) Cfr., *infra* E) nº 4.

([372]) Julga-se até que, nesta hipótese, deverá celebrar-se um *novo contrato de concessão* de exploração, que formalizará as condições da nova concessão a favor da entidade que, por acordo entre os requerentes e com a aprovação do Estado (*v.g.*, na pessoa do Ministro da tutela ou do próprio Conselho de Ministros), passará a ser o novo concessionário.

([373]) Entenda-se que esta nossa afirmação (outro tipo de sanções) vem a significar um acervo de outras sanções para além das que sejam decorrentes da própria inexecução do contrato ou cumprimento defeituoso, por parte do concessionário.

## AS FORMAS DE UTILIZAÇÃO DE BENS DO DOMÍNIO PÚBLICO...

De resto, a função principal das *sanções* é, nos contratos administrativos, que não a de reprimir as violações contratuais ou a de compensar a Administração pelos prejuízos sofridos, mas sim a de obrigar o concessionário a cumprir as prestações ([374]).

Com efeito, essa confusão transparece no artigo 12°, n° 2, alínea *h)*, quando o legislador refere que o conteúdo do contrato de concessão deve incluir as *penalizações* a aplicar aos concessionários nos casos de falta de cumprimento das cláusulas contratuais.

Se é verdade que a todas estas sanções podem presidir escopos vários (*v.g.*, sancionatório *stricto sensu*, de garantia, coercivo, substitutivo da indemnização por perdas e danos, liberatório), decerto que, como o poder de as aplicar é *vinculado*, deve ser o próprio legislador a definir previamente a sua existência e pressupostos (para já não dizer os seus efeitos). Claro está que as partes ficam, de todo o modo, livres de modelar o seu conteúdo. O que não é curial é meter todo este poder sancionatório *no mesmo saco*, remetendo a sua existência e funcionamento para o que se achar estipulado pelos contraentes.

Propõe-se, destarte, que no futuro regime de desenvolvimento da Lei n° 1/92, fiquem consignadas as seguintes causas de extinção dos direitos de exploração: a *caducidade*, a *rescisão*, o *acordo das partes* e o *resgate* (legal) da concessão.

## 1. A caducidade

Cumpre, assim, autonomizar a *caducidade* – que não se deve dar unicamente por esgotamento das reservas ou decurso do prazo de vigência ([375]) do contrato, mas, também, ocorrendo a *extinção da pessoa colectiva* ou a *morte da pessoa singular*.

Crê-se que a solução, neste último caso, deve ser idêntica à que foi proposta em sede de extinção dos direitos de prospecção e pesquisa: intransmissibilidade *mortis causa* dos direitos mineiros. Pelo que, em ambas as eventualidades, se deve abrir *concurso* para uma nova atribuição da concessão caducada, fixando-se um valor-base de adjudicação.

---

([374]) Assim, **MARIA JOÃO ESTORNINHO**, *Requiem*, (...), cit. **[111]**, pág. 128; **ESTEVES DE OLIVEIRA**, *Direito Administrativo*, Vol. I, Coimbra, 1984, pág. 697. É certo que, o Prof. **MARCELLO CAETANO** (*Manual*, (...), cit., **[111]**, pág. 637) não referia de forma autónoma o *poder sancionatório* do concedente, analisando apenas a rescisão, a propósito das formas de extinção dos contratos administrativos (*ob. cit.*, pág. 634 e segs.).

([375]) Neste domínio, tal como no contrato de prospecção e pesquisa, o decurso do prazo não é condição automática de caducidade, pois pode haver uma ou mais prorrogações, tudo dependendo do interesse das partes, pelo que o problema deverá ser resolvido no quadro da autonomia contratual.

# Direito Mineiro Angolano

É preciso, no entretanto, prever o destino dos bens afectos à exploração. Se a caducidade se der por *decurso do prazo* é justo que os contraentes possam livremente estipular o destino dos anexos mineiros, seja fazendo-os reverter para o Estado ([376]), seja para a titularidade do ex-concessionário das jazidas. Mas se ela ocorrer por *esgotamento dos recursos*, não se vê qual o interesse de o Estado haver para si os ditos bens: devem eles continuar na titularidade do ex-concessionário ou serem para ele transmitidos – na hipótese de o Estado ser o dono da infra-estrutura já instalada ou a instalar á data da celebração do contrato.

## 2. A rescisão

Verificando-se a falta de cumprimento de obrigações legais ou contratuais, o Estado deve declará-la, por *despacho* do Ministro de Geologia e Minas (ou, se se quiser, pelo Conselho de Ministros). Também, o concessionário pode libertar-se do vínculo contratual, nos casos expressamente previstos na lei ou no contrato. Não pode ele desvincular-se unilateralmente, mesmo que, incidentalmente, o Estado não esteja a cumprir ([377]).

Por isso é que talvez não seja conveniente enumerar na lei as situações por cujo respeito o concessionário fica habilitado a rescindir o contrato, outrossim remetê-las para o programa contratual.

Já quanto à *rescisão por iniciativa do Estado*, é curial que a lei enumere, de forma não taxativa, algumas obrigações, cujo não cumprimento possa desencadear a declaração de rescisão: colocação da exploração em situação de *suspensão* ou interrupção ilícitas; não adopção de providências urgentes que, motivadamente, tiverem sido ordenadas pelo Ministério de Geologia e Minas; não prestação de caução nos prazos fixados; demora no início ou não início dos trabalhos de exploração, no prazo a fixar na lei ou no respectivo contrato, etc.

Porém, esta declaração – em homenagem ao *princípio do contraditório* ou de *audiência dos interessados* no procedimento administrativo extintivo da concessão – deve ser precedida de um *inquérito*, mandado instaurar pelo referido Ministério e do qual constem a *notificação* ao titular da concessão, com *fixação de prazo razoável* para a apresentação da sua defesa, e a *defesa escrita* daquele titular, se e quando apresentada no prazo fixado.

---

([376]) Pois este pode ter legítimo interesse na outorga de uma nova concessão de exploração a realizar com outra entidade.

([377]) Como nota o Prof. **MARCELLO CAETANO**, *Manual*, cit., [111], pág. 638, a *exceptio non adimpleti contractus* não vigora no Direito Administrativo, atenta a necessidade de proteger o interesse público contra interpretações precipitadas de que os particulares se socorram para fugir ao cumprimento das obrigações.

## AS FORMAS DE UTILIZAÇÃO DE BENS DO DOMÍNIO PÚBLICO...

Problemas especiais, decorrentes da eventual extinção do contrato por rescisão de iniciativa do Estado, são os do destino dos *anexos mineiros* utilizados pelo ex-concessionário na exploração. De facto, se estes bens móveis e instalações fixas forem propriedade deste último, julga-se conveniente que, num prazo razoável – a contar da *declaração de rescisão*, por parte do Estado: *v.g.*, seis meses –, o Estado possa promover a *expropriação por utilidade pública* daqueles bens, cuja *justa indemnização* deva ser calculada consoante o que se dirá *infra* – para os casos *de resgate da concessão*. O interesse deste expediente está em que, expropriados esses anexos, um novo concessionário possa retomar a exploração, sem prejuízo do interesse público. Claro está que, uma vez expropriados aqueles bens, acaso o Estado não encontre um outro parceiro contratual que retome efectivamente a exploração, deve proceder-se à reversão dos bens ao ex-concessionário.

Como quer que seja, a faculdade de expropriar os anexos pode ser evitada se o novo concessionário chegar a acordo com o proprietário (ex-concessionário) deles quanto à sua aquisição ou locação. De resto, a expropriação deverá ser, igualmente, evitada se e quando o novo concessionário informar o Estado e o ex-concessionário – *v.g.*, no prazo de 45 dias após a outorga do novo contrato de concessão – de que não pretende continuar a usá-los ([378]). Na falta de comunicação ficaria, doravante, prejudicada a faculdade de os bens poderem ser expropriados.

### 3. O mútuo acordo

Naturalmente que não deve ficar vedado aos contraentes a faculdade de, eles próprios, destruirem voluntariamente a relação contratual e, destarte, fazerem cessar os poderes de gozo e fruição, pelo concessionário, dos bens dominiais. Este acordo dos contraentes, posterior à celebração do contrato de concessão de exploração, chama-se *revogação*. Trata--se, pois, de uma convenção, cuja realização é válida no domínio dos contratos administrativos, pela qual as partes revogam um contrato anterior ([379]). Deve ela ter eficácia *ex nunc* – ressalvando, obviamente, os efeitos contratuais no entretanto produzidos – e exprimir o exercício

---

([378]) Ainda assim, pode ficar prevista na lei a possibilidade de o Estado pretender que o novo concessionário continue a utilizar os anteriores *anexos mineiros*, caso em que, constando essa cláusula do novo contrato, este concessionário não possa renunciar à sua utilização, devendo, para isso, acordar a sua aquisição ou locação ao proprietário deles ou requerer a sua expropriação pelo Estado.

([379]) Assim, **VAZ SERRA**, in *Revista de Legislação e Jurisprudência*, ano 112º, pág. 30; **ANTUNES VARELA**, *Das Obrigações* (...), cit., [140], pág. 277.

## DIREITO MINEIRO ANGOLANO

de um *poder discricionário* dos contraentes, visto que mal se vislumbram interesses que a amordacem num qualquer *poder legal vinculado*.

Julga-se, igualmente, que este acordo das partes, tendente *ao contrarius sensus*, não deve originar quaisquer *novas obrigações* (*v.g.*, de restituição), outrossim impede o nascimento delas e extingue as obrigações já constituídas.

Quanto à *forma*, deve esta extinção por acordo das partes, tal-qualmente o que é regra no domínio dos contratos, obedecer às mesmas formalidades a que obedeceu a sua celebração.

### 4. O resgate das concessões mineiras

Inexiste, seja na *Lei das Actividades Geológicas e Mineiras* (Lei nº 1/92), seja na *Lei dos Diamantes* (Lei nº 16/94), a referência à faculdade de a Administração ficar habilitada a promover a *expropriação* dos direitos resultantes da concessão de exploração (e de pesquisa e prospecção) de jazidas minerais [380]. Mas a questão merece ser sumariamente discutida [381].

Há, por um lado que ponderar o interesse do concessionário em ver assegurado o reembolso ou amortização dos investimentos já feitos – que é, por via de regra, vultuoso –, mediante o auferimento dos rendimentos da exploração – ou a tutela da *expectativa jurídica* do seu percebimento por banda do titular de uma licença de pesquisa e prospecção [382], a que poderá acrescer a satisfação, em princípio parcial, dos interesses económicos dele pela privação dos rendimentos líquidos futuros da exploração.

Mas, há, também, que relevar o interesse em o Estado dever assegurar o melhor aproveitamento económico das jazidas e, por conseguinte, em

---

[380] Naturalmente que está posta de parte a possibilidade de se *expropriarem* as próprias jazidas minerais, enquanto *coisas públicas*, porquanto, além de tal só ser configurável se e quando a jazida deixasse previamente de revestir essa natureza, nem sequer a razão de ser da expropriação – nas hipóteses em que essa eventualidade não se desse – estaria verificada, na medida em que esta visa dirimir conflitos entre interesses privados e o interesse público. Ora, dessa maneira estariam em inconciliável conflito dois interesses públicos: o *interesse público* na expropriação da jazida e o *interesse público* na utilidade da sua exploração económica. De modo que a solução só poderá passar, que não pela expropriação da jazida mineral, mas pela *desafectação* ou, ainda, pela *mutação* de domínio. Cfr., **MARCELLO CAETANO**, *Manual*, (…), cit., **[30]**, pág. 955 e 1032.

[381] Aparece, no entanto, mencionada de forma quiçá juridicamente menos perfeita (cfr., *infra*, em texto) no contrato de concessão de direitos mineiros (art. 26º) entre o Estado e *Sociedade de Desenvolvimento Mineiro de Angola* (S.D.M.) – publicado no Diário da República, Iª série, nº 34, de 25/8/1995 – a eventualidade de os direitos de pesquisa, prospecção ou exploração poderem vir a ser expropriados ou nacionalizados.

[382] Cfr., alínea *p)*, do nº 2, do artigo 6º, da Lei nº 1/92, de 17 de Janeiro.

## AS FORMAS DE UTILIZAÇÃO DE BENS DO DOMÍNIO PÚBLICO...

propiciar as condições de esses bens dominiais produzirem o maior grau de utilidade pública possível, atento o fim e o destino de utilidade pública que a constituição da República de Angola pretende dar a esses bens, e que é, justamente, o de garantir a eficiência e a rentabilidade deles [383].

Ora, sendo os direitos que aproveitam ao concessionário de recursos minerais *direitos reais menores administrativos* (*iura in re aliena*) sobre bens do domínio público, ou, no mínimo, direitos que se revestem de uma *natureza mista* – obrigacional e real –, não pode perder-se, no entanto, o horizonte do *regime jurídico público* que, naturalmente, há- -de seguir. Há, destarte, que conciliar estes *direitos* (de exploração) *sobre coisa alheia* com a titularidade estadual da coisa pública e, dessa maneira, com a afectação dela à mais racional e produtiva utilização e utilidade, tendo em vista, na gestão dela, o mais equilibrado e harmonioso desenvolvimento económico-social do país.

Sendo assim – e na medida em que a concessão de direitos mineiros de pesquisa, prospecção e exploração reveste a forma de *contrato administrativo* [384] –, o meio juridicamente idóneo de o fazer cessar, consiste na emissão, por parte da Administração, de um acto de vontade unilateral, designado por *resgate* (da concessão), pelo qual o Estado, ou outra entidade, independentemente de qualquer *violação contratual* por parte do concessionário, *subingressa* em todos os créditos e débitos do concessionário decorrentes do exercício da concreta exploração mineira.

Ora, esta *revogação unilateral* do contrato de concessão – independentemente, como se disse, de qualquer *incumprimento* contratual do concessionário – não pode deixar de envolver a *expropriação por utilidade pública* dos bens móveis e dos imóveis afectos à concessão, ou seja, dos *anexos mineiros* necessários para a realização dos serviços integrantes ou complementares da exploração, situem-se eles, ou não, na área demarcada.

---

[363] Cfr., o artigo 11º, 2º parágrafo, da Constituição da República de Angola: *"Na utilização da propriedade pública, o Estado deve garantir a sua eficiência e rentabilidade, de acordo com os fins e objectivos que se propõe"*. Cfr., ainda, o 4º parágrafo do preâmbulo da Lei nº 1/92, onde se afirma que: *"espera-se que a curto prazo os recursos minerais do território nacional possam contribuir significativamente para o desenvolvimento económico e social do País"*. Com idêntico teor finalístico se afirma no 3º parágrafo do preâmbulo da Lei nº 16/94, de 7 de Outubro, que se visam criar "*novas bases legais que possibilitem a protecção de uma riqueza nacional que, pela sua importância, exige um tratamento técnico e politicamente cuidado, já que de uma actividade diamantífera protegida e controlada pelo Estado, de forma racional, deverão advir benefícios para toda a Nação, em geral, e para a população das áreas de produção diamantífera em especial"* (os sublinhados são nossos).

[364] Cfr., artigos 6º, nº1 e 11º, nº1, da Lei nº 1/92 e art. 2º, nº 2, da Lei nº 16/94, de 7 de Outubro.

Por via da figura do *resgate* ([385]) – qual expediente contratual de extinção unilateral de uma concessão de direitos mineiros – opera-se, *hoc sensu*, a extinção de um direito real administrativo menor ou de *natureza*, a um tempo, *mista*, que estava na titularidade privada do concessionário e que envolve, *stricto sensu*, a *expropriação* ou transferência coactiva e definitiva dos *anexos mineiros*, afectos à exploração, para o Estado ou outra pessoa colectiva – pública ou privada. Rigorosamente, com a *expropriação* dá-se a extinção do direito de propriedade de que eles são objecto.

Mas, extinto o direito de propriedade, novos direitos se constituirão sobre os móveis e os imóveis afectos, pelo anterior concessionário, à exploração da jazida. Só que, *hoc sensu*, essa *transferência coactiva* deve, segundo julgamos, visar a prossecução, por outrém, do mesmo fim de *utilidade pública*.

Vale isto por dizer que este expediente contratual, por que excepcional – o *resgate* da concessão mineira –, a ser introduzido no direito angolano, deve rodear-se de rigorosos condicionamentos e cautelas. Ou seja, não só à Administração não deve ser outorgado, legalmente, o poder de revogar *ad nutum* – *rectius*, resgatar – a concessão, como lhe deve ser vedada a possibilidade de o fazer sem o pagamento de uma *justa indemnização*. Não há, pois, absoluta *discricionariedade* administrativa, nem quanto à *escolha dos pressupostos*, nem quanto aos *efeitos* da cessação unilateral da eficácia de um contrato de concessão de direitos mineiros.

Na verdade, afigura-se-nos que a lei só deve consentir na produção desta eventualidade negocial por motivos de *utilidade pública*, que se prendam com a necessidade de uma melhor valorização dos recursos minerais ou desde que ela implique um mais económico e racional aproveitamento deles, seja a nível nacional, seja a nível provincial.

Avulta, neste particular, a hipótese de a Administração entender que a *racionalidade económica* da exploração de *recursos minerais da mesma natureza* sai beneficiada, acaso a lei lhe conceda poderes para *integrar*, numa única concessão, a totalidade ou parte das áreas abrangidas por concessões contíguas ou vizinhas (*coutos mineiros*).

Ora, excepcionalmente, e na falta de acordo dos respectivos concessionários ([386]) – podendo a lei passar a prever *benefícios fiscais* relativa-

---

([385]) Cfr., **MARCO D'ALBERTI**, *Le Concessione Amministrative*, (...), cit., **[108]**, pág. 190 e segs.

([386]) Acordo este que poderá incluir a *renúncia*, por alguns ou alguns deles, aos direitos de exploração ou a *cessão* destes, a um só dos concessionários, de todos os direitos em causa.

Na negociação entretanto encetada pelos concessionários (precedida, ou não, de notificação a realizar pelo Ministro da tutela), o acordo para a *exploração conjunta* dos recursos minerais poderá ser obtido mediante o recurso a *arbitragem* – isto é, *arbitragem*

## AS FORMAS DE UTILIZAÇÃO DE BENS DO DOMÍNIO PÚBLICO...

mente à nova concessão nascida da *integração voluntária de concessões vizinhas* –, deverá prever-se a faculdade de *resgate* daquelas concessões, cujos titulares se oponham à integração – *rectius*, à *contitularidade forçada* dos direitos de exploração –, a qual deverá ser atribuída mediante *novo* contrato administrativo a um dos anteriores concessionários ou à nova entidade por eles constituída ([387]). Sociedade ou entidade, esta, que deverá suportar os encargos financeiros resultantes de eventuais resgates.

Quanto à *indemnização* decorrente do *resgate da concessão*, deve no seu cálculo atender-se ao valor dos bens integrantes ou afectos à exploração na data do resgate. Só que, para a composição daqueles interesses conflituantes resultar mais equilibrada, parece curial *majorar* ao montante indemnizatório obtido uma quantia equivalente aos lucros líquidos previstos para um período adicional de 10 ou 20 anos (*prémio de evicção*) – a não ser, obviamente, que se apure à data do resgate que as reservas, segundo os dados obtidos pelas operações de prospecção e avaliação, se esgotem, de qualquer maneira, antes do termo desse período – apurados com base, por exemplo, na média dos últimos 3 anos (ou, se o resgate ocorrer antes de o período de concessão perfazer três anos, a média dos lucros líquidos apurados até essa data) e nas reservas mineiras comprovadas e disponíveis. Naturalmente que, para além dos normais juros de mora, deve o concessionário ter direito a juros (compensatórios) pelo período que mediar entre o momento da perda da posse da mina e a data do

---

*necessária* –, a realizar entre os titulares dos direitos mineiros. Carece, portanto, de ser regulamentada a parte final do nº 1, do artigo 12º, da Lei nº1/92, que já prevê esta *integração voluntária* de concessões.

([387]) Neste particular, a lei deve prever que a decisão do Estado em estender a área de concessão ou em atribuir a uma só entidade as posições contratuais – que incluem as faculdades e os direitos de exploração das jazidas – obedeça a alguns critérios, designadamente, as reservas geológicas já identificadas ou avaliadas, a fase em que cada titular se encontrar, a antiguidade dos contratos, a execução do maior volume de trabalhos, a capacidade técnica e financeira, etc.

O que se pretende é, no fundo, por mor da concentração das explorações torná-las mais produtivas, promover a segurança dos trabalhos, a integridade do solo e a protecção do meio ambiente. Claro está que a solução – no caso, note-se, de os titulares dos direitos mineiros não tomarem a iniciativa de, por requerimento, peticionarem a formação (voluntária) destes *coutos mineiros* – poderia, igualmente, passar por uma declaração da Administração que lhe fosse dirigida, tendente à criação de outra entidade (*v.g.*, uma nova sociedade, uma associação em participação, excepto no caso da exploração de diamantes), sob pena de, transcorrido um certo termo, se operar a *caducidade* das concessões – termo este que até poderia ser precedido de um outro, durante o qual, sob pena de multa, os concessionários eram, novamente, obrigados a se entenderem. Verificando-se a *caducidade* de todos ou de alguns dos direitos mineiros atribuídos, os bens afectos à exploração poderiam ter o destino anteriormente referido ou outro contratualmente fixado.

# DIREITO MINEIRO ANGOLANO

pagamento da indemnização, montantes estes cuja fixação pode ser deixada às partes, sempre que prevejam no contrato de concessão os efeitos emergentes do resgate da concessão por banda do Estado.

Pelo que respeita à *competência* para a efectivação do resgate, deverá ela ficar dependente de resolução do Conselho de Ministros, sob proposta do Ministro da tutela ou do Primeiro-Ministro. Quanto ao mais, deverão aplicar-se, com as devidas adaptações, as disposições gerais constantes da Lei sobre Expropriações.

Acresce que também não é despiciendo utilizar esta figura da *integração de concessões* por forma a dela fazer aproveitar a mesma entidade que seja titular de mais do que uma concessão vizinha ou contígua, contanto que, por exemplo, a Direcção-Geral de Geologia e Minas emita *parecer favorável* [388].

Por fim, cumpre observar-se que o concessionário deve estar a coberto da faculdade de o Estado angolano, irrestritamente, poder desencadear este tipo de *resgate de interesse público*. Há, pois que fixar, na lei – ou no contrato, tratando-se do *resgate particular* – o designado *prazo de garantia* [389] – prazo mínimo, a contar da data do contrato de concessão, durante o qual o Estado fica impedido de exercer este poder de revogação unilateral. Prazo este – equivalente, designadamente, na Lei de 26 de Julho de 1926, sobre concessão de serviços públicos, a um terço do prazo de duração previsto para a concessão – que deve poder ser prorrogado por acordo das partes (*v.g.*, se o concessionário assumir novos encargos, traduzidos em novos investimentos, etc.).

Não se esqueça, para o efeito de fixação legal de prazos deste jaez, que a alínea *p)* do n° 2, do artigo 6°, e o artigo 14°, ambos da Lei n° 1/92, se preocupam, muito justamente, com as condições de reembolso do investimento, com base nos rendimentos da exploração. Ora, há que atender a este interesse dos concessionários se e quando se fixar na lei a faculdade de resgate da concessão e os eventuais prazos de garantia.

---

[388] Direito análogo já, de facto, existiu ao abrigo do artigo 106° do Decreto de 20 de Setembro de 1906, vigente na República de Angola até 17 de Maio de 1979.

[389] Sobre isto, cfr. **MARCELLO CAETANO**, *Manual*, (…), cit.,**[30]**, págs. 1132-1133.

# Conclusões

**1.** *A titularidade das jazidas minerais pertenceu, até princípios do século XIX, ao Rei de Portugal, no território a que, hoje, corresponde a República de Angola – pese embora, já desde meados desse século, tenha coexistido um sistema fundiário – segundo o qual o domínio das jazidas pertencia ao proprietário do solo – a par de um sistema de liberdade de pesquisa, conservando o Estado português o domínio eminente sobre as jazidas e a fiscalização cada vez mais acentuada relativamente à sua descoberta e aproveitamento.*

**2.** *Com a introdução, pela primeira vez, do conceito de domínio público, no Decreto de 20 de Setembro de 1906, aplicável ao território de Angola, a titularidade das jazidas minerais passou a integrar a propriedade pública, cuja afectação e titularidade pertenceu ao Estado português até 1975. Todavia, a titularidade sobre as rochas, objecto de exploração de pedreiras e aplicáveis maioritariamente na construção civil, pertencia ao proprietário do solo onde essas massas se encontravam.*

**3.** *Após a independência da República de Angola, deu-se a estatização de todos os recursos geológicos, incluindo as ditas pedreiras. Estatização que foi acompanhada, fundamentalmente após a Lei nº 5/79, de 27 de Abril, por uma monopolização na gestão e aproveitamento dos ditos recursos: os direitos mineiros só podiam ser atribuídos a empresas públicas, sendo que aos investidores estrangeiros tão só era permitida a colaboração – através de várias modalidades contratuais – e associação com aqueloutras e, bem assim, a assistência técnica/financeira.*

**4.** *Após a entrada em vigor da Lei nº 1/92, de 17 de Janeiro, atenuou-se acentuadamente a monopolização na gestão dos recursos* minerais: os direitos de prospecção, pesquisa e de exploração são susceptíveis de ser outorgados a empresas mistas – vale dizer, sociedades de economia mista, maioritariamente participadas pelo Estado angolano, ou não – privadas, cooperativas e a pessoas singulares.

Nota-se, outrossim, neste diploma, a nítida separação entre a titularidade e o exercício dos direitos mineiros. Parece até que, por vezes, é indiferente para o Estado a pessoa do real e efectivo exercente dos direitos, bastando para tal que eles sejam titulados por empresas estatais ou mistas e os parceiros contratuais estrangeiros desfrutem de idoneidade técnica e financeira para a prossecução dos trabalhos.

**5.** Diverso é, neste domínio, a disciplina consignada na Lei dos Diamantes (Lei nº 16/94, de 27 de abril), que enveredou, porventura desnecessariamente, por um regime de prevalecente estatização da actividade de exploração, traduzida na gestão directa dele, mediante a empresa pública ENDIAMA.

Abriu, tão só, uma válvula de escape, ao permitir a outorga de direitos mineiros sobre pedras preciosas a empresas mistas, participadas pela ENDIAMA. Todavia, inexplicavelmente, não reservou a detenção da maioria do capital social destas sociedades anónimas (sociedade de interesse público, à luz de legislação portuguesa que ainda se deve considerar em vigor em Angola) na pessoa do accionista ENDIAMA. Acresce que, no concernente à estrutura dessa sociedade (empresa mista), a Lei nº 16/94 é vazia de sentido, visto que nada mais adianta no que toca:

a) à sua estrutura, aos estatutos e suas alterações;

b) ao montante inicial do capital social e possíveis aumentos;

c) ao tipo de acções e regime da sua transmissão;

d) ao número de membros (e respectiva representatividade) no conselho de Administração);

e) à percentagem de participação da ENDIAMA no seu capital social;

f) à realização e oponibilidade à sociedade de acordos parassociais;

g) às medidas que se destinem a evitar que os lucros da sociedade possam ser diminuídos indevidamente por acréscimos injustificados nos custos ou diminuições, também injustificadas, nas receitas;

h) aos financiamentos da sociedade e emissão de obrigações;

i) à transferência de direitos e participações sociais;

j) às obrigações gerais da sociedade, à sua dissolução, etc.

Assim como esta Lei não reservou o direito de participação da parte angolana na direcção das operações mineiras.

## CONCLUSÕES

*Bem mais coerente se apresenta e se revela o regime da prospecção e pesquisa de hidrocarbonetos, aí onde a lei não autoriza sequer que a outorga dos direitos seja conferida a sociedades participadas pela SONANGOL: os investidores estrangeiros só poderão associar-se a esta empresa estatal, seja constituindo sociedades comerciais, associações em participação, partilha de produção ou, juntamente com ela, realizar actividades de pesquisa e produção de hidrocarbonetos no quadro de contratos de prestação de serviços, aí onde a participação da SONANGOL não pode ser inferior a 51%.*

**6.** *Tanto a Lei nº 1/92, como a Lei nº 16/94, são pouco claras no tocante à articulação entre as duas grandes fases de actividade mineira: a fase de prospecção e pesquisa e a fase da exploração. Assim, não resulta líquido que, maxime na Lei dos Diamantes, a titularidade dos direitos de prospecção esteja condicionada pela prévia emissão de licença de prospecção e pesquisa.*

*Ademais, inexiste, no ordenamento mineiro angolano, a disciplina atinente à procedimentalização da outorga dos direitos. É que os princípios da igualdade, da proibição do excesso e da imparcialidade da Administração impõem que se estabeleçam regras procedimentais claras de acesso das entidades públicas e privadas ao exercício das actividades de mineração. Regras, essas, cuja densificação foi supra sugerida.*

**7.** *Impõe-se, igualmente, que o legislador – que tão recorrentemente utiliza a expressão organismo competente – delimite, neste particular, a esfera de competências da Administração Pública angolana. Tarefa cuja concretização é importante para o desencadear de múltiplos efeitos jurídicos na relação entre o Estado e o concessionário: v.g., organismo competente para outorgar o contrato em nome do Estado; para aprovar a definição e avaliação das reservas, as delimitações ou demarcações, os investimentos cujos capitais são de terceiros, a subcontratação de outras entidades para levar a cabo operações de exploração, etc. Assim como as leis sobre o aproveitamento dos recursos minerais devem assinalar de forma clara os fins da actividade regulada, os interesses sociais em jogo, o procedimento de acesso, as entidades competentes para autorizar, as condições em que a autorização pode ser concedida ou retirada e por que orgão administrativo, também devem prever as regras que cumpre observar no exercício da actividade regulada, em vez de remeterem para o respectivo acordo de vontades, plasmado nos singulares contratos de concessão. Se a autonomia contratual é, neste domínio, importante, não menos decisiva é a legalidade contratual: assim se evita a actuação da Administração e do concessionário*

# DIREITO MINEIRO ANGOLANO

*numa zona de não-direito, como se assegura a necessária segurança jurídica reclamada pelos vultuosos investimentos que, não raro, são exigidos.*

**8.** *Não há um justo equilíbrio de interesses quando, no quadro da Lei nº 16/94, se dispensa, por vezes, a realização de contrato administrativo, quando estão em causa projectos próprios da ENDIAMA. A despeito de o sentido da lei ser obscuro e equívoco, como se demonstra, não se vê a razão para utilizar, em vez da licença – cuja precaridade é a regra – a figura do contrato administrativo.*

**9.** *Carece, igualmente, de ampliação e desenvolvimento o acervo de obrigações a que os titulares de direitos de prospecção e pesquisa se devem sujeitar.*

**10.** *Quanto à transmissão dos direitos de prospecção e pesquisa – a mais de o seu regime estar em completa desconformidade com o que rege a transmissão dos direitos de exploração –, deve a lei concretizar os termos e os procedimentos mediante os quais seja possível obter a autorização mencionada no artigo 6º, nº 3, da Lei nº 1/92.*
*Além disto, a lei é omissa pelo que respeita à transmissão destes direitos nas hipóteses de sucessão (mortis causa) e de extinção da pessoa colectiva ou declaração de falência dela. Assim como o é, por exemplo, relativamente às responsabilidades do transmitente já constituídas à data do negócio de cessão.*

**11.** *Cumpre também desenvolver o conjunto de direitos que aproveitam ao titular dos direitos de prospecção e pesquisa.*
*Neste particular, é mister destacar a articulação entre o nº 5, do artigo 6º, e o nº 6, do artigo 11º, ambos da Lei nº 1/92, e, por outro lado, o preceituado no nº 5, do artigo 2º, da Lei nº 16/94, qual seja a questão de saber se a ENDIAMA – titular de direitos mineiros – pode livremente subcontratar outras empresas nacionais ou estrangeiras no âmbito do exercício dos seus direitos. Fica-se sem saber, de resto, qual o tipo e o alcance das actividades a desenvolver pelas empresas especializadas em operações restritas.*
*Acham-se, igualmente, por concretizar as modalidades contratuais mediante as quais o concessionário ENDIAMA se pode socorrer de terceiros.*
*Aproveitando aos concessionários na fase de prospecção e pesquisa e, em particular na actividade diamantífera, à ENDIAMA, na actividade mineira a duas fases, a expectativa jurídica de contratar a ulterior concessão de exploração – o que se reflecte, na posição jurídica das suas associadas –, cumpre densificar a inerência dessa*

CONCLUSÕES

posição jurídica relativamente à concessão dos direitos mineiros de exploração.

**12.** *Acha-se, também, por regulamentar o regime da disponibilidade de terrenos – incluindo terrenos vagos, dados ou não em concessão a particulares, por parte dos titulares dos direitos de prospecção e pesquisa. Regime que poderá passar – embora o problema seja desenvolvido em sede de direitos de exploração – pela ocupação e constituição de servidões administrativas.*

**13.** *Questão de transcedente relevo do ponto de vista dos interesses dos titulares dos direitos de prospecção e pesquisa é a de saber em que medida é que, uma vez descobertas e avaliadas jazidas, aqueles titulares poderão aceder aos direitos de prospecção. Neste particular, cremos que ao concessionário não deve ser reconhecido,* sic et simpliciter, *o direito a exigir a celebração do futuro contrato de concessão, apesar de porventura constarem, no contrato de licença de prospecção e pesquisa, as condições contratuais da futura concessão de exploração: ao Estado deve ser reconhecida uma reserva de julgamento ou apreciação respeitante à oportunidade de (não) contratar. Mesmo na hipótese de o concessionário satisfazer todos os requisitos que a lei,* de iure constituendo, *enumere. É mister que o Estado possa exigir do requerente quaisquer outros elementos necessários para a apreciação do pedido.*
*De todo o modo, ao requerente da concessão de exploração – titular dos direitos de prospecção e pesquisa – fica sempre salva a faculdade de impugnar contenciosamente o acto administrativo de recusa de contratação, v.g., por desvio de poder, vício de forma, violação da lei, erro nos pressupostos.*

**14.** *Não assiste, pois, ao concessionário dos direitos de prospecção (incluindo a ENDIAMA, no domínio das jazidas de diamantes) um puro direito potestativo de exigir, na actividade mineira a duas fases, a celebração do ulterior contrato administrativo de concessão, aproveitando-lhe, tão só, uma expectativa juridicamente tutelada de – ponderadas pela Administração angolana as vinculações jurídico-públicas quanto à idoneidade técnica, tecnológica e económica da(s) entidade(s) que se propõem proceder ao exercício das operações de exploração e ao modo como aquele concessionário se propõe explorar as jazidas reveladas e avaliadas – a outorga dos referidos direitos de exploração ser inerente ao desfrute dos poderes jurídicos concessórios para a fase de prospecção e pesquisa.*
*Inexiste, pois, na esfera jurídica do concessionário daqueles direitos mineiros um direito de preferência ou um direito de opção*

*para o efeito da ulterior celebração do contrato administrativo de concessão da exploração.*

**15.** *As associadas da ENDIAMA na fase de prospecção e pesquisa de diamantes desfrutam, igualmente, do direito de, uma vez aprovado o Estudo de Viabilidade Técnica e Económica – que lhes cabe apresentar ao organismo governamental competente –, exigir a manutenção das relações contratuais de direito privado com a concessionária dos direitos para a fase de exploração das jazidas (art. 4°/c, da Lei n° 16/94), ainda que para o efeito seja mister a celebração de um novo contrato de associação em participação ou de sociedade (tendente à constituição de empresa mista, se a esta forem atribuídos os referidos direitos mineiros, conforme o preceituado no artigo 2°/1, da Lei n° 16/94). Nessa medida, está à Administração angolana (ou à ENDIAMA, nos termos das alíneas f) e g), do artigo 4° da referida Lei), vedada a possibilidade de predisposição de cláusulas contratuais injustificadas, desproporcionadas ou irrazoáveis para o efeito da conclusão da ulterior relação jurídica de direito privado entre a associada e a ENDIAMA, com vista à realização das actividades mineiras de exploração. De resto, fica salva a possibilidade de a associada da ENDIAMA, preterida por outro investidor estrangeiro na fase de exploração, impugnar administrativamente (art. 6° da Lei n° 2/94, de 14 de Janeiro – Lei da Impugnação dos Actos Administrativos) o eventual acto administrativo de indeferimento – maxime, por desvio de poder – do Estudo de Viabilidade Técnica e Económica e, bem assim, os ulteriores actos administrativos de aprovação (invalidade consequente) de contratos sujeitos ao regime do direito privado celebrados pela ENDIAMA (integrados em procedimentos administrativos pré--contratuais).*

*Se assim for, a invalidade desses actos administrativos de aprovação (respeitantes a contratos de direito privado celebrados entre a ENDIAMA e outros investidores estrangeiros) acarreta a nulidade de todos os contratos de direito privado (de associação em participação, de sociedade, de prestação de serviços) concluídos, para a fase de exploração, entre aquela empresa pública e outros investidores estrangeiros, por falta de poderes de representação da pessoa colectiva pública pelo orgão ou agente que nele outorgar, nos termos do artigo 258° e 294° do Código Civil angolano (SERVULO CORREIA). Isto dito, sem prejuízo da indemnização a que houver lugar, por força de responsabilidade civil extracontratual do Estado angolano e de responsabilidade civil contratual da ENDIAMA para com a associada ilegalmente preterida.*

CONCLUSÕES

**16.** *A extinção dos direitos de prospecção e pesquisa padece de deficiências de construção jurídica e de utilização das figuras extintivas da eficácia dos negócios jurídicos.*

*Assim, por exemplo, as eventualidades nas alíneas* c) *e* d), *do artigo 7º, da Lei nº 1/92, devem ser havidas como causas de rescisão do contrato e não como causas de denúncia.*

*Por outro lado, é conveniente prever, como se sugere, um regime procedimental da rescisão – seja a rescisão por iniciativa do Estado, seja a rescisão por iniciativa do titular dos direitos. Na primeira hipótese, há que acautelar o princípio do contraditório, aconselhando-se a consagração de um sistema em que ao titular dos direitos fique salva a possibilidade de se defender das faltas imputadas. Assim como a declaração de rescisão fundamentada do Estado deve fazer-se por Resolução do Conselho de Ministros, publicada no Diário da República. Na segunda hipótese, há que plasmar as circunstâncias – que se sugerem – que habilitam o titular dos direitos a declarar a rescisão. Rescisão esta de que se deverá fazer prova, ficando a mesma – porque se trata de uma relação jurídica com elementos de direito público – sujeita a aceitação do Estado. No caso de este a não aceitar, poderá, naturalmente, o titular dos direitos, ou: recorrer ao tribunal arbitral, ou impugnar contenciosamente o acto administrativo de recusa.*

*Pelo que tange à caducidade do contrato, é conveniente alargar as causas dela: a morte da pessoa singular, a extinção da pessoa colectiva ou mesmo a declaração de falência desta.*

*Afigura-se-nos oportuno consagrar uma outra causa de extinção dos direitos de prospecção e pesquisa: a renúncia. Tem ela a vantagem de evitar que o titular, na falta de mútuo acordo tendente à cessação, abandone os trabalhos de prospecção e pesquisa, provocando a rescisão do contrato. Caso contrário, a reutilização da infra-estrutura já instalada ou a atribuição de novos direitos ir-se-ão achar temporalmente prejudicados. Deve, por isso, ficar o concessionário livre de abdicar – renunciando – dos direitos, comunicando essa intenção ao Estado. Mas, como está também em causa o interesse público, deve reconhecer-se o poder de a Administração apreciar essa renúncia, aceitando-a ou não. Se não a aceitar, facultar-se-á, naturalmente, ao titular dos direitos a via contenciosa, em tribunal arbitral ou no Tribunal Supremo – se, neste último caso, resolver arguir o acto administrativo de recusa.*

**17.** *É de ponderar a introdução de eventuais restrições à faculdade de conceder licenças de prospecção e pesquisa, estando em causa, designadamente, vias-férreas, linhas telefónicas, aquartelamentos militares, fontes públicas, monumentos nacionais, pontes, etc.*

DIREITO MINEIRO ANGOLANO

**18.** *No que concerne à atribuição de direitos de exploração há que resolver,* de iure constituendo, *um conjunto de problemas, a saber:*

*a)* A forma do contrato de concessão. *Uma vez que o artigo 90°, do Código do Notariado, exceptua os actos em que intervenham pessoas colectivas públicas, tudo está em adoptar – ou adaptar – o antigo regime consignado no Decreto-Lei n° 41 373, de 19 de Novembro de 1957.*

*b)* A publicidade dos direitos e o registo. *Embora o Código de Registo Predial de 1967 não refira, de modo expresso, a sujeição a registo do direito resultante das concessões em bens do domínio público, tal necessidade salta à vista, se e na medida em que se permita que sobre esses direitos seja constituída hipoteca como, aliás, a alínea* d), *do n° 1, do artigo 668°, do Código Civil angolano o insinua.*
*Ora, é preciso resolver a questão da hipoteca dos direitos mineiros, já que a dita alínea* d) *remete o intérprete para a lei especial. Neste sentido, entende-se que o Decreto n° 29 775, de 28 de Junho de 1939 – que regia sobre hipotecas de concessões mineiras – se deve considerar revogado. Daí que, para que aquela referência no Código Civil não fique privada de sentido útil, aponta-se, no direito a constituir, o regime – substantivo, processual e registal – da hipoteca dos direitos resultantes de concessões mineiras (de exploração). Claro está que a hipoteca pode tão só abranger os anexos mineiros. Mas a questão já se apresenta mais complexa relativamente às concessões mineiras de diamantes, posto que existe, do ponto de vista subjectivo, um regime restrito de outorga de direitos de exploração. Sendo assim, a execução hipotecária deverá merecer normas especiais (que se indicam no direito já constituído) ou deverá vedar-se, pura e simplesmente, a hipoteca destes direitos.*

*c)* Expropriação dos direitos decorrentes da concessão. *Neste domínio, não deve aplicar-se o disposto no artigo 2°, da Lei n° 2030, de 22 de Junho de 1948, que prevê o resgate das concessões e privilégios outorgados para a exploração de serviços públicos. Daí que seja o resgate da concessão, justamente, o mecanismo jurídico que é preciso disciplinar no direito futuro e que é susceptível de produzir os mesmos efeitos da expropriação – posto que esta só atinge os imóveis e os direitos reais a eles inerentes, não sendo possível a expropriação de direitos, salvo se a lei expressamente o prever (como é o caso da expropriação de estabelecimentos de farmácia). Note-se que, objecto de regulamentação será o designado resgate legal ou de interesse público (visto que, quanto ao resgate particular, ficam os outorgantes salvos de o prever e disciplinar).*

## Conclusões

**19.** *Certos concessionários de exploração, quais sejam os de pedras preciosas, vêem diminuídos os seus poderes de gozo sobre o minério extraído. Com efeito, as empresas mistas concessionárias de direitos mineiros sobre pedras preciosas encontram-se numa situação de indisponibilidade jurídica relativa, no que toca à comercialização dos diamantes – realizada exclusivamente pela ENDIAMA ou por uma empresa especificamente constituída para o efeito.*

*Porém, o legislador utilizou uma linguagem pouco clara – para não dizer contraditória – quando no artigo 8º, nº 4, da Lei nº 16/ /94, afirma que as contratadas da ENDIAMA, que partilhem os resultados da produção de diamantes, têm o direito de negociar e participar na elaboração dos contratos. Cumprirá esclarecer o conteúdo, a intensidade e o alcance destes poderes das concessionárias. O que não pode é pretender-se que estas, apesar de tudo, conservem o poder jurídico de interferir ou influenciar decisivamente o conteúdo e a oportunidade daquelas negociações.*

**20.** *Consideramos inadmissível e, no mínimo, de duvidosa constitucionalidade a faculdade de as concessionárias poderem livremente transmitir, definitiva ou temporariamente, os seus direitos de exploração, reservando-se tão só ao Estado o poder de exercer preferência nessa transmissão.*

*Acresce que o problema agrava-se no tocante à transmissão dos direitos de exploração sobre jazidas de diamantes: se o legislador sentiu necessidade de, neste particular, condicionar o acesso à outorga dos direitos, como intuir que, uma vez concedidos, a empresa mista, ou mesmo a ENDIAMA, os possam livremente alienar ou onerar?*

**21.** *Deve entender-se que as concessões mineiras não são passíveis de serem dadas de arrendamento, apesar de no direito angolano já ter existido esta figura. E quem diz arrendamento, diz locação.*

**22.** *Quanto ao usufruto de concessões mineiras, acha-se em vigor, embora com adaptações, o disposto no artigo 1457º, nº 1, do Código Civil angolano, mas já não o regime do usufruto de pedreiras, previsto no artigo 1459º, do mesmo código. Todas estas formas de constituição de direitos reais de gozo devem carecer de autorização do Estado.*

**23.** *Quanto à transformação das sociedades titulares de direitos mineiros julgamos que já não se acha em vigor o Decreto-Lei nº 36 367, de 23 de Junho de 1947, a despeito de estas transformações (que não implicam, note-se, a transferência dos direitos mineiros) poderem reflectir-se no* iter *das operações de prospecção, pesquisa* *e exploração e desvalorizar a relação de confiança que reveste o contrato de concessão. O mesmo se diga para as hipóteses de cessão de quotas, transmissão de acções (aí onde o Estado pode, aliás, exercer direito de preferência), cisão e fusão das concessionárias.*

**24.** *Pelo que respeita ao procedimento administrativo tendente a outorgar os direitos de exploração, tudo está por fazer: desde a definição e delimitação de competências (para receber requerimentos, para abrir concursos públicos, para instruir o processo, para decidir) até às modalidades de concurso e aos eventuais requisitos e condicionamentos que é, segundo curamos, mister consagrar no ajuste directo de concessões.*

**25.** *No particular da concessão de direitos de exploração sobre diamantes assiste-se, no regime vigente – no tocante ao procedimento administrativo de escolha do outro contraente e outorga do contrato – a um potencial conflito de interesses, propiciado pelo artigo 2º, nº 4, da Lei nº 16/94: a ENDIAMA é, a um tempo, representante do Estado e accionista da empresa mista que, no contrato de concessão, é representada pelos restantes accionistas. Esquema negocial que possui notável analogia com o contrato consigo mesmo, proscrito pelo artigo 261º, do Código Civil angolano.*

*Não está, também, afastada a possibilidade de a Lei nº 16/94 se apresentar, sob outro ângulo, como uma lei-medida, visando aplicar-se somente a uma certa entidade, sendo, por isso, de duvidosa constitucionalidade, por ofensa ao princípio da igualdade (artigo 18º/1 da Constituição da República de Angola).*

**26.** *Afigura-se necessário prover à disciplina da atribuição directa da concessão de exploração e à concessão derivada de anterior licença de prospecção e pesquisa. Talvez seja conveniente que a própria lei fixe o conteúdo essencial do contrato de concessão (v.g., identificação, área, prazos; indicação de direitos e deveres recíprocos, etc.).*

**27.** *Pelo que respeita às obrigações fiscais do concessionário, está por definir a taxa – ou taxas – do imposto proporcional, previsto no artigo 15º, nº 2, da Lei nº 1/92. Ao abrigo do princípio da legalidade em matéria tributária (artigo 14º, 2º parágrafo, da Constituição) não podem os contraentes convencionar – qual contrato fiscal –, conquanto com a concordância do Banco de Angola ou do Ministério das Finanças, a seu bel talante, o regime fiscal aplicável. Só o poderão fazer com base em lei geral permissiva ou autorização legislativa, minimamente densificada, da Assembleia do Povo.*

CONCLUSÕES

**28.** *Devem densificar-se, no sentido do que vai sugerido, as excepções à obrigação de o concessionário manter a exploração activa: isto é, a suspensão e a interrupção de lavra.*

**29.** *Está insuficientemente plasmada a obrigação de o concessionário proteger a saúde e a segurança dos trabalhadores e de terceiros e, bem assim, proteger o ambiente, a flora e a fauna.*

**30.** *Pelo que respeita ao problema da responsabilidade civil por danos causados pelo concessionário por causa do exercício das actividades de lavra, o artigo 21°, n° 3, da Lei n° 1/92, não é explícito no sentido de se ter consagrado um regime de responsabilidade objectiva, que prescinde da alegação e prova da culpa do lesante: é equívoca a expressão "implicam sempre responsabilização". Ainda assim, se se tratar de responsabilidade objectiva, cumpriria definir as causas de exclusão dela e os montantes máximos de indemnização, pois que responsabilidade civil deste jaez não é sinónimo de responsabilidade total e incondicional.*

**31.** *No que toca aos direitos dos concessionários, é insuficiente o preceituado nas alíneas e), f) e g), do n° 2, do artigo 12°, da Lei n° 1/92. Precisamente porque o poder de fruição e aproveitamento das jazidas está predisposto a favor do concessionário, encontrando-se o Estado, igualmente, interessado no melhor aproveitamento das jazidas, deve a lei expressamente – sem que deva remeter para o contrato de concessão – plasmar e desenvolver um acervo de poderes funcionais, de maneira a permitir-lhe o adequado aproveitamento desses recursos, a saber: o regime do uso de águas; a contratação com terceiros para a realização de trabalhos de assistência, que está ainda sujeita a severas limitações; a expropriação por utilidade pública dos imóveis necessários aos trabalhos, a constituição de servidões administrativas; a ocupação temporária de terrenos, mediante o pagamento de renda; o eventual direito legal de preferência na venda ou dação em pagamento de prédios existentes na área demarcada.*

**32.** *Na decorrência do que foi dito, deve autonomizar-se, no diploma de desenvolvimento, o acervo de situações e poderes pelos quais a lei habilita os concessionários – não só da exploração, mas também os titulares de direitos de prospecção e pesquisa – a restringir ou limitar o direito de propriedade privada de terceiros particulares – ou direitos reais de gozo menores – ou a propriedade pública na titularidade de outras pessoas colectivas públicas menores (territoriais, da Administração central indirecta). Assim como deve prever-*

*-se a regulamentação atinente ao procedimento administrativo de demarcação e delimitação.*

**33.** *Dado que o Estado deve, outrossim, sindicar os actos de alienação ou oneração – à excepção da hipoteca – dos direitos de exploração, será conveniente que o mesmo regime seja aplicável aos designados anexos mineiros.*

*Por isso, há que, desde logo, enumerá-los, para o efeito de se saber em que casos se deve exigir autorização do concedente (v.g., na pessoa do Ministro da Geologia e Minas). Haverá, também, que disciplinar a instalação, licenciamento e ampliação de estabeleci-mentos mineralúrgicos industriais.*

**34.** *Mostra-se, igualmente, incongruente o facto de a lei remeter para o contrato de concessão algumas das causas de extinção dos direitos de exploração,* maxime *quando haja violação de obrigações contratuais. Não se mostra que a remissão para o contrato de todo este conjunto de vicissitudes seja a melhor forma de assegurar o melhor aproveitamento e rendibilidade das riquezas minerais de Angola. Antes, deve a lei, a fazê-lo, deixar, outrossim, uma margem residual entregue à disponibilidade dos contraentes. O regime, neste particular, deve, se possível, ser construído de jeito a que se abstraia o mais possível do título constitutivo dos direitos. É isto, afinal, uma forma de, neste domínio, atribuir eficácia real aos direitos de exploração.*

*Por conseguinte, para além do importante regime do resgate legal – ou de interesse público –, deve a lei angolana prever outras hipó-teses de caducidade dos direitos. Quanto à caducidade especifica-mente decorrente do esgotamento dos recursos é mister que fique na dependência de declaração por parte do concedente (v.g., Ministério de Geologia e Minas), sob a forma de Despacho. Pelo que respeita ao resgate, deve ele, entre outros motivos, ser accionado sempre que o concessionário se recuse a formar um couto mineiro – vale dizer, sempre que seja necessário integrar coactivamente várias concessões de exploração. O que só deverá suceder a título excep-cional quando dessa integração resultar um aproveitamento mais económico e racional dos recursos. A integração deverá operar mediante Resolução do Conselho e Ministros, ao que se seguirá uma nova demarcação e um novo contrato administrativo a celebrar com os respectivos concessionários ou com uma nova entidade para o efeito criada ou por eles designada.*

# ÍNDICE

Nota de Apresentação ................................................. 7

I – *Exposição de motivos. Razão de ordem.* ...................... 9

II – *Os sistemas de ordenação dominial das minas. Referência histórico-comparativa.* ........................... 11

III – *A evolução do Direito Português anterior à independência da República de Angola. A evolução e caracterização do sistema vigente na República de Angola.* ...................... 27
A) *Evolução e caracterização do regime das regalias português. A Declaração dos Direitos Reais de D.Duarte; as ordenações do Reino; uso e aproveitamento dos recursos minerais.* ................................................................. 28
B) *A ordenação do domínio das jazidas minerais no período do liberalismo. Caracterização sumária.* ...................... 32
C) *O advento do sistema dominial. Caracterização do sistema e sua vigência no Ultramar português até à independência da República de Angola.* ...................................... 34

IV – *As formas de utilização de bens do domínio público mineiro angolano. Caracterização e desenvolvimento do seu regime.* 49
A) *As licenças de prospecção, pesquisa e reconhecimento. Caracterização.Procedimento e obtenção. Conteúdo. Regime no direito a constituir. Restrições à faculdade de conceder licenças.* .......................................................... 49
1. *As designadas «licenças de prospecção e pesquisa.* ........... 50
1.1 *O procedimento de outorga.* .......................................... 56
1.2. *Obrigações dos titulares dos direitos de prospecção e pesquisa.* ....................................................................... 61
1.3. *A transmissão da posição contratual. Referência à eventual transmissão «mortis causa».* ................................. 62
1.4. *Direitos do titular. O «acesso» ao contrato de concessão de exploração. A posição jurídica das associadas da ENDIAMA na fase da prospecção e pesquisa.* ..................... 65
1.5. *A extinção dos direitos de prospecção e pesquisa. Formas. Desenvolvimento de* iure constituendo. ................ 89

# DIREITO MINEIRO ANGOLANO

1.6. *Eventuais restrições à faculdade de conceder licenças de prospecção e pesquisa.* ..................................................... 94

B) *As concessões de direitos mineiros dexploração. Natureza. Direito Real. Direito Obrigacional. Forma legal. Referência á forma legal, ao regime da publicidade hipoteca e expropriação. Actos ou negócios que o concessionário está inibido de praticar. Necessidade de o concessionário obter autorização do concedente para a prática de determinados actos. Conteúdo.* ............................................................................ 94

1. *Natureza jurídica da concessão. Direito real. Direito obrigacional.* ................................................................ 96
1.1 *A alegada posição de soberania do concessionário.* ...... 97
1.2 *A forma do contrato.* ................................................... 101
1.3 *Publicidade e registo. O problema da hipoteca do direito decorrente de concessões dominiais. O usufruto e o arrendamento.* ................................................................ 103
1.4 *A expropriação dos direitos decorrentes da concessão.* . 114
1.5 *Outros aspectos do regime das concessões em bens do domínio público harmonizáveis somente com a existência de um vínculo obrigacional.* ........................................... 116
1.6 *A impossibilidade legal de o concessionário praticar alguns actos e negócios e a eventual necessidade de obter autorização para a prática deles. A intensidade da ligação da posição jurídica do concedente ao contrato de concessão. O prazo da concessão.* ............................. 118
2. *A transformação ou modificação do direito do concessionário da exploração.* ................................................... 135
2.1 *O arrendamento de concessões mineiras.* ..................... 135
2.2. *O usufruto de concessões mineiras.* .............................. 139
3. *As vicissitudes jurídicas da sociedade titular dos direitos mineiros.* ...................................................................... 141

C) *O Contrato de Concessão. Procedimento de escolha do outro contraente. O conteúdo do contrato. Direitos e obrigações.* ........................................................................... 143

1. *O contrato. Procedimento de escolha.* ........................... 146
2. *Direitos e obrigações.* ....................................................... 153

D) *O regime das restrições de direito privado. A demarcação. Ocupação. Expropriação. Servidão.* ................................... 160

## ÍNDICE

E) *A extinção dos direitos mineiros de exploração. «De iure constituto». «De iure constituendo».* ............................................ 168

1. *A caducidade.* ............................................ 169
2. *A rescisão.* ............................................ 170
3. *O mútuo acordo.* ............................................ 171
4. *O resgate das concessões mineiras.* ............................................ 172

V – Conclusões. ............................................ 177

Paginação, impressão e acabamento
da
CASAGRAF - Artes Gráficas Unipessoal, Lda.
para
EDIÇÕES 70, LDA.
Setembro de 2003